The Miracle of Freedom: Seven Tipping Points That Saved the World

7가지 결정적 사건을 통해 본

The Miracle of Freedom: Seven Tipping Points That Saved the World

자유의 역사

크리스 스튜어트 · 테드 스튜어트 지음
박홍경 옮김

It is important to note that democracy
and freedom are very fleeting they can be possessed
and then lost. A nation might be democratic for a
period of time and then, through spasms of
internal strife or war, revert to despotism. Over
the past 225 years this has been shown again and
again to be true, the tides of democracy causing
many nations to sample and then lose
the great gifts of freedom and democracy.

The experience of Germany prior to World War
I, immediately thereafter, and then during the reign
of Hitler is a graphic example of this
truth. The rarity of freedom is matched only
by its fragility, its ebbs and flows unpredictable
and unsure. And though it is impossible to know the
future, this one thing is certain:

목차

저자의 말

많은 이들이 우리의 전작인《미국을 구한 일곱 가지 기적들(Seven Miracles That Saved America)》의 후속으로 이 책을 기획한 것인지를 물었다. 사실을 이야기하면, 서로 면밀하게 연결된 두 권의 책을 집필할 의도는 없었다.

첫 번째 책에서는 특별히 다음과 같은 질문에 대한 답변을 중심으로 미국 역사에서 벌어진 사건들을 설명했다. '이 나라의 역사에서 이런 사건들은 하나님이 우리를 구하기 위해 개입해 벌어진 것인가? 이런 기적들이 일어난 이유가 있는가? 하나님은 여전히 우리에게 목적이 있는가?'

이 책의 주제는 전혀 다르다. 우리는 오늘날과 같은 형태의 민주주의와 자유가 확대되기까지 빼놓을 수 없는 발판이 된, 세계 역사에서 가장 중요한 사건들을 검토하고자 했다.

그런데 이내 우리는 이전까지는 확실치 않았던 모든 것을 아우르는 공통적인 맥락, 즉 역사를 관통하는 연결고리가 존재한다는 것을 깨달았다. 전혀 관계 없는 역사적 사건들이 연속해 일어난 것으로 생각했던 것과는 달리 거대한 목적의식, 즉 어떤 의도가 있었던 것이다. 마치 계획이라는 것이 존재해 인류가 진보하는 각 단계가 단순한 기회나 우연이 아니라 의도에 따라 진행되는 듯했다.

다시 정리하면 우리는《미국을 구한 일곱 가지 기적들》의 후속작을 집필하려는 의도는 없었고 실제로 큰 의미에서 보면 그렇게 하지도 않았다. 그러나 첫 번째 책을 관통하는 뚜렷한 주제들 가운데 상당수가 이 책에서도 등장한다.

이 책의 주제와 관련해 혹자는 '세계를 구하다'라는 구절이 무엇을 의미한 것인지 궁금해할 수도 있다. (이 책의 원제는《자유의 기적:세계를 구한 7가지 티핑 포인트(The miracle of freedom: 7 Tipping points that saved the world)》이다.—편집부)

자유가 없는 세상을 상상해보라. 법으로 다스리는 민주주의 정부가 존재하지 않고 정의나 평등이 존재하지 않는 세상을 상상해보라. 인간의 천성으로 보이는 압제와 증오의 물결에 기꺼이 맞서는 자유국가가 없는 세계를 상상해보라. 이런 세계는 민주주의 정부가 가져다준 헤아릴 수 없는 도움이 존재하지 않는 세계다.

이제 한 단계 더 나아가보자.

핵탄두, 생화학 무기와 재래식 공격수단 같은 대량살상 무기를 소수의 독재자와 정부가 좌지우지하는 세상을 상상해보라.

예를 들어 또 다른 아돌프 히틀러나 이오시프 스탈린과 같은 인물이 유럽의 상당 부분과 전 아시아를 점령했다고 상상해보라. 이들이 지난 40년 동안 개발된 파괴적인 기술을 확보하여 전권을 휘두르고, 독재와 압제에 자발적으로 맞서온 서유럽이나 미국과 같은 자유정부가 균형을 잡아주지 않는다고 생각해보라.

자국민과 인접국, 적국을 현대의 수단을 통해 감시하고 추적하고 공격하고 억제하고 박해하는 압제적인 체제와 그 체제의 독재자들에게 맞서는 자유의 빛과 같은 나라들이 없다면? 현대 민주주의의 막대한 긍정적 영향력이 없었다면 우리의 세계는 어떻게 됐을까?

이제 민주주의 정부는 이 세계를 구원했는가, 라는 질문을 스스로 해보자.

기꺼이 생명과 재산을 희생해 인간은 자유로워져야 한다는 사상을 지지한 자유국가들이 없었다면 오늘날 우리가 사는 세계는 매우 다른 모습이었을 것이다.

한편 "자유의 존재가 그토록 기적적인 사건인가?"라고 묻는 사람이 있을지도 모른다. (앞에서 언급한 이 책의 원제 참고—편집부)

대부분의 사람은 기적이라는 단어에서 만나(Manna, 이스라엘 민족이 40일 동안 광야를 방랑하고 있을 때 여호와가 내려 주었다고 하는 양식), 홍해의 기적, 무함마드가 일곱 번째 하늘로 말을 타고 승천한 일과 같은 사건들을 연상한다.* 좀 더 개인적으로는 우리의 인생에 갑작스럽지만 강력한 방향을 만들어준 설명할 수 없는 우연들을 기적이라고 생각한다.

하지만 오늘날 자유가 존재하기까지 예상 밖의 복잡하고 특별한 사건들이 연달아 일어났다는 사실, 자유가 인간의 천성에 거스르는 듯 보인다는 사실, 앞으로 살펴보겠지만 인류의 극소수만이 자유롭게 살아가는 축복을 누렸다는 사실을 고려하면 오늘날 자유가 광범위하게 존재한다는 것 자체가 실로 기적적인 사건이다.

앞으로 이어질 장에서는 세계 역사의 중요한 티핑 포인트(작은 변화가 하나만 더 일어나도 큰 영향을 초래할 수 있는 단계—옮긴이)에서 오늘날 민주주의와 자유가 편만(遍滿)할 수 있게 한 사건들이 어떻게 발생했는지 살필 것이다.

우리는 이 이야기들을 풀어나가면서 과거의 문화가 지금과 매우 다르다는 점에 주목했다. 대부분의 사람이 오로지 생존을 위해 투쟁하던 시기의 행동규범은 오늘날과 다르다. 국민, 민족, 가족, 전쟁, 자비

●

미국인의 상당수가 기적을 믿는다는 사실은 흥미롭다. 2008년 퓨 포럼(Pew Forum)이 종교와 공적인 생활에 대해 조사를 했을 때 미국인의 80퍼센트 정도가 기적을 믿는 것으로 나타났다. (3만 6,000명 이상의 성인을 인터뷰한 역대 최고 규모의 조사였다.) 2010년 퓨 조사에서도 79퍼센트의 미국인이 기적을 믿는다는 거의 비슷한 결과가 도출됐다. (www.pewforum.org 참고하였다.) 기독교뿐 아니라 모슬렘 신학과 세계의 다른 종교에서도 기적의 존재를 받아들인다.

와 동정, 정의, 예상 행동 등 이 모든 것이 변화했다. 이 때문에 사람이나 사건을 선 혹은 악이라는 명쾌한 집단으로 분류하는 일이 어려울 수도 있다.

또한 어떤 개인, 국가, 문화와 집단도 항상 도덕적일 수 없다는 사실은 우리의 평가를 더욱 복잡하게 만든다. 모든 지도자에게는 약점이 있다. 그리고 그들 역시 역사의 과정을 바꾸는 업적을 수행하느라 고투하는 인간에 불과하다. 그러니 어떻게 실수가 없으리라고 기대할 수 있겠는가? 그들의 실패나 성격적 결함을 강조하기란 쉬운 일이다. 그러나 우리는 그 약점으로 그들이 해낸 특별한 역할을 축소하지 않기 위해 노력했다.

이 책에 담긴 일부 이야기들은 역사적으로 정확한 전후사정을 특정 인물의 시각을 빌어 가상으로 전개한 것이며 순수하게 역사적 서술로만 구성된 이야기도 있다. 이야기들은 사건의 중요도순이 아닌 연대순으로 전개했다.

자유를 향한 투쟁은 한 번도 확고했던 적이 없으며 오늘날까지도 끊임없이 이어지고 있음을 알 수 있을 것이다.

자유의 역사는 여전히 현재진행형이다.

크리스 스튜어트와 테드 스튜어트

11

여는 글

나일 강 남부를 따라, B.C. 1876년

아케나텐 암수는 건장한 청년이었다. 180미터가 넘는 키에 몸무게도 90킬로그램이 넘었고, 팔레스타인 조상에게 물려받은 날렵한 얼굴선과 천 년이 흐르는 동안 선조의 명맥이 끊어진 어머니에게서 물려받은 올리브색 피부 때문에 다른 노예들 틈에 있으면 여러모로 도드라져 보였다.

이집트 인의 평균 몸무게가 70킬로그램 남짓에 불과한 때였는데도 아케나텐 암수는 키도 크고 어깨가 떡 벌어지기까지 했으니, 최소한 어린 시절만이라도 제대로 된 보살핌을 받은 게 분명했다. 최근 몇 년 동안에는 심각할 정도로 심신이 약해졌지만 그래도 여전히 튼튼했다.

태양을 등지고 노역을 하는 사이 어제와 다름없이 하루가 지나가 버렸다. 그는 모르고 있었지만 오늘은 그의 열일곱 번째 생일이었다.

기억하고 있었더라면 앞으로 어떤 인생이 펼쳐질지 잠시 생각에 잠겼을 것이다. 오로지 수고와 노동, 죽음이 기다리고 있을 뿐이겠지만 말이다. 잘라내서 다듬고 운반해야 할 돌이 몇백만 톤에 달했다. 그는 30대쯤 죽을 확률이 높았다.

제사의 제물로써 도축을 앞둔 송아지가 왕의 여물을 먹고 살이 오르듯, 젊은 날의 아케나텐 암수는 가족에게서 떨어져서 주는 대로 먹고 운동하며 힘을 길러야 했다. 돌을 골라내고 연마하는 석수로서의 인생을 준비한 것이다. 그리고 지금 그는 오로지 그 일만을 하고 있다. 일은 허리를 부술 듯했고 치명적인 무게의 바위가 그를 짓눌렀다. 하루 18시간, 주 7일, 이집트 여름의 더위, 감독의 가차 없는 채찍질, 감독은 연약한 동포들을 감시하는 그 탐나는 자리를 갈취하기 위해 살인을 저지른 동료 노예였다.

그의 예상으로는 향후 10~15년 동안 이 잔혹한 노동을 할 수밖에 없을 것 같았다. 돌 깎기, 사원의 건설, 파라오와 신들에게 육신을 희생하기 같은 것들 말이다.

아케나텐 암수는 바보가 아니었기에 자신이 처한 아이러니를 제대로 간파하고 있었다. 같은 처지의 노예 수십만 명이 죽을 때까지 한 노동의 결과물이 고작 다른 사람과 함께 묻히게 될 사원이라는 것을.

이런 노력을 하면 어떤 보상이 따르는가? 삶, 식량, 매시간 주어지는 약간의 물, 힘이 다 소진됐을 때 몸을 누일 만한 지푸라기, 몰입해서 일하면 뜸해지는 채찍질, 그러다 몸놀림이 둔해지면 곧바로 쏟아지는 거친 욕설. 그는 혈기 왕성한 남자이니 언젠가 누군가의 아비가 되겠지만, 아이들은 전부 자신과 같은 운명을 지고 있을 것이다. 아이들과 손자들은 모두 노예로 태어나 꿈을 박탈당할 것이다.

고통에 찬 외마디 소리가 들려와 눈을 들어 보니 감독관이 다른 노예를 흠씬 두들겨 패고 있었다. 그는 이 짬을 활용해 일어나 몸을 펴고 뭉쳐있는 등 근육을 풀었다. 가죽처럼 거친 손을 들여다보고, 등을 위아래로 움직일 때 관절에서 나는 소리를 들으면서 노화의 초기 증상이 나타나고 있음을 실감했다. 육체가 함부로 다뤄지고 있다는 사실에 기분이 울적했다.

남쪽을 흘긋 쳐다보니 가늠할 수 없을 정도로 떨어진 채석장에서 새로운 사원의 터까지 이어지는 진흙길을 따라 먼지가 일고 있었다. 피라미드를 본 적도 없었고 볼 일도 없겠지만 잘라낸 바위를 강을 따라서 웅장하게 쌓아 올렸다는 이야기는 들은 적이 있다. 채석장과 사원 사이에는 사막의 열기로 뜨겁게 달궈진 모래뿐이었다. 하지만 그가 눈을 가늘게 뜨고 자세히 봤다면 목숨이 다한 동료들이 와디(wadi, 중동·북아프리카에 우기 때 외에는 물이 없는 계곡·수로)에 내동댕이쳐진 모습을 발견할 수 있었으리라. 고온의 사막 기후 때문에 시체는 곧 뼈와 가죽으로 변했다. 서쪽에서는 해가 저물고 있었다. 곧 끝도 없는 이 작업이 계속될 수 있도록 횃불을 밝힐 것이다.

15

왜일까? 아케나텐 암수는 천 번은 족히 자문했다. 왜 나는 그 어떤 희망도 품을 수 없는 것일까?

저무는 해를 다시 바라봤다. 그의 주인들은 여러 신을 섬겼는데 그 중에서도 특히 하늘의 신들을 가장 숭배해 세계 역사상 유례없는 천 문학자들이 탄생했다. 아케나텐 암수도 주인들에게서 주워들은 것이 있어 시간과 공간의 감각을, 그리고 세계에서 자신이 자리매김한 지 위에 대해 익히 알고 있었다. 언제나 변하지 않는 한 가지 사실이 있 었으니, 자신은 노예로 생을 마감하리라는 것이었다.

그래도 그는 궁금했다.

사람은 언제까지 이런 세상에서 살게 될까?

그는 1,500년 뒤에 지구의 정 반대편에 살던 한 아이가 자신과 똑 같은 질문을 하리라는 것을 생각지도 못한 채 다시 일을 시작했다.

중국, 항저우, B.C. 230년, 시황제의 치세 직전

주룬은 12세밖에 안 됐지만 삶에서 가장 중요한 교훈들을 이미 터득 했다. 그는 일하는 법을 알고 있었다. 매일 주어지는 밥공기에 간혹 보양식으로 닭발이나 쥐 뼈가 나오더라도 그럭저럭 연명할 줄 알았고 말해야 할 때와 침묵할 때를 알았으며, 굽히고 들어갈 때와 도망칠 때 를 분간했다. 죽는 날까지 자신이 아버지와 조상을 공경하리라는 것

16

도, 그가 늙으면 아이들이 그가 했던 것처럼 자기를 받들어 주리라는 것도 알고 있었다. 그는 4년 안에 좋아할 수도 있고 아닐 수도 있는 여자아이와 결혼을 할 것이다. 결혼의 주목적은 소작하기 위해 받은 거친 땅에서 함께 노동할 아이를 낳는 데 있었다. 자기 집을 갖는 일도, 토끼나 개를 제외한 가축을 키울 일도 절대 없을 것이다. 모든 땅, 모든 오두막, 모든 건물, 성벽, 가게, 작은 못, 가구 한 점과 음식조차 오로지 왕족의 소유였다.

가장 중요한 사실은 그와 가족이 언제나 왕족과 그들의 군대를 받들기 위해 살아야 한다는 것이다. 때가 되면 그들이 소유한 모든 것을 내주거나 어떨 때는 자식까지 제물로 바쳐야 했다.

주란이 좀 더 관대한 시기에 태어났다면 호의나 권력을 베푸는 자리까지 올라갔을지도 모른다. 잘생기고 똑똑했으며 모험의지가 있는 아이였기 때문이다. 하지만 현실은 달랐다. 주란도 이를 잘 알고 있었다. 그의 기대는 당대의 현실에 맞춰 재단됐다.

주란은 미루나무 잎사귀로 만든 쿠션을 베개 삼아 더러운 마루에 누워 단칸짜리 판잣집에 새벽 햇살이 깃든 모습을 둘러봤다. 곁에는 엄마와 아빠가 잠들어 있었고 남동생과 두 여동생은 발치에서 몸을 둥글게 말고 있었다. 열린 문틈으로 돼지 한 쌍이 들어와 초가지붕 틈 사이로 비스듬히 들어오는 햇볕을 쐬며 잠을 청했다. 주란의 집은 거대한 도시의 외벽에서 반나절 떨어진 곳에 있었고 인근에 십여 채의

가옥이 있었다. 도시의 거주민은 3만 명이었는데, 이는 주롼이 이해할 수 없는 범위의 숫자였다. 분명한 사실 한 가지는 그는 도시민에 포함되지 않는다는 것이었다. 주롼은 지금껏 성안으로 들어가 본 적도 몇 번 되지 않았다. 도시의 귀족들은 그가 꿈꾸지도 못할 화려한 삶을 살고 있었다.

고개를 돌리니 공동우물 옆으로 아버지가 다른 백여 명의 농부들과 함께 가마에서 구워낸 잔들이 반짝였다. 작품을 바라보던 아이의 눈이 휘둥그레졌다. 지금까지 본 것 중 가장 아름다운 작품이었다. 붉은색의 백조들과 자줏빛의 야생화를 입힌 화려한 잔들의 값어치는 적어도 이 가족이 가진 전 재산의 4분의 1에 달할 것이다.

잔들은 오늘 왕족에게 바쳐져 왕과 함께 묻힐 예정이었다.

이 전통은 셀 수도 없는 세대를 거슬러 올라간다. 왕이 승하하면 수백 명, 혹은 특별히 강력한 왕권을 가진 왕이었다면 수천 명의 노예는 물론 소농들이 소유한 가장 값나가는 보물들과 더불어 왕과 함께 순장됐다.

오늘 마을에서는 그 아름다운 선물들과 함께 한 아이가 왕에게 제물로 바쳐질 것이다.

본인은 아직 모르고 있지만 바로 주롼이 그 제물이었다.

세 시간 후 고개를 숙이고 있던 아이는 심장이 너무 빨리 뛰어 혹터져버리는 것이 아닐까 하는 생각이 들었다. 주롼의 목이 밧줄에 꽁

꽁 묶여있었다. 그리고 곧 끌려갔다.

손이 묶인 채 걸어가던 아이는, 살을 파고드는 밧줄 때문에 숨쉬기가 힘든 와중에도 용기를 내 가족을 쳐다봤다. 엄마는 무릎을 꿇고 앉아 손에 얼굴을 묻고서 울고 있었다. 그 곁에 서 있는 아빠는 엄마의 어깨에 한 손을 올려놓고 분노에 가슴을 떨고 있었다. 남동생과 여동생들은 끔찍한 장면을 보게 하지 않으려는 친구들의 배려 덕분에 다른 데로 가고 없었다.

주란은 아빠에게 고개를 끄덕이는 순간 머릿속에 한 가지 의문이 들었다. 늘 이런 식일까? 두려움과 슬픔 속에 궁금증이 일었다.

그때 밧줄이 당겨져 무자비하게 끌려갔다.

세상은 아직 준비돼 있지 않았기에 1,800년이 그렇게 또 속절없이 흘러갔다.

체코(보헤미아), 프라하, A.D. 1696년 겨울

유대인 아버지는 안개비 속에서 몸을 움츠리며 아들을 가까이 끌어당겼다. 강은 흐름을 멈춘 양 잔잔했고 빗방울은 강 표면에 수많은 잔물결을 만들어냈다. 초겨울이 깊어가면서 으스스해진 날씨 때문에 어린 소년은 아빠에게 기대어 서서 외투의 온기를 느끼고 있었다.

그들은 카를 교(Charles Bridge) 너머에 있는 동상을 슬픈 눈으로 바라봤다. 고딕양식의 아름다운 이 다리는 구시가지와 말라 스트라나 (Mala Strana)를 이어줬다.

300년 전쯤 후일 신성로마 제국의 카를 4세가 된 카를 왕의 지시로 건축된 이 다리는 원래 석교(Stone Bridge), 또는 카메니 모스트 (Kamenny most)라고 불렸던 다리로 양 끝은 두꺼운 돌탑이 지키고 있었는데, 세력이 정점에 달했던 보헤미아 왕국 전체를 통틀어 가장 위대한 건축물로 꼽혔다.

아버지는 기독교 성인의 동상을 바라보다가 지난 몇 주 동안 일어난 사건들을 떠올렸다. 이웃의 한 유대인 지도자는 그가 신성한 그리스도를 모독했다고 고발했다. 그는 그 대가로 도금한 고리에 히브리어로 '성스럽다, 성스럽다, 성스럽다, 만군의 여호와' 라고 새겨 동상의 목에 걸어야 했다.

성경의 이사야에서 따온 구절로서, 유대인의 축복기도의 일부였다.

그는 아들 또한 수치심을 느끼고 있음을 알았다. 그는 자신의 민족, 그들의 역사와 문화, 심지어 그들의 위대한 여호와도 부끄러워졌다. 거룩한 말씀은 하나님이 아니라 오로지 메시아를 향한 것이었다.

아들을 내려다본 아버지는 아들의 눈에 담긴 표정을 읽을 수 있었다. "주는 매인 자들을 해방하신단다." 그는 낮은 목소리로 말했다.

아들은 입을 꾹 다물었다.

그들은 이 히브리 격언을 수도 없이 들어왔다. 유대인들이 그들의 신앙을 깎아내리도록 강요받은 것은 이번이 처음이 아니었다.

아버지는 고개를 세차게 젓다가 유대인들이 강제로 달고 다녀야 하는 진홍색 배지를 응시했다. 최초의 유대인 게토가 약 300년 전 스페인에서 생겨난 이래 지금은 마드리드, 바르셀로나, 베니스, 로마, 프라하에 이르기까지 전 유럽이 게토를 지지하고 있다. 그는 유대인이 견뎌내야 했던 탄압을 생각했다. 그들은 이를 '피의 비방'이라고 불렀다.

십자군이 정점에 달했을 때부터 유대인들은 희생양으로 몰렸다. 모든 이단자(유대인, 모슬렘, 의심이 가는 기독교도 등)들은 숨거나 도망가야 했다. 선조 중에서는 기독교도 아이를 살해해 그 피를 유월절 무교병(유월절에 먹는 누룩을 넣지 않은 빵—옮긴이)을 만드는 데 썼다는 혐의로 몰린 자도 있었다.

아버지는 습하고 찬 기운에 코트를 여미면서 동쪽을 바라봤다. 그의 가장 큰 걱정은 같은 시민들에게서 받는 증오가 아니었다.

그는 얼마 전 동유럽의 심장부를 휩쓸며 폴란드와 유대인들이 쥐나 늑대인 양 학살했던 잔인한 코사크(Kazak, 15~16세기에 러시아 중남부로 이주해 자치적인 군사공동체를 형성한 농민집단) 군대를 떠올렸다. 죽음을 부르는 코사크 땅이나, 그가 고향이라 부르는 곳이나 지금 이 순간에도 별반 다를 바가 없었다. 유대인 게토와, 그의 민족들을 이곳으로 보낸 악독한 정부와 기관들 사이에도 차이가 없었다. 유대인과, 유대인을 향해 지난 500년 동안 커져 온 미신적 증오 간에도 다를 것이 없었다.

그의 민족은 외톨이었다. 누구도 그들을 지켜주지 않았다. 어떤 국가도, 어떤 민족도, 어떤 종교단체나 인간도, 그들을 적들로부터 보호해주지 않았다.

그는 아들을 바라보며 작은 희망이라도 줄 만한 말을 간절히 구했다. 그러나 마땅히 떠오르지 않자 잠자코 있던 아들을 가까이 끌어당겼다.

러시아, 시베리아 남서쪽, 옴스크, A.D. 1986년

정보국의 러시아 조사관은 책상 위에 흩어진 서류들을 보다가 의자에 등을 기대고 눈을 감았다. 그리고 무의식적으로 숨을 멈췄다.

너무 많았다. 사실일 리 없었다. 이 수치들은 말이 되지 않았다.

그는 물때가 묻은 천장을 보다가 숨을 내쉬고선 다시 눈을 감았다.

1세대에서 4,000만 명이었다. 이후에는 10만 혹은 20만 명일지도 모른다.

몸을 앞으로 기울이면서 숨을 폭폭 내쉬다가 서류철 윗면에 있는 노란 페이지를 집어들고 자신이 방금 편집했던 수치들을 확인했다.

6,000만 명!

게다가 우리에게 자행한 일이라니!

굴라그(Glavnoye Upravleniye Ispravitel' no-Trudovykh Lagerey I koloniy).

22

국가 보안국 교정 노동수용소 주 관리기관. 이는 지금까지 몇 세대 동안 공포를 조성한 단어였다.

한때는 이 공산국가 전역에 최소한 500곳의 독립된 노동, 처벌, 혹은 '재교육' 수용소가 있었는데 주로 북쪽에 몰려있었다. 각각의 수용소마다 유죄를 선고받고 죽어가는 사람들이 수만 명씩 있었다. 실제로 러시아 북부의 주요 산업도시들 일부는 전적으로 죄수 노동으로 건설됐다. 불과 20년이라는 시간 동안 1,400만 명에 달하는 사람들이 굴라그를 거쳐 갔다. 같은 기간 동안 또 다른 600~700만 명은 여러 곳의 '비공식' 시베리아 노동·재교육 수용소로 유배를 가서 죽을 때까지 일해야 했다.

1960년대 초반 소련 정부는 굴라그를 공식적으로 철폐했다. 아니, 최소한 기록상으로는 없애 버렸다. 그러나 실제로는 굴라그를 '집단 수용소(colonies)'라는 새 이름으로 바꿔 계속 가동했다. 일생을 스탈린주의의 대의명분을 확장시키는 데 바친 공산당원으로서 조사관은 공산당이 죽인 동포의 숫자가 얼마나 많은지 깨닫자 엄청난 충격을 받았다. 소련 시민 수백만 명이었다! 고아로 태어났거나 살 곳이 없다는 이유로 많은 이들이 유죄 선고를 받았다. 배고픈 소년이 빵을 훔치다가 수용소로 끌려간 일도 있었다. 정치범들은 무심결에 실수로 단어나 문구를 잘못 선택해도 수용소로 끌려갔다. 그저 지역 당수에게 언제쯤 땔감을 얻을 수 있겠느냐고 물었다는 이유만으로 수용소로 끌려간 여성들도 있었다. 수백만 명의 무고한 시민이 독재와 권력을 갈망한 정부 때문에 죄인이 됐다.

공식적으로는 단지 100만 명의 죄수들만이 노동·재교육 수용소에서 사망한 것으로 기록돼 있었다. 러시아인은 코웃음을 쳤다. 농담이겠지. 그는 정부가 죄수들이 숨을 거두기 며칠 전에 석방해 공식 사망자 명단을 줄여온 관례에 대해 잘 알고 있었다.

어떤 굴라그 수감자들은 정치범이 아니었음에도 수감됐다. 조사관은 마룻바닥의 녹색 바인더를 훑어봤다. 드미트리우스 코사크, 22세, 기혼, 두 아이의 아버지. 청년의 부친은 2차 세계 대전 중 러시아 육군 대령을 지냈고 그 자신도 충직한 당원이었다. 문제가 없어 보였다. 어느 날 아침 그는 반정부적 농담을 지껄였다. 정오가 못 되어 상부에 보고가 올라갔다. 그는 교대근무를 마치기도 전에 체포되었고 해가 채 떨어지기도 전에 시베리아 수용소로 향했다. 재판은 없었다. 변호도 없었다. 항소도 없었다. 그는 14년의 중노동을 선고받았다. 그리고 절반을 복역하다 폐결핵으로 사망한 뒤 시베리아의 눈밭에 묻혔다.

이런 사례가 담긴 녹색 바인더가 축구장만 한 보관실에 꽉 차있었다.

그는 다시 한 번 길게 숨을 쉬고 눈을 감았다. 우울한 만큼 안도감도 밀려들었다.

상황은 변하고 있었다. 그는 느낄 수 있었다.

그리고 그가 옳았다.

자유의 시대가 마침내 다가온 것이다.

◀●

지금까지 언급한 이야기들은 고대 문명에서 현대에 이르기까지, 모든 대륙과 문화를 걸쳐 인류 대다수가 어떤 삶을 살아왔는지를 보여준다. 우리에게는 낯설게 느껴질지 모르지만, 이와 같은 이야기들은 실로 인류 역사에서 압도적으로 많은 부분을 차지한다.

앞에서 든 예들은 이 세상에 태어났던 남자와 여자들의 일상에 깊게 뿌리내린 흔한 절망들을 묘사한 것뿐이다. 그들은 자기 인생에 대해 그런 수준의 기대치밖에 가질 수가 없었다. 빈한한 생계를 이어가다가 기근이나 사망의 문턱까지 가는 경우가 허다했다. 두려웠다. 정의는 어느 곳에서도 구할 수 없었다. 그들을 지켜줄 경찰력이나 지역의 치안판사는 존재하지 않았다. 정부란 보호가 아닌 압제의 원천이었다. 나이 어린 자, 약한 사람, 여성, 자기 방어의 능력이 없는 사람들을 대변하는 목소리도 없었다. 정부의 관심은 오로지 통치, 권력, 힘, 칼뿐이었다.

태초에 자유란 없었다

앞서 개인적 일화를 통해 묘사했듯, 개인의 자유는 인류 역사 대부분에서 거의 인정받지 못했던 개념이다. 자유와 정의의 가치를 최소한 이해하고자 노력했던 특별한 지도자들 또는 문화가 드물게 존재하긴 했다. 하지만 그 사례가 매우 적고 발생한 간격도 넓다. 그 하나의 예로 고대 바빌론의 함무라비 왕을 들 수 있는데, 그는 B.C. 1790년 '강자가 약자를 해쳐서는 안 된다.'라는 조항을 만들었다. 또한 유대인의 율법서인 레위기 19장 15절에서는 여호와가 백성에게 '너희는 재판할 때에 불의를 행하지 말며 가난한 자의 편을 들지 말며 세력 있는 자라고 두둔하지 말고 공의로 사람을 재판할지며'라는 구절을 찾을 수 있다.

드물게 정의와 개인의 존엄성을 인정한 예들을 제외하면 다수의 인류는 개인의 권리를 존중해주고 자유를 보장하는 정부의 보호 아래 살아간다는 것이 가능한 일이라는 생각조차 하지 못했다.

그렇다면 탄압, 독재와 공포는 자연의 순리인가, 라는 질문을 해볼 수 있다.

인류 역사를 훑어보면 그 답은 부인할 수 없게도 '그렇다'이다.

19세기 프랑스의 철학자인 프레더릭 바스티아(Frederic Bastiat)는 짧지만 강렬한 그의 작품《법(The Law)》에서 '저절로 존재하는 것은 정의가 아니라 불의이다. 정의는 불의가 부재할 때에만 나타난다.'라고 주장했다.

　바스티아의 관점으로 보면, 불의는 일반적인 일이며 인간의 본능이다. 그는 정의가 만연하려면 먼저 불의를 제거해야 하는데 이는 어렵고 극히 드문 일이라고 주장했다. 바스티아와 비슷한 관점의 주장을 했던 다른 학자도 있다. 저명한 미국인 학자인 월터 윌리엄스(Walter Williams)는 미래의 역사학자가 우리에 대해 다음과 같이 이야기할지도 모른다고 주장했다.

　　인류의 역사는 조직적이고 가단적인 학대와 엘리트의 지배로 점철됐다. …… 수억 명의 불행한 영혼들이 대부분 자기 정부의 손에 도살된 비극의 역사였다. 앞으로 200~300년 후 한 역사학자는 인류에서 서구 세계를 중심으로 지극히 일부에 해당하는 사람들이 100년 혹은 200년 동안 자유를 누렸는데, 이는 설명이 어려우리만치 역사학적으로 진기한 사건이라고 기록할지 모른다. 또한 그 진기함이 단지 순간적인 현상에 불과해 인류가 독단적 지배와 학대의 옛 모습으로 돌아갔다는 주장을 할 수도 있다.

　윌리엄스의 주장은 무시하기가 어렵다. 우리는 오늘날 상상할 수도 없는 자유와 해방의 축복을 누리고 있지만 이는 정상이 아니라 일탈에 해당한다. 더 나아가 단순히 오늘날 자유가 존재한다고 해서 이 축복이 후손에게 전달된다는 보장도 없다.

극소수자인 우리

그렇다면 인류 역사에서 자유의 삶이라는 축복을 누리는 일은 얼마나 특별한 것일까? 그런 시대에 태어날 가능성은 얼마나 되는 것일까?

지금까지 지구 상에서 살다간 사람들을 계산하면 약 1,000~1,100억 명가량으로 추산할 수 있다. 국제인권감시단체인 프리덤 하우스 (Freedom House)는 현재 지구에 사는 인구 중에서 약 30억 명만이 '자유' 국가에 살고 있다고 추산했는데 이는 지난 세대에 자유국가의 숫자가 두 배 가까이 증가했음을 고려한 것이다.[*]

또한 1780년 이후 미국에서 자유를 누린 인구는 5억 5,400만 명,

[*] 1981년에 51개국이 '자유로운' 곳으로 평가됐다. 2009년에는 이 숫자가(193개국 가운데) 89개로 늘었다.

[**] 미 인구통계 수치에 외삽법을 적용하였다. (130퍼센트의 성장률과 매 20년을 새 세대로 정의) http://www.census.gov/population/censusdata/table-4.pdf을 참고하였다.

[***] 민주주의의 주요 특징과 차별적인 특성은 전능한 다수의 지배에 있다. 민주주의에서 개인과 소수로 구성된 모든 개인집단은 다수가 가진 무한한 권력에서 보호받지 못한다. 개인을 지배하는 다수의 사례이다. (중략) 반면 공화정은 매우 다른 목적을 가지고 완전히 다른 형태, 혹은 다른 체계의 정부를 가지고 있다. 공화정은 신이 부여한 양도할 수 없는 개인의 권리를 보호하고 이에 따라 모든 소수자 중 소수당의 권리와 보편적인 국민의 자유를 지키는 것을 주목표로 하기 위해 특히 다수를 엄격히 통제하려 한다. (해밀턴 알버트 롱의 《The American ideal of 1776》에서 원문을 강조했다. http://www.lexrex.com/enlightened/AmericanIdeal/aspects/demrep.html을 참고하였다.)

20세기에 자유국가가 된 나라들을 포함한 유럽 국가에서 자유를 누린 인구는 약 10억 명가량으로 추산할 수 있다.••

아무리 후하게 쳐주더라도 지구 상에 살다간 사람 중 우리가 자유라고 여기는 환경에서 산 사람은 50억 명이 채 되지 않는다. 비율로 따지면 4.5퍼센트에 불과하다. 게다가 이는 넉넉잡아 계산한 수치이니 실제는 이보다 훨씬 낮을 것이다. 윌리엄스가 말했듯 진정으로 '인류에서 극히 일부에 해당하는 사람들'인 것이다.

'민주주의'와 '자유'는 무엇을 뜻하는 것인가?

자유와 민주주의의 희소성에 대한 모든 연구는 자유의 개념이 주관적이고, 민주주의가 수많은 의미가 있다는 사실 때문에 복잡해진다.•••

그렇다면 우리는 이 핵심용어들을 어떻게 정의해야 하는가?

이를 알기 위해서는 처음으로 돌아가야 한다. 미국의 독립에 일조한 일명 건국의 아버지들(Founding Fathers)이 자신의 반역을 정당화하는 데 어떤 근본적인 진리들을 고려했는지, 모국과 절연해 전쟁을 벌이는 데 대의를 제공한 근본원리들은 무엇인지를 살펴봐야 한다.

우리는 다음과 같은 사실을 자명한 진리로 받아들인다. 즉 모든 사람은 평등하게 태어났고, 창조주는 몇 개의 양도할 수 없는 권리를 부여했으

며, 그 권리 중에는 생명과 자유와 행복의 추구가 있다. 이 권리를 확보

하기 위하여 인류는 정부를 조직했으며, 이 정부의 정당한 권력은 인민

의 동의로부터 유래하고 있는 것이다.

—토머스 제퍼슨 〈미국 독립 선언문〉 중에서

이 감동적인 구절, 역사와 정치철학에 대한 우리의 이해, 그리고 다

수의 정치적 가치들을 함축적 단어들로 아울러야 하는 실제적 필요성

을 고려해 자유와 민주주의의 특성을 다음과 같이 정의하고자 한다.

1 자치. 국민이 스스로 다스릴 권리와 그들이 선택하는 정부의 형

   태로 구성할 권리다. 여기에는 다스리는 자들이 다스림을 받는

   사람들의 동의하에서만 지배할 수 있다는 인식이 포함된다. 국

   민은 누가 법을 만들고 강제할지 선택할 수 있으며, 선택하지 않

   은 자들의 지배를 거부할 권리가 있다.

2 기본권. 모든 사람은 특정한 기본권들을 가지고 태어난다. 이 권

   리들에는 생명과 개인의 자유, 사유재산과 노동의 산물을 소유

   할 권리들이 포함된다. 개인적 자유들에는 발언, 종교, 사상, 언

   론, 집회의 자유 등이 있다. 우리는 이 권리들 혹은 자유가 내재

   적이고 양도 불가능하며 헌법이나 법, 또는 정부가 아닌 신이 부

   여했다고 믿는다.

3 평등. 사람은 평등하게 창조됐다. 모두가 평등하게 태어났다는 의미에는 지위고하를 막론하고 모든 사람이 법적으로 동등한 대우를 받도록 보장하고 모두에게 성공이나 실패할 기회를 똑같이 부여하는 데 정부의 주역할이 있다는 신념이 내포돼 있다.

4 공평함의 실현. 공평함은 각 남성과 여성이 자신에게 부여된 것을 받는 상황을 의미한다. 즉 부유하거나 권력을 가졌는지, 혹은 어떤 계급이나 인종에 소속돼 있는지와 무관하게 보상 또는 처벌을 받아야 한다.

5 법치의 실현. 대통령이든 평범한 시민이든 모두가 동일한 법의 지배를 받는다. 어떤 남성 혹은 여성도 해당 영토에서 위법행위를 하면 처벌을 받는다.

이상의 다섯 가지 원칙, 가치나 성격이 우리가 이 책에서 민주주의와 자유를 언급할 때 의미하는 것이다.

경제적 자유의 중요성

미국 건국의 아버지들은 위에서 열거한 자유들 외에도 경제적 자유가 중요함을 분명히 알았고, 이를 지키기 위해 노력했다. 독립선언서에 언급된 기초적인 자유 가운데 하나인 '행복 추구권'에는 우리의 일이나 행동에 대한 대가를 받을 권리가 포함된다. 또한 미국의 헌법은 사유재산권을 보장한다.

　최근에는 성공한 개인을 불공정한 경기장에서 행운을 잡은 우승자에 지나지 않는 양, 마치 악마처럼 취급하는 행태가 유행하고 있다. 실제로 어떤 국가 지도자들은 부와 성공에 매우 비판적 자세를 취하면서 전체적인 부와 과학기술을 감소시킬 우려가 있는 정책의 실행 방향을 모색해왔다.* 하지만 경제적 자유가 가난, 기근, 질병, 문맹, 무방비로 맞이하는 탄압을 감소시키고 공익을 확대한다는 것은 의심할 수 없는 사실이다. 최근의 연구들 또한 환경의 질을 측정하는 주요 지표들이 국민 소득의 증가와 밀접한 연관을 맺고 있다고 밝혀냈다. 예를 들어 세계에서 가장 오염이 심한 25개국 가운데 22개 나라는 현재나 과거에 공산국가였던 나라들로 당연히 경제적 자유를 허가하지 않는 정부가 통치하고 있는 나라들이다.

　국립경제조사국(NBER)의 최근 연구도 지난 40년 이상 세계적인 빈곤의 감소와 경제적 자유 사이에 강한 상관관계가 있다고 주장한다. 이 밖에 저명한 다른 연구들도 혁신과 경제적 기회와 같은 '웰빙'의

●

가령 오바마 대통령의 과학기술 특별보좌관인 존 P. 홀드런은 I=PAT라는 공식을 개발했다. (환경에 미치는 부정적인 영향(I)=인구(P)*인구의 부(A)*인구의 기술(T)). 간단히 말하자면 이 공식은 더 부유해지고 인구가 많아질수록 우리가 끼치는 환경파괴가 커진다는 것이다. 이 공식을 활용하면 정부 지도층은 국부와 기술, 인구의 감소를 추구할 것이다. (존 티어니의 "Use Energy, Get Rich, and Save the Planet"을 참고하였다.)

중요 척도가 국가의 부와 강한 연관이 있다고 밝혔다.

경제적 자유에서 얻는 이득을 생각해보라. 우리의 적들이 최우선적으로 파괴하려는 것이 경제적 자유라는데 의심의 여지가 있을까?

자유는 왜 발생했는가?

민주주의와 자유가 이토록 드물게 발생하고, 역사적으로 봤을 때 반직관적이라면 서구가 이를 실행해낼 수 있었던 동력은 어디에 있는가? 인류의 일부분인 서구가 자치, 인간 평등의 신념, 법치, 공평함의 추구, 개인의 자유를 주목하도록 환경을 조성한 것은 역사의 어떤 사건들일까?

많은 학자가 자유와 민주주의 신념이 현대와 같은 모양새를 갖추게 된 것의 시초는 그리스 인들이며, 이후에는 기독교도가 활성화했다고 주장한다. 로드니 스타크(Rodney Stark)는 기독교가 서구사상에 끼친 영향과 관련해 가장 저명한 저자 중 하나로 광범위한 저술 활동을 했다. 그는 이 주제를 다룬 여러 저서 중 하나에서 다음과 같이 설명했다.

세계의 다른 종교가 신비주의나 직감을 강조한 반면, 기독교는 유일하게 종교적 진실을 향한 주된 지침으로써 이성과 논리를 포용했다. 이성과 관련한 기독교의 사상은 그리스 철학의 영향을 받았다. …… 하지만

교회 지도자들은 초창기부터 이성이야말로 하나님이 주신 최고의 선물
이라고 가르쳤다. …… 이성의 힘에 대한 믿음은 서양의 문화에 영향을
미쳐 민주주의 이론과 실천의 발전, 과학의 추구를 자극했다. 또 자본
주의의 대두도 교회의 영감을 받은 이성의 승리다.

스타크는 그의 저서 전반을 통해 이성, 진보의 신뢰, 개인의 자유와
자본주의에 기반을 둔 서구사상이 유럽에서 발전할 수 있었던 것은
기독교 신학의 직접적 영향이라고 설득력 있게 주장했다.

어떻게 이런 일이 발생했는가?

천 년 이상에 걸쳐 자유의 기적이 발생했다는 사실을 돌아보면, 신은
이 세상을 불행에 빠뜨릴 목적은 갖고 있지 않은 듯하다. 다만 기적은
매우 천천히, 산발적으로 발생해 대부분은 진척의 정도를 알아차리기
어려웠다. 뒤늦게 기적이 일으킨 혜택을 깨달았다손 치더라도 기적이
발생한 단계를 구분해내고 파악하기는 쉽지 않았다. 그러나 기적은
분명 일어났다. 수세기에 걸쳐 인류가 진보하는 동안 상황은 변했다.

인류의 역사를 주의 깊게 관찰하면 일련의 중요한 사건들이 발견된
다. 이는 자칫하면 지금과 매우 다른 결과를 낳을 수 있는 분기점들로
서 우리가 사는 이 특별한 시기를 존재할 수 있게 한 순간들이다. 또

동시에 그리스 철학과 유대-기독교 신학을 결합한 기초적 사건들로 오늘날의 민주주의와 자유의 기반을 마련했다. 역사 속 티핑 포인트 중에서 가장 중요한 일곱 가지 사건은 다음과 같다.

1. 유다 왕국을 파괴하려던 아시리아의 패배

구약과 역사적 사료에 기록되어 있듯, 아시리아 군대가 이스라엘 왕국을 무찌르고 10개의 지파를 '북쪽으로' 몰아낸 뒤 아시리아 왕은 유다 왕국에서도 동일한 시도를 감행하기로 결심했다. 그런데 왕은 갑자기 그답지 않게 수도 예루살렘을 포함하여 유다 왕국을 전멸시키지 않기로 마음을 바꿨다. 그리고 군대와 함께 돌아갔다.

아시리아가 유다 왕국과 예루살렘을 파괴하는 데 성공했다면 그 백성은 과거 10개의 부족과 마찬가지로 '사라져' 버렸을 것이고 그 결과는 현대 세계의 발전에 결정적 영향을 미쳤을 것이다. 아시리아가 승리했다면 기독교를 자라게 한 유대 국가는 존재할 수 없었다.

2. 테르모필레와 살라미스에서 그리스가 페르시아에 거둔 승리

페르시아 인들이 그리스의 도시국가들을 무너뜨렸다면 개인의 권리를 강조하고 민주주의를 실험한 철학과 과학, 문화 분야에서 그리스 인들이 일궈낸 진전도 일어나지 못했을 것이다. 또한 그리스 문화를 근동과 중동에 (일반적으로 지중해와 오늘날의 이란 사이에 있는) 전파한 알렉

산더 대왕도 존재할 수 없었다. 알렉산더 대왕이 그리스에 영향력을 끼

치지 못했다면 로마 제국은 전혀 다른 형태로 발전했을지도 모른다.

로마의 막대한 영향력. 그것의 부재는 유럽을 그리스 철학과 신념이 깊

게 뿌리내린 것과는 상당히 다른 모습의 국가들로 만들었을 것이다.

3. 로마 콘스탄티누스 황제의 기독교 개종

초기 기독교의 역사가 로마 제국과 직접적으로 엮여 있었던 것은 다행

이기도, 불행이기도 했다. 그리스도의 사망 후 수백 년 동안 기독교는

체제전복적으로 간주됐고 기독교도들은 박해를 받아 죽음에 이르는 지

경까지 갔다. 그러나 A.D. 312년경 콘스탄티누스가 기독교로 개종하

고, 이어 로마 제국의 국교로 채택하면서 기독교는 명맥을 유지한 정도

가 아니라 융성하면서 유럽의 지배적 종교로 올라섰다. 기독교가 사라

졌다면 서구는 자치, 자유의지, 인간의 권리와 관련해 매우 다른 모습으

로 발전했을 것이다.

4. 푸아티에에서 이슬람 군대의 패배

A.D. 732년 카를 마르텔은 '투르-푸아티에 전투(Battle of Tours-Poitiers)'

에서 천하무적의 강력한 이슬람 군대를 무찔렀다. 아랍인들이 '순교자의

법정 전투(Battle of Court of The Martyrs)'라고 부르는 이 전쟁은 중부 프

랑스에서 벌어졌으며, 많은 서양 역사학자들은 유럽에서 기독교를 지

켜낸 전환점이라고 간주한다. 이후 900년 동안 이슬람 군대가 간헐적으로 유럽을 정복하려는 시도를 벌이긴 했어도 투르-푸아티에 전투는 당시 모슬렘이 서유럽을 정복하려는 야욕이 정점에 있었음을 보여준다. 프랑크 족이 방어에 성공하지 못했다면 이슬람군은 무함마드의 이름으로 세계를 정복하려는 시도를 이어갔을 것이다. 그랬다면 종교적 자유, 소수의 권리, 여성의 권리 존중, 이성과 민주주의에 기반한 정부들은 존재하지 못했을 가능성이 크다.

5. A.D. 1241년, 유럽을 정복하려 했던 몽골의 철수

몽골군은 아시아를 휩쓴 후, 쇠락하고 부패한데다 질서가 무너져버린 유럽 국가들을 정복할 만반의 태세를 갖췄다. 그런데 몽골군이 동유럽을 함락시키고 서유럽을 공격하기 위해 헝가리의 관문에 도착하자마자 2대 칸 오고타이가 숨을 거두고 말았다. 당시 유럽에 원정 온 몽골군에는 왕위 계승에 대한 발언권이 있었던 오고타이 형의 아들 바투(Batu)가 있었다. 그는 왕위세습 문제를 해결하기 위해 회군을 해야만 했고 결국 공격을 철회한 뒤 다시는 돌아오지 않았다. 유럽은 몽골 군대의 방해를 받지 않고 그리스·로마적 정신의 발전을 이어갈 수 있었다.

6. 신세계의 발견

신세계의 발견은 금, 은, 다른 천연자원, 새로운 식량자원뿐만 아니라 상상력과 탐험의 갈증을 불태울 수 있는 잠재력을 불러왔고 이로써 전 유럽은 새로운 황금기에 접어들었다. 유럽 국가들은 아메리카 대륙의 발견으로 창출된 막대한 부를 바탕으로 유럽 수도들의 문을 두드리던 이슬람 군대를 물리칠 능력을 충분히 갖췄다. 또 유럽을 세계적인 제국으로 발돋움시킨 과학, 항해, 건축, 군사전술, 무기, 인적자원의 개발에 톡톡한 기여를 했다. 하지만 무엇보다 중요한 것은 신대륙의 발견이 유럽을 서구의 정치철학과 사상의 본거지로 발전할 수 있게 만들었다는 사실이다.

7. 2차 세계 대전의 브리튼 전투

1940년 5월, 독일의 나치 정부가 전 유럽을 자신의 사악한 지배 아래 놓으려는 야욕을 드러냈다. 영국은 유럽에서 이런 독일의 행보를 저지할 수 있는 마지막 온전한 자유 정부였다. 영국은 전멸 위기에 처한 듯했으나 용기를 발휘해 제3제국(히틀러 치하의 독일—옮긴이)의 가공할 만한 권력에 끝까지 맞섰다. 윈스턴 처칠과 영국의 국민이 항복을 거부하고 끝까지 싸웠기 때문에 이후 몇 세대에 걸쳐 민주주의와 자유가 보전될 수 있었다.

앞으로 이상의 중요한 역사적 사건들을 살펴볼 것이다.

각 사건은 독립적이며, 개별 사건만으로는 지금 우리가 누리고 있는 자유라는 선물을 만들어낼 수 없다는 사실이 중요하다. 그렇더라도 각 사건은 세계의 미래를 변화시킨 결정적인 티핑 포인트였으며, 민주주의가 탄생해 오늘날 번영할 수 있는 요람 역할을 했다. (물론 이 이야기들을 완전하게 만들어줄 다른 사건들도 있지만 이 책에서는 가장 중대한 영향을 미친 일곱 가지만 장면들만 소개했다.)

간단히 말하자면, 우리의 주장은 다음과 같다.

- 자유와 민주주의의 탄생이나 유지는 인류 역사에서 이례적으로 드문 사건이다. 실제로 인류 중에서 극히 일부만이 자유의 땅에서 살 기회를 잡았다.

- 역사의 전 과정에서 민주주의와 자유정부의 근본 토대를 마련한 결정적인 티핑 포인트들이 발생했다. 이 중요한 전환점 가운데 상당수는 자유가 열매를 맺기 수천 년 전에 일어났다. 일부는 근대에 발생했다. 시기가 언제이든 예외 없이, 세계에서 우리가 목도하는 자유 정부의 급격한 확대를 가능케 했다.

- 자유의 시대(Free Age)가 실제 역사에서 전개된 대로 발전한 것은 필연이 아니다. 자유의 물결을 만들어낸 결과들이 약속되었던 적은 한 번도 없었다. 하나의 사건이라도 실제와 달리 진행됐다면 세계 역사는 매우 다른 형태로 흘러가 현재 우리가 누리는 자유의 황금기는 존재하지 못했을 것이다.

지금으로부터 2,700년 전, 자유와 민주주의가 싹 틔울 만한 환경이 조성되도록 첫발을 내딛었다. 그 200년 후 또 다른 진전이 있었다. 그리고 800년이 더 흘러 또 한 단계 도약이 일어났다. 여정은 길고 지루했고, 자유를 향한 소리 없는 행진이 완성되는 데 수천 년이 걸렸다. 그러나 그 한 걸음 한 걸음이 오늘날 지구의 수많은 시민이 향유하고 있는 자유라는 막대한 축복을 이루는 데 결정적인 기여를 했다.

마지막 경고의 말

민주주의와 자유를 누리게 된 것이 극히 짧은 시간에 불과함을 주목해야 한다. 왔다가도 사라질 수 있는 것이다. 어느 국가든 한동안 민주주의를 맛봤더라도 갈등이나 전쟁으로 인한 폭정으로 전복될 가능성이 있다. 이는 지난 225년 동안 반복적으로 나타난 사실이다. 많은 나라가 민주주의를 잠시 경험했다가 자유와 민주주의라는 커다란 선물을 놓치고 말았다. 1차 세계 대전 이전과 전쟁 직후, 그리고 히틀러 치하에서의 독일이 이를 생생하게 드러내는 예다.

최근에 발간된 《민주주의화(Democratization)》에서 저자들은 1783년에서 1828년까지 전 세계에서 자유로운 공화국이 미국밖에 없었다는 사실을 지적했다. 이후 1828년에서 1926년까지 서유럽의 소수 국가에서 자유주의 운동이 일어나 미국의 민주주의 정부에 합류했다. 하지만 1922년에서 1942년에 세계의 상당 지역에 반민주주의 광풍이 휩쓸자 마치 해안에서 썰물이 빠져나가듯 햇병아리 자유국가 중 많은 수가 파시즘과 압제정권으로 후퇴했다. 이탈리아, 독일, 스페인, 그 외 많은 나라가 자유에서 멀어졌다. 이후 2차 세계 대전의 종식으로 자유 공화국의 또 다른 물결이 찾아왔지만 1962년에 제2의 후퇴기가 발생해 이번에도 유아기 단계의 민주주의 국가들이 희생됐다. 그리고 1974년부터 민주주의와 자유의 제3물결이 시작됐다.[*]

독재와 압제의 역류가 또다시 발생할 가능성이 있는가? 잠시나마 인간의 본성에 저항한 일부, 혹은 다수의 신출내기 민주주의 국가들이 다시 독재정부로 회귀할 것인가?

아니라고 답한다면 역사의 흐름을 무시한 처사이리라.

사실 지금도 압제의 또 다른 물결을 목도하고 있는 것 아니냐는 논란이 벌어지고 있다.

베를린 장벽이 무너진 이후 많은 나라가 민주주의를 향해 의미 있는 발걸음을 뗐다. 그러나 프리덤 하우스는 2010년 연구에서 옛 소비에트 연방이나 바르샤바 조약을 체결한 29개국 가운데 14개 나라에

---

[*] 패트릭 버헤겐(Patrick Bernhagen) 외 3인이 쓴 《민주주의화》 41–54쪽을 참고하였다. 이 저자들은(Haerpfer, Bernhagen, Inglehart, and Wetzel) 민주주의가 상승하고 확산되는 '순류'의 시기와 다수의 국가가 민주주의의 쇠퇴를 맞는 '역류'의 시기를 구분해냈다.

서 자유가 약해지고 있는 것으로 발표했다. 이들뿐이 아니다. 지중해, 이베리아 반도와 중앙아메리카에서의 대격변은 민주주의의 약화가 옛 소비에트 연방이나 바르샤바 조약 국가들을 넘어서 확대되고 있다는 것을 보여준다.

프리덤 하우스는 이와 같은 민주주의의 상실에 대해 '세계적인 정치적 후퇴' 라면서 현재 자유를 얻고 있는 나라보다 쇠락을 경험하는 나라가 더 많다고 설명했다. 중국, 러시아와 베네수엘라와 같은 강대국들과 더불어 북한, 이란과 같은 극단적인 억압정권들도 모두 영향력의 확대를 꾀하고 있다. 이런 문제적 현실을 생각해보자. 역사는 반복된다는 사실에 어떤 의문을 제기할 수 있을까?

그 취약함, 밀려왔다가도 밀려가는 변화 가능성, 예측 불허하고 불확실한 성격만으로도 자유의 희소성을 엿볼 수 있다. 미래를 예단할 수는 없지만 한 가지는 분명하다. 세계 역사에 축복과 빛을 깃들게 한 각각의 사건들이 매우 불안정한 성질임을 제대로 알아차리지 않는다면 독재의 시대는 다시 찾아온다.

우리의 후손들이 또다시 강력하고 사악한 독재자들의 폭력적인 손아귀 아래 살아갈 가능성이 충분한 것이다.

그런 일이 재발한다면 우리가 자유라고 부르는 이 소중한 존재는 단지 기억 속에만 존재하게 될 것이다.

1

전쟁하는 두 신들

아시리아와 유다 왕국의 전쟁

che Miracle of Freedom:
Seven Tipping Points
That Saved the World

아시리아와 유다 왕국

B.C. 705년, 사르곤 2세가 전사하자 센나케리브가 아시리아 왕위에 올랐다. 센나케리브는 신전의 재흥, 왕궁의 조영, 수도 니네베의 방비와 특히 수도(水道)시설 등 건설공사에 주력하였다. 센나케리브는 치세 동안 이집트의 지원을 받은 바빌로니아와 페니키아, 팔레스타인 등의 반란에 시달렸는데 이에 대한 응징으로 B.C. 701년 유다 왕국의 예루살렘을 침공했다. 당시의 유다 왕국과 아시리아의 전쟁은 가히 다윗과 골리앗의 싸움에 비할 만한 것이었다. 유다 왕국은 약세에도 왕국을 지켜냈는데 이와 관련해서는 막대한 배상금을 내고 공격을 면했다고 전해지기도, 히스기야 왕이 예루살렘의 유일한 식수원이었던 기혼 샘을 외부로 나가지 못하게 하고 내부로만 흐르게 하는 터널을 파는 바람에 알 수 없는 역병이 돌아 아시리아 군대가 패배하고 니네베로 돌아갔다고도 전해진다. 센나케리브는 그 이후에도 엘람, 바빌론으로 침공하여 파괴한 뒤, B.C. 681년 아들의 손에 살해당했다. 아시리아도 아슈르바니팔 왕이 죽은 뒤 내분을 틈타 나보폴라사르와 메디아 인 동맹의 공격으로 B.C. 612년 니네베의 함락과 더불어 멸망하였다. 유다 왕국 또한 B.C. 587년 무렵 바빌로니아의 침략으로 멸망했다.

유다 왕국과 아시리아가 벌인 전쟁은 기독교사적인 측면에서 중요한 의미가 있다. 아시리아가 예루살렘 정복에 실패함으로써 여호와의 예언을 받은 히스기야와 예루살렘이 살아남았고, 그 때문에 오늘날의 기독교도 전해질 수 있었다고 평가되고 있다.

유다 평원의 동부

예루살렘으로부터 남서부 방향 40킬로미터, B.C. 701년경

유다 족 히스기야로 말할 것 같으면 나의 멍에에 복종하지 않는 자다.

이에 성벽을 두른 견고한 도시 46곳과 인근의 수많은 소도시를 파성퇴(성문이나 성벽을 두들겨 부수는 데 쓰던 나무 기둥같이 생긴 무기―옮긴이)로 부수고, 공성망치로 뭉갰으며, 도보로 전진해 공격하고, 땅굴과 터널, 그리고 화포를 써서 포위하고 점령했다. 노인과 아이, 남자와 여자 가리지 않고 20만 150명을 사로잡았으며 셀 수 없이 많은 말과 노새, 나귀, 낙타, 소, 양을 취해 전리품으로 삼았다. ―센나케리브(Sennacherib)의 프리즘

위대한 도시는 곧 끝장날 것이다. 의심의 여지가 없다.

아니, 썩 정확한 표현은 아니다. 한 번이라도 의심을 한 적이 없지 않은가, 아시리아의 장군은 재빨리 자기 말을 번복했다. 도시의 파멸은

해가 뜨고 달이 떠오르듯 언제나 명백했다. 신 중의 신 아누(Anu)의 명이다. 어떤 선택도 있을 수 없다. 바람에게 멈추라고 명령하지 못하듯, 왕국을 확장하는 종교적 임무는 거부할 수 없는 일이며 승리는 성스러운 의무다. 게다가 그들 앞에는 전쟁의 지도자 킨구(Qingu), 아시리아 최고의 신이자 수호신인 아수르(Ashur), 폭풍의 신 아다드(Adad), 운명과 숙명의 어머니 맘메툼(Mammetum), 그 외 다른 신들까지 함께하지 않는가. 장군과 그의 병사들은 추호의 의심도 없이 도시를 차지할 것이다.

실제로, 아시리아 군대는 세상에서 제일 강하고 가장 잔인했다. 그들은 패배를 경험한 적이 거의 없었다. 센나케리브 왕이 몸소 말살 명령을 내리면 그 도시를 짓이겨놓는 것 외에는 다른 대안을 상상할 수도 없었다.

아시리아 군대의 최고 사령관인 랍사케(Rabshakeh) 장군*은 비옥한 유다 평원에 올라 언덕 위의 거대 도시 라키시(Lachish)를 마주봤다. 라키시는 유대인들의 수도인 예루살렘 다음가는 도시로, 전 유다

---

*

랍사케라는 이름은 성서의 이사야와 요세푸스(Josephus, 유대인 역사가―옮긴이)의 저서에 근거한 것이다. 랍사케의 이름과 지위가 정확한 것인지 성경이나 역사학자들을 통해서는 확인이 되지 않는다. 우리는 편의상 이를 고유명사로 사용할 것이다. 또 센나케리브가 유다와 예루살렘의 포위에 관여했는지, 그리고 니네베에 남았는지 아니면 이집트에 대항한 군사작전에 관계했는지에 대해 역사학자들 사이에서 의견이 엇갈린다. 이 책에서는 왕이 수도에 남아있었다는 버전을 채택했다.

왕국에서 가장 신중하게 요새화된 도시였다. 도시가 올라앉은 언덕은 하늘을 향해 수십 미터나 솟아있었다. 천연바위로 된 부벽(扶壁)이 남쪽 면에 돌출돼 있고 그 위에 외벽이 있었다. 도시로 향하는 주 통로가 있는 오른편에는 계단과 함께 천연바위로 된 발사대가 있었다. 이대로라면 랍사케의 군사들은 하늘에서 비처럼 쏟아지는 화살과 돌멩이 공격에 완전히 무방비가 될 터였다. 군사들은 모든 루트가 첩첩이 방어되고 있어 도저히 도시를 공격할 방법이 없다고 판단하고, 몇 주 동안 거대한 흙비탈을 만들었다. 손으로 파낸 엄청난 양의 흙을 언덕 한 측면에 쌓아놓은 것이다. 전투가 시작되면 그 비탈은 외벽을 공격하는 용도로 쓸 터였다. 랍사케 장군은 바깥을 두른 성벽 내부에 또 다른 바위벽이 존재하며, 그 안쪽으로 미로 같은 주거지와 상점, 우물, 곳간과 도시건축물을 지나야 성벽 도시의 한복판에 있는 어마어마한 구조의 거대한 궁궐에 닿을 수 있음을 알아챘다.

도시는 비옥한 평원을 굽어보는 곳에 위치해 두터운 바위벽으로 둘러싸여 있었고 유다의 가장 용맹하고 노련한 전사들이 지키고 있어 난공불락으로 보였다.

하지만 랍사케 장군은 세상에서 내로라하는 수많은 도시를 정복했다. 돌벽과 바위집이 어설프게 모인 유대인들의 도시는 비할 바가 아니었다. 분명 라키시는 가공할 만한 규모였고 그의 십만 군사가 공격에서 목숨을 잃을 가능성도 있었지만, 승리를 의심하는 것은 어리석은 일이었다. 앞에서 걷고 계신 신들과 함께라면, 곁에서 싸우는 전사들과 함께라면, 그리고 뒤에서 명하시는 대왕과 함께라면 승리는 우리 편이며 라키시의 유대인들은 불길 앞의 마른 갈대처럼 쓰러지리라 자신했다.

그는 북쪽을 바라보며 잠시 생각에 잠겨 고향을 떠올렸다. 아시리아의 수도 니네베(Nineveh), 세계 최고의 도시인 그곳에 아내와 아이들이 있었다. 첩들과 노예, 친구들과 일가 역시 그 땅에 있었다. 그의 주인 센나케리브 왕은 세상에서 가장 큰 궁궐에 살았다. 그에게 수도란 거대한 성벽, 아름다운 정원과 용수로, 순백색의 신전들, 화강암 궁궐들과 정부청사, 계단식 올리브 정원과 수많은 백조가 노니는 호수가 있는 장소였다. 그곳에 닿기를 얼마나 갈망했는지 모른다. 숲의 공기와 떨어지는 비 냄새를 맡아봤으면, 내 여인 품에서 따스함을, 발에 닿는 화강암 신전 바닥에서 찬 기운을 느껴봤으면.

니네베, 내 아버지의 도시, 신들의 요람.

그곳이야말로 목숨을 걸 만한 도시이지.

그런데 라키시라. 이……, 이 도시라고 해야 할지 모를 곳에 내 전사들의 목숨을 걸 만한 가치가 있을까.

유다 왕국 전체에서 두 번째로 큰 이 도시는 단숨에 함락될 것이다.

유대인들의 오만함을 간단히 밟아 주리라. 제압과 파괴. 이들을 본보기로 삼겠다. 실패한다면 예의를 모르는 또 다른 왕국들이 뒤따를지 모를 일이다.

장군은 체구가 컸다. 키가 크고 자세가 곧았으며 메소포타미아의 흑단 나무처럼 단단했다. 턱수염은 빽빽하게 곱슬거렸고 촘촘히 많은 머리는 어깨 아래까지 내려왔다. 얼굴은 넓적하고 우람한 두 팔엔 금속밴드를 둘러 거대한 이두박근을 한껏 돋보이게 했다. 그의 민족은 많은 것을 숭배했다. 힘, 피, 금, 칼. 물론 아름다움도 흠모했다. 장군은 성품이 잔인한 만큼이나 용모도 수려했다. 어딘가 모자라거나 마음이 약하다거나 친절한 태도 덕에 군대의 통솔자까지 오른 것이 아니었다.

그는 한 번 더 북쪽에 눈길을 주더니 킨구에게 올리는 기도를 짧게 읊조렸다. 그리고 중위에게 몸을 돌려 신호를 내렸다.

이내 라키시 전투의 막이 올랐다.

◗

장군은 위풍당당한 군마 위에 올라 검은 언덕을 응시했다. 언덕의 측면은 성인 남자의 어깨높이 정도로 보였다.

라키시전에서는 과거에도 십여 차례 성공을 거둔 바 있는 간단한 계획을 적용할 것이다. 중무장한 보병이 지난 5주간 허리가 휘도록 쌓아 올린 흙비탈을 기어올라 공격의 예봉 역할을 하게 된다. 비탈과 성벽 사이의 공간을 이어줄 나무다리는 끌고 나갈 준비를 이미 마쳤다. 비탈 맞은편에는 도시로 올라갈 수 있도록 좁은 사다리와 군사들을 준비시켰다. 보병 4만 명은 이 전쟁에서 전사할 각오가 돼 있는 자들이었고 즉각 투입될 수 있는 예비병력도 10만이나 됐다.

공격 10분 만에 수백 명의 군사가 쓰러졌다. 몇몇은 십여 발의 화살이 관통해 샘에서 물이 솟아오르듯 피가 솟아 부드러운 돌바닥을 적셨다. 이끼가 덮인 계단이 얼음처럼 미끌미끌해졌다. 다른 아시리아 전사들이 제 위치를 향해 이동하고 있었기 때문에 시신들을 신속하게 치웠다. 장군은 200미터쯤 떨어진 곳에서 전쟁의 소리를 들으며 지켜봤다. 고통의 신음을 듣기에도, 거대한 파성퇴를 성벽으로 나르는 바퀴의 움직임을 느끼기에도 충분한 거리였다. 전장에 진동하는 냄새를 맡을 수 있었고 입안으로는 모래 진흙이 날아들었다.

그는 속으로 쓰러지는 군사의 숫자를 세면서 보고, 냄새를 맡고, 관찰하고, 들었다. 전투계획이 어떻게 돌아가는지 지켜보았다. 처음에는 의도적으로 천천히, 좀 더 신중하게 진행하다가 재빨리 자리를 잡을 것이다. 모든 것이 전략이었다. 운이었으며 전쟁 신의 뜻이기도 했다. 군사들이 죽는 것을 보면서 분노와 함께 자부심이 차올라 눈물이 맺혔다. 전쟁은 아름답고 냉혹했으며 끔찍하고 사랑스러웠다. 거칠게 말에 박차를 가해 더 가까이 다가간 그는 자신의 전술이 궤도에 오르면서 전쟁이 무르익어 가는 모습을 지켜봤다.

주축이 되는 돌격보병들이 성곽을 향해 돌진하기 시작했다. 동쪽과 남쪽 측면의 보병대들은 대열을 유지하는 가운데 전투공간을 만들기 위해 재빨리 움직였다. 2,000명의 궁수가 그 공간을 메운 후 유대인의 방어진지에 화살을 쏘았다. 마치 하늘에서 죽음의 비가 쏟아지는 듯했다. 장군은 말을 더 가까이 몰았다. 언덕의 뜨거운 숨결이 무릎의 살갗에 닿았다. 하지만 이 시점에서 고삐를 당겨야 했다. 말은 전장에 다가가는 것을 두려워했다. 짐승에 대한 애정으로 가슴이 부풀어 올랐다. 그가 뒤돌아봤다면 성곽 뒤편의 유대인 군사들이 신음하는 소리도 들을 수 있었으리라. 그들이 상처를 입고 죽어 간다는 것에 만족하면서 장군은 미소를 지었다. 이제 아군을 향해 날아드는 돌덩이와 화살의 숫자가 눈에 띄게 줄어들었다. 돌아선 장군은 투석기가 전진하며 연마한 돌덩이를 유대인의 방어진지에 쏘아 올리는 모습을 지켜봤다. 가죽을 덮은 파성퇴가 문 앞에 거의 다다르자 그는 말을 더욱 가까이 몰았다.

전투는 맹렬한 기세를 이어갔다. 해가 솟아오르고 낮이 길게 이어졌다. 그러다 날이 저물자 증강병력이 자리를 잡았다. 아시리아군은 전장에 병사들을 끝도 없이 투입할 것처럼 보였다. 처음 공격에 나섰던 병력이 지쳐서 뒤로 빠지자 장군은 그들을 일렬로 줄을 세워 사상자를 가늠했다. 지휘관들을 시켜 출혈이 있고 힘을 소진한 병사들은 계곡 바닥에서 음식을 먹이고 쉬도록 했다. 수많은 군사를 잃은 것을 눈으로 확인하자 까맣게 타들어 간 장군의 심장이 차가워졌다.

유대인들이 대가를 치르게 하리라. 잃어버린 군사 한 명마다 유대 군사 둘을 산 채로 껍질을 벗기겠다. 널빤지에 사지를 벌려 못을 박고 얼굴부터 가슴, 등까지 길게 살가죽을 벗겨 내 피를 흘려 죽게 두던지 쇼크로 죽게 만들 것이다.

전쟁은 밤새도록 계속됐다. 활시위가 길게 울었다. 화살이 피융 하고 날았다. 파성퇴가 성문에 쿵 소리를 내며 부딪치니 암벽에 떨림이 퍼졌다. 만월이 가까운데다 별이 빛나니, 어느 순간에는 군사들이 횃불 없이 싸움을 계속할 수 있을 정도로 환해졌다. 전투는 강도가 약해지지도, 속도가 느려지지도 않았다. 이 모든 것이 이미 계산된 전술이었다. 적들을 약화시켜라. 저들의 힘을 소진하게 하여라. 심장이 터질 듯한 피로를 느끼도록 내몰아 사기를 꺾어라.

그렇게 2박 3일이 지나간 후에야 전투가 잦아들었고 승기가 굳어졌다. 내내 한숨도 자지 못한 장군은 온몸에 힘이 풀려 중위에게 지휘권을 넘겨주고는 거대한 가죽 막사 안쪽에 있는 방의 푹신한 침대에 쓰러졌다.

나흘 후 아시리아군은 도시로 굽이쳐 이어지는 피가 낭자한 길로 유대인 포로들을 줄줄이 끌고 나왔다. 길 아래에는 수많은 민간인, 종교와 군사 지도자들이 함께 묶여 앉아있었다. 그들 뒤편으로는 패전군의 행렬이 길게 이어졌다. 몇몇은 공포에 질려 주위를 두리번거렸지만 대부분은 멍하니 진창을 응시했다. 자신들에게 어떤 일이 닥칠지 잘 알고 있었던 것이다. 18년 전쯤 이스라엘 왕국이 무너졌을 때 북쪽의 형제들이 이미 쓴맛을 경험했고, 그 후 오랫동안 아시리아군의 잔혹함이 전해 내려왔다. 랍사케 장군은 병사들이 목젖을 잘라낸 남자들을 줄 세워 끌고 가는 장면을 지켜봤다. 그들은 목에서 그르렁거리는 소리를 냈고, 그 장면은 다른 유대인들의 공포를 더욱 극대화했다. 지도부가 처형당할 때는 가족들이 그 모습을 눈뜨고 지켜보게 했다. 어린아이조차 겁에 질려 울음소리도 내지 못했다.

처형이 끝나자 끈끈한 피가 못을 이뤘고 벌써 파리들이 꼬여들었다. 생존한 도시의 유대인들은 목젖이 잘린 자들이 남겨놓은 흔적을 따라 이동했다. 그 길의 끝에는 전투에서 죽은 유다 군사들의 시체가 쌓여있었다. 살아남은 자들은 한때 이들의 아버지요 남편이며 형제이자 아들이었지만 이제는 썩어버린 시신 사이를 걸어가야 했다. 유대인 종교 지도자들은 더 경멸적으로 취급당했다. 그들은 위가 터지고 창자는 끄집어내 헤쳐졌다.

장군은 훼손된 시신들을 물끄러미 바라보다가 만족감에 미소를 지었다.

이제 어느 신의 힘이 더 센지 의심할 자가 있는가?

전선에 투입되지 않은 아시리아의 예비병력들은 라키시의 생존자들을 제국의 심장부인 북쪽으로 데려가라는 명을 받았다. 거기서 그들은 노예가 돼 아시리아 제국의 각지로 흩어지게 될 것이다. 늙은이들은 살날이 얼마 없어 운이 좋은 자들이라는 사실을 장군은 알고 있었다. 복 없는 어린 것들은 감당해야 할 날들이 무척이나 길게 느껴질 것이다. 랍사케 장군은 생존자들을 바라보다가 등자를 차면서 동쪽을 응시했다.

예루살렘, 유다 왕국의 도시가 바로 저기에, 이틀 남짓의 거리에 있었다. 그 도시만 손에 넣으면 전 왕국이 또다시 아시리아의 지배 아래로 들어온다.

그는 한 소위에게 메마른 소리로 명령을 내렸다. "사자(死者)들 가운데 계급이 가장 높은 이들을 찾아내라. 최소한 100명 이상의 목을 베어내 혀를 뽑고 눈을 도려낸다. 그리고 포장해서 특사와 함께 예루살렘으로 보내라. 예루살렘의 멍청이들에게 어떤 운명이 기다리고 있는지 보여줄 것이다."

라키시에 죽음이 찾아오다

예수가 태어나기 700년 전 근동의 사람들에게 "아시리아가 쳐들어온다!"라는 외침은 심장을 벌렁거리게 하고 두려움에 피가 거꾸로 솟게 하는 말이었다.

B.C. 1000년 초부터 B.C. 600년대 말까지 아시리아는 근동을 지배
했다. 제국은 으레 확대와 유지를 반복하면서 어느 정도 커졌다가 작
아지기 마련이지만, 아시리아의 세력이 절정에 올랐을 때는 이란 서
부에서 지중해까지, 오늘날의 터키부터 나일 강까지 세력이 미쳤다.
이 왕국에는 아시리아뿐 아니라 바빌로니아, 아르메니아, 메디아, 팔
레스타인, 시리아, 페니키아, 수메르, 엘람(Elam) 그리고 이집트까지
포함됐다.

아시리아 인들을 단순히 '군국주의자' 라고 칭한다면 과도하게 절제한
표현이다. 그들이 하는 모든 행동의 중심에는 잔혹함과 힘이 있었다.
예를 들면, 아시리아의 왕은 해마다 전쟁을 해야 했다. 신들이 원하기
때문이었다. 귀족과 백성 역시 원했다. 아시리아의 역사를 살펴보면
의지가 굳으면서도 명석한 왕들이 많았는데 이들은 비석에 군사작전
을 기록해 자신의 호전성을 증명했다.

하지만 아시리아 인들이 단순히 신들을 달래는 차원에서 세계를 정
복한 것은 아니었다. 순수하지 못한 동기도 일정 부분 섞여있었다. 아
시리아 이전과 이후의 대다수 제국이 그랬듯 이들도 토지, 부, 노예와
권력을 위해 정복을 했다. 군사행동을 계속하기 위해 아시리아의 모
든 남성에게는 병역의무가 있었다. 피정복지에서는 군사작전을 지원
할 인력과 물자를 조달했다. 아시리아 인들은 군대를 키우는 데 상당

한 일가견이 있었다. 아시리아의 작은 부대조차 5만 명을 모을 수 있었고 가장 큰 부대는 20만 명을 상회한 것으로 추정된다.

이 시대를 연구하는 한 권위자는 다음과 같이 아시리아를 묘사했다.

그러나 이들은 환경 때문에 바빌로니아식의 여성적인 여유에 빠져들 수 없었다. 아시리아의 기념비에는 그들이 뼛속까지 전사였고 단단한 근육과 용기의 소유자들이었으며 위풍당당한 머리칼과 턱수염을 가졌고 꼿꼿하게 서 있었노라고 기록되어 있다. 그들은 동부 지중해의 막대한 영토를 거느렸으며 그 역사는 왕과 노예, 전쟁, 정복, 피비린내 나는 승리와 갑작스러운 패배로 점철됐다.

─윌 듀런트 《Our Oriental Heritage》 중에서

체제와 무관하게 테러리즘이라는 단어를 적용할 수 있다면, 분명히 아시리아의 정복행위에도 해당하는 말일 것이다. 인류 역사상 어떤 체재보다 흉포했기 때문이다. 그들의 정책을 절제되고 소극적으로 표현하자면 '계산된 공포'라 할 수 있는데, 상당히 효율적이면서도 매우 간단한 개념이다. 어떤 나라의 대도시나 수도를 약화시키려면 먼저 규모가 더 작은 소도시나 약한 도시들을 공격한다. (이 장 첫머리에 인용된 아시리아의 기록을 참고하라. 아시리아군은 예루살렘으로 향하기 전에 '그들 지역의 수많은 소도시와 더불어 [히스기야의] 성벽을 두른 견고한 도

시 46곳을 포위하고 점령했다.') 그 후에는 잔혹행위가 이어졌다.

함락된 도시는 대개 약탈당했고 완전히 불에 타 사라졌다. 나무를 죽여 그 지역을 계획적으로 헐벗게 만들었다. 전리품의 상당 부분을 병사들에게 배분해 충성심을 확보했다. 일반적으로 근동에서는 전쟁포로로 잡혔다 하면 노예가 되거나 처형당했기에 병사들은 용감하게 나설 수밖에 없었다. 병사들은 전장에서 가져오는 시체의 목 개수대로 보수를 받았으므로, 전쟁에서 승리한 후에는 패망한 적군의 목을 대량으로 거두는 일이 비일비재했다. 포로는 전쟁이 끝난 뒤에 처단했다. 행군이 길어지면 포로들이 식량을 엄청나게 소비하는데다, 뒤따라오면서 위협과 골칫거리가 되는 경우가 많았기 때문이다. 포로가 뒤돌아 무릎을 꿇고 앉으면 포획자는 곤봉으로 머리를 두들겨 패거나 단검으로 목을 베었다. 서기는 옆에 서서 각 군인이 사로잡아 처형한 포로의 수를 셌다. 이 숫자에 따라 노획물을 나눴다. 시간이 허락하는 경우 왕도 학살 장면을 참관했다. 전쟁에 패배한 귀족들은 가중처벌로 귀, 코, 손과 발을 자르거나 높은 망루에서 떨어뜨렸다. 혹은 그들과 그 자녀의 목을 베거나 산채로 가죽을 벗기기도 했고 약한 불에서 굽기도 했다.

아슈르바니팔(Ashurbanipal, 아시리아의 마지막 왕—옮긴이)은 '포로 3,000명을 불태웠는데 일단 포로로 잡히면 단 한 명도 살려주지 않았다.'라고 자랑스럽게 말했다. 그는 이런 기록을 남기기도 했다. '이 전사들은 아수르에게 죄를 저지르고 나에게는 악을 도모한 이들이다 ……
그 사악한 입에서 혀를 뽑아내 멸절시켰다. 생존자들은 산 채로 묶어
제물로 바쳤으며 …… 베어낸 살점은 개, 돼지와 늑대들에게 던져주었
다 …… 이 일로 위대한 신들의 마음을 기쁘게 해 드렸다.' 다른 군주들
은 후대의 경외를 받기 위해 장인들을 시켜 벽돌 위에 이런 문구를 새
겼다. '짐의 전차들은 사람과 동물들을 짓밟았다 …… 짐이 세운 기념
비들은 머리와 사지를 베어낸 시체들로 만들었다. 생포한 자들은 전부
손목을 잘라냈다.' 니네베의 부조(浮彫)에서는 사람들을 찌르거나 가죽
을 벗기는 모습, 혹은 혀를 뽑아내는 장면을 볼 수 있다. 그중 하나는 왕
이 긴 창으로 포로들의 눈을 도려내기 수월하도록 포로들의 입술에 끈
을 꿰어 머리를 고정한 모습을 묘사한 장면도 있다.

—윌 듀런트 《Our Oriental Heritage》 중에서

이렇게 대학살을 한바탕 치른 후에는 표적지인 수도나 대도시에 사
자를 보내 항복과 경의를 표하라는 왕의 요구를 전달했다. 아울러 사
자들은 성곽에 서서 현지인들이 알아들을 수 있도록 그들의 언어로
아시리아군이 어떤 잔혹행위를 가할지 외쳤다. 포위된 사람들에게는
어떤 신도 백성을 아시리아의 공격에서 보호할 수 없음을 알리고, 자
신들이 멸망시킨 왕국의 목록이 얼마나 길고 인상적인지 환기했다.
끝으로 사람들에게 최소한 항복을 하면 목숨을 부지할 희망이라도 있

겠으나, 오만하게 요구를 거부하는 날에는 파멸이 있을 뿐이라고 덧붙였다.

이 모든 행위는 더 큰 도시들을 굴복시키기 위해 필수적으로 사용하는 흔한 방법이었다. 잔인한 이미지가 전달하는 공포심을 생각하면 필요한 절차이기도 했다. 도시가 어리석게도 투항을 거부하면 아시리아는 공격에 나섰다.

정복당한 도시와 영토에 거주하는 백성은 어떻게 되는가? 앞서 언급했듯 전 백성이 몰살당한 전례가 부지기수였다. 처형하지 않을 때에는 생존자들을 완전히 무기력하게 만들기 위해 고향에서 집단으로 이주시켜 아시리아 제국 곳곳에 재배치했다. 이 정책에 따라 말 그대로 수백만의 희생자들이 아시리아 제국 전역으로 흩어졌다.

집단 추방을 강행하는 데는 몇 가지 이유가 있었다. 가장 크게는, 추방된 백성은 제국 건설에 끝없이 소요되는 노동력을 공급하는 노예로서 값어치가 상당했다. 일꾼, 농노, 하인, 전사 노예 등 장소와 종류와 관계없이 왕국에 필요한 인력을 공급했다. 또 잠재적으로 반란의 가능성이 있는 백성을 아시리아 제국의 국경에서 멀리 이주시켜 버리면 군대를 주둔시키거나 감시할 필요가 그만큼 줄어든다. 아시리아 지도부로서는 정복지를 면밀하게 지켜봐야 하는 수고를 더는 셈이다. 마지막으로는, 일단 패배한 백성이 서로 떨어져 낯선 땅에 배치돼 흩어지면 힘이 미약해지고 잔혹행위로 인한 고통과 패배감으로 정체성을 상실하게 된다. 게다가 잘 알지 못하고 적대적이기까지 한 이웃들로부터 보호를 받기 위해 아시리아 왕에게 철저히 의존하게 되는 것이다. 이러한 극단적인 환경이 더 없이 효과적인 감옥의 역할을 해, 거리가 멀고 비호의적이며 잘 알지 못하는 땅에서 탈출하려는 시도 자체가 거의 일어나지 않았다.

센나케리브 왕의 특사가 예루살렘의 겁먹은 백성에게 전하려던 것은 바로 이런 내용이었다.

아시리아, 니네베, B.C. 701년경

랍사케 장군은 힘 좋은 군마 위에 앉아 강 너머에 대도시로 유명한 지역을 내려다봤다. 니네베는 천 년은 그저 존재만 했고 백 년은 멸시를 받았지만, 그의 주인 센나케리브 왕이 되찾아와 재건했다. 이제는 전 세계에서 가장 위대한 도시로 아름다움을 떨치고 있었다. 그는 고향에 데려다 준 신들에게 감사를 올렸다.

도시는 인도양과 지중해 사이에 유일하게 뻗어 있는 도로를 따라 자리 잡고 있었고, 이런 전략적 위치에 힘입어 막대한 부를 축적했다. 장군의 왼편으로 흐르는 고스르(Khosr) 강은 도시를 관통해 수문 바깥에서 티그리스 강과 합쳐졌다. 그의 앞에는 거대한 티그리스 강이 서쪽 벽을 따라 흐르고 있었다. 도시는 강 위로 30미터 이상은 족히 될 법한 여러 층 위에 있었다. 푸른색, 녹색, 분홍색, 담갈색. 아침 햇빛에 성벽과 센나케리브 궁이 반짝반짝 빛났다. 정확한 수치는 알려진 바 없지만 15만 명은 성안에 거주할 것이다. 웅대한 성벽을 따라 걷는 데만 여러 날이 걸렸다.

성벽에는 큰 문이 열다섯 개 있었는데 대부분 아시리아군의 병기고가 있었다. 성안에는 18개에 달하는 운하가 있어 60킬로미터 이상 떨어진 곳에 있는 언덕에서 신선한 물을 끌어왔다. 이는 시민에게 풍성한 연못을 제공했고 티그리스나 고스르보다 깨끗한 수원 역할을 했다. 비옥한 평야에서는 황금빛의 밀과 귀리가 살랑대는 바람에 이리저리 넘실댔다. 드문드문 과수원이 있었으며, 건조한 공기에서는 포도밭의 향기가 났다.

아시리아 인들은 도시 안에 신(Sin), 네르갈(Nergal), 샤마슈(Samas), 이슈타르(Ishtar), 나부(Nabu) 신을 모시는 거대한 신전을 지었다. 그러나 그 어느 신전도 센나케리브 궁에 비할 수 없었다. 장군은 숫자에 밝았다. 성은 길이가 500미터에 폭은 거의 240미터에 가까웠다. 기초를 쌓는 데만 1억 6,000만 개 이상의 벽돌이 들어갔는데 정부관료들은 백만에 대한 개념조차 없던 때여서 이처럼 거대한 숫자는 한때 널리 회자됐다. 기초를 깊이 파고, 그 위에는 80칸의 방을 만들었다. 각 방은 바위로 된 아름다운 조각상과 날개 달린 30톤짜리 사자, 사람의 머리를 한 황소가 지키고 있었다. 거대한 궁전 곳곳에는 다양한 군사

왕좌에 앉아 있는 센나케리브 왕. 성경에 등장하는 산헤립이라는 인물이 바로 센나케리브다.

작전 이야기를 새긴 돌벽이 있었다.

장군이 이곳으로 온 이유는 라키시와 예루살렘에 대해 보고하고 앞으로 할 일을 왕에게 설명하기 위해서였다.

장군은 한동안 도시를 바라봤다. 아내와 아이들이 기다리고 있다는 사실을 알고 있었지만 우선 왕부터 알현해야 했다. 사실 남쪽에서의 임무가 끝나지 않은 터라 이번에는 가족을 보지 못할 공산이 컸다.

40분 후 그는 황궁의 내실, 역사상 살아서 구경한 이가 거의 없는 장소로 안내됐다. 왕이 기다리고 있었다.

랍사케 장군은 보고를 시작했다.

왕은 분명 인내심을 잃고 있었다. 장군은 가슴 속에 두려움이 일어 심장이 쿵쾅거렸지만 보고를 이어갔다. 왕이 신은 아니었지만 바로 그의 곁에서 숨 쉬고 있었다. 신들이 선택한 자이기에 왕은 지상에 내려온 대변자요, 사절이며, 목소리, 심장 그리고 영혼이라 할 수 있었다. 어느 형태가 됐든 왕과 허심탄회에 가까운 대화를 감히 나눌 수 있는 자는 세상에서 손으로 꼽혔다. 왕의 뜻에 거스르는 것은 곧 신에게 정면으로 맞서는 것이었다. 그래도 장군에겐 다른 선택의 여지가 없었다. 그 인생의 유일한 목표는 왕의 섬김을 통해 신을 모시는 것이다. 왕에게 솔직하지 않는다면 목적을 달성하는 일에도 실패하리라는 사실을 잘 알고 있었다.

"놈들은 어찌 그리 무례하단 말인가!" 왕이 소리쳤다. "감히 나에게 맞서다니! 짐이 뿔뿔이 흩어버린 다른 나라들을 기억할진대, 지금 내게 반항이라니!" 답삭케 장군은 작은 유리창 너머를 응시했다. 형형색색의 작은 배들이 강 위에 떠다니는 모습이나 강둑을 배경으로 곡식이 일렁이는 장면이 눈에 들어올 리 없었다. 장군은 무슨 말을 해야 할지 알고 있었지만 좀처럼 입이 떨어지지 않았다. 이윽고 그는 조심스럽게 말문을 뗐다. "유다의 왕은 자신들의 신이 백성을 구원하리라 믿고 있습니다."

센나케리브가 콧방귀를 뀌었다. "짐과 선조가 다른 영토에서 한 일을 모른다는 말인가? 다른 민족의 신들이 내 손아귀에서 백성을 구원한 적이 있더냐? 하맛(Hamath)의 신들은 어디에 있는가? 아르밧(Arpad)의 신들은? 스발와임(Sepharvaim), 헤나(Hena)와 아와(Ivah)의 신들은 어디에 있더냐? 모두 내 말을 거역했다가 모조리 산산조각이 나지 않았던가! 군대나 민족의 신들이 지켜준 나라가 한 곳이라도 있던가? 유다의 왕은 라키시의 고난에서 깨달은 바가 없단 말인가?"

랍사케는 눈길을 창문에서 거두었다. 연기와 소금, 생선의 비린내가 궁에 진동했다. 그 속에는 자신의 체취, 타르트와 단내, 공포의 냄새가 뒤섞여 있었다. "히스기야는 나이가 어린 왕입니다." 장군은 주군에게 말했다. "젊은이들은 고집을 부릴 때가 종종 있지 않사옵⋯⋯."

"어리든 아니든, 놈은 바보인 게지!"

"그는 지금까지 이 순간을 위해 통치해왔다고 믿고 있습니다. 백성 중에서 이단을 몰아내고 진정한 신앙을 회복시켰습니다. 왕은 그들의 신인 여호와의 부름을 받았다고 생각합니다. 이것이 그에게 도덕적인 힘을 실어주고 결국 어리석은 용기를 내도록 한 것이 아닐까 두렵습니다. 하지만 폐하, 이것이 전부가 아닙니다. 그는 도시를 요새로 만들고 지하 송수로와 운하를 지었습니다. 군사들을 무장시키고 성벽과 망루를 재건했습니다. 화살, 활, 투석기와 방패를 준비해왔습니다. 전쟁을 대비해 온 것입니다."

왕의 눈빛이 어두워졌다. "그가 준비를 더 잘했다고 생각하는 것이냐?" 랍사케 장군은 고개를 저었다. "물론 그렇지 않습니다, 폐하." 하지만 이 대목에서 장군은 머뭇거렸다. 유다의 왕에 대한 어떤 것이 그의 마음에 걸렸는데 그것이 무엇인지는 명확하지 않았다. 그는 히스기야 왕이 백성에게 했던 말을 기억해냈다.

"너희는 마음을 강하게 하며 담대히 하고 아시리아 왕과 그를 따르는 온 무리로 말미암아 두려워하지 말며 놀라지 마라. 우리와 함께하시는 이가 그와 함께하는 자보다 크시니."

어찌 그럴 수 있을까?

장군은 숨을 길게 들이쉰 후 머리를 흔들었다. "그는 백성을 자극하고 있습니다." 장군은 이 말 외에 더 보태지 않았다.

격노한 왕은 의자에서 몸을 앞으로 구부렸다. "그는 백성에게 거짓말을 하고 있다. 우리를 이겨낼 재간이 없고 그 자신도 그것을 알고 있지. 그들은 멸망할 뿐이다." 왕은 반항에 익숙지 않았다. 이는 그의 표정에서도 역력하게 드러났다. 라키시전과 같은 피해를 지켜본 후 항복하지 않은 도시는 거의 없었다.

장군은 조심스럽게 주군을 살폈다. "히스기야는 충성을 맹세해왔습니다." 그는 왕에게 상기시켰다. "도시를 구하기 위해 금과 은을 끌어모으려 자기 궁을 뒤엎었던 자입니다."

센나케리브 왕은 말이 없었다. 장군은 왕이 그런 것들을 개의치 않음을 알아챘다. 이는 그저 군사작전을 한 차례 더 하는 차원이 아니었다. 자존심의 문제였다. 분노와 격분의 문제였고 버릇없는 유대인들에게 두려워할 자를 가르쳐주는 일이었다.

두 남자 사이에 잠시 정적이 흘렀고 장군은 발치를 응시했다. 주군에게 올릴 말이 더 있었지만, 마땅히 표현할 길이 없었다. 상당히 곤란한 문제인지라 혼자서만 간직하기로 했다.

그가 듣기로 유대인들에게는 부적이 있었다. 신탁. 그들은 신탁을 통해 하나님의 뜻을 알 수 있다고 말했다. 이는 아시리아 인들에게는 생소한 일이었는데, 아무리 왕이라 해도 신들의 뜻을 제대로 읽었는지 알 수가 없었기 때문이다. 또 랍사케는 히스기야 왕이 예언자와 논의를 하면 예언자가 하나님에게 이야기를 전한다고 들었다. 그리고 그 예언자는 왕에게 아시리아와 대적하면서 흔들리지 말라고 전했다고 들었다. 예언자가 했던 말이 그에게 다시금 와 닿았다. 우리와 함께하시는 이가 그와 함께하는 자보다 크시니.

◖

센나케리브는 장군을 바라보다 입술을 핥았다. 랍사케는 무언가 할 말이 더 있는 듯 보였으나 잠자코 있었다. 왕은 고개를 돌려 생각에 잠겼다.

그는 반드시 예루살렘을 차지해야 했다. 저들은 아시리아 제국과 날로 커지는 이집트 군대 사이에 있는 유일한 장애물이었기 때문이다. 이집트 인들이 그를 성가시게 한 것이 벌써 얼마나 됐는가? 게다가 그들의 힘은 다시금 강성해지고 있었다. 이집트 군대는 규모가 커지면서 들썩댔고 지휘관들은 에너지를 분출했다. 놈들은 성과를 내고 싶어 몸이 근질근질한 상태였고 파라오는 더 큰 권력에 목말라 있었다. 유다 왕국은 비록 작고 미미했지만, 아시리아와 나일 사이의 해류 수송로를 따라 위치한다는 사실 때문에 매우 중요했다. 서쪽으로는 대양이, 동쪽으로는 사막이 길게 뻗어 있었다. 전략적인 위치 때문에 유다 왕국은 아시리아와 나일 강 사이에서 강력한 왕국 사이를 홀로 가로막고 천연완충지 역할을 했다. 무례한 유대인들은 가증스러운 이집트 인들과 이미 동맹관계를 맺었다. 페니키아 뱃사람들과 시리아 인들 역시 마찬가지였다.

안 된다. 그는 기필코 예루살렘을 취해야 했다. 남쪽 국경을 지키기 위해서는 불가피한 일이었다.

랍사케를 향해 몸을 숙이는 왕의 눈은 분노로 이글거렸다. "예루살렘을 정복해줘야겠다. 무릎을 꿇게 하란 말이다. 내 선조가 이미 북쪽 왕국을 파괴했으니 장군도 남쪽 왕국을 파괴할 수 있지 않겠는가. 모든 유대인을 잡아들이고 그 도시는 무너뜨려 불살라 버리라. 알아들었는가, 장군! 유다의 모든 백성은 바람에 날리는 지푸라기와 같이 흩어질 것이다. 지금까지 수많은 신과 마찬가지로 여호와의 이름도 기억에서 사라질 것이다."

그는 잠시 멈추고 분노의 숨을 몰아쉬었다. 콧구멍이 벌렁거렸고 꼬아놓은 턱수염 위로 짙은 뺨이 더욱 도드라져 보였다. "짐이 도시를 멸망시키기로 해놓고 마음을 바꿔 그대로 둔 적이 있던가? 없노라, 장군. 단 한 번도! 알아듣겠는가? 지금에 와서 특히 유대인처럼 약하고 무지한 자들을 상대로 새로운 관습을 시작할 마음은 더더욱 없다. 놈들을 파멸시켜야 한다. 죽여라. 세상 끝까지 흩어버려라. 그들과 함께 그 종교의 기억도 사라져 내 아들이 왕위에 오를 때쯤이면 세상은 이스라엘의 하나님을 기억하지 못할 것이다."

전쟁의 이유

당대에 근동에서 강한, 아니 '매우' 강했던 제국은 사실 아시리아 외에도 있었다. 역사가 증명했듯이 오랫동안 도전받지 않으며 권력의 왕좌에 올라 호사를 누리는 제국은 거의 없다. 그런 지위에 있게 되면 당연히 경멸과 질시가 형성되면서 또 다른 권력이 부상하기 마련이다. 아시리아가 예루살렘을 포위하고 있는 사이 남동쪽에서는 바빌로니아가 위협적 존재로 떠올랐다. 하지만 가장 큰 위협은 남서쪽의 이집트였다.

일찍이 아시리아와 이집트라는 두 강대국 사이에 이스라엘과 유다라는 소왕국이 있었다. 한때는 다윗 왕국이라는 통일국가로 상대적으로 강성했지만 B.C. 928년경 솔로몬이 사망하자마자 분열됐다. 그 결과 북쪽에는 이스라엘, 남쪽에는 유다 왕국이 탄생했는데 이따금 동맹을 맺었지만 솔로몬 사후 200년부터는 대적할 때가 더 많았다. 유다 왕국의 수도는 예루살렘, 이스라엘의 수도는 사마리아였다.

유다 왕국과 이스라엘 모두 나름의 강점이 있었다. 유다 왕국은 구리와 철 자원을 장악했다. 이스라엘은 강우량이 풍부했고 요르단부터 이스라엘 계곡 등 비옥한 땅이 더 많았다. 이런 자원보다 더 중요한 점은 두 왕국이 메소포타미아(아시리아)와 이집트 사이의 해륙 수송로를 지배했다는 사실이다. 두 강대국 사이에 존재하는 매우 유용한 이 무역로는 두 왕국에 막대한 부를 안겨줬다. 중요한 것은, 이스라엘과 유다 왕국은 상황에 따라 경쟁하는 두 제국 사이에서 천연완충지, 혹은 전쟁지대가 됐다는 사실이다.

유다 왕국과 이스라엘은 지리적 가치와 더불어 아시리아 인, 이집트 인과 협력하거나 대적하면서 현재진행형으로 벌어지는 드라마에서 주요배역을 맡았다. 두 왕국은 독립성을 확보하기 위해 때때로 아시리아와 전투를 벌이면서 이웃의 시리아나 페니키아와 손을 잡았다. 가령 B.C. 853년 아시리아의 샬마네세르 3세(Shalmanessar III)는 카르카르(Qarqar)에서 시리아, 이집트를 포함한 여러 나라와 도시국가 외에 이스라엘로 구성된 군대와 대전투를 치렀는데 전차가 2천 대, 군사가 10만 명에 달했다고 한다. 이스라엘과 유다 왕국은 생존과 독립을 위해 끊임없이 투쟁했지만 북쪽과 남쪽의 강대국에 밀려 상대적으로 무기력한 위치를 벗어나지는 못했다.

두 왕국은 생존을 향한 끝없는 투쟁 외에도 권력을 둘러싼 내부적인 경쟁에 시달렸다.

북쪽 이스라엘의 역사는 특히 폭력으로 점철됐다. 북부 왕국은 솔로몬의 치세부터 아시리아에 멸망하기까지 20명의 군주가 다스렸는데 대부분 무자비하고 우상을 섬기는 인물들이었다. 5개의 왕가가 일어섰지만 모두 끔찍한 종말을 맞으며 단명했고 새로 왕위에 오른 자가 경쟁자뿐 아니라 선왕의 후손을 몰살하는 일이 일상적으로 벌어졌다. 이런저런 이유로 두 왕국은 세계무대에서 이렇다 할 주목을 받지 못했으며, 이들 틈에 끼어든 경쟁자들 때문에 더 약해지기도 했다.

솔로몬 사후 200여 년 동안 두 왕국은 각각 따로 번영과 쇠락, 독립과 종속의 위치를 오갔다. 이 시기에 두 왕국은 아시리아와 손을 잡고 조공을 바치기도 하고, 아니면 이집트와 손을 잡고 조공을 바쳤다. 두 왕국은 협력하기도 했지만 대적할 때가 더 많았는데 어떤 전쟁은 피비린내가 진동하도록 격렬했다. 두 왕국은 서로 간의 경쟁 외에도 국경을 맞대고 있는 이웃과도 씨름했는데 이때는 특히 시리아가 이에 가시와 같은 존재였다.

이들이 외견상 별 볼 일 없었더라도 그들의 종교가 지닌 고상함과 문화적인 엘리트주의가 국민적 자부심을 고무시킨 측면이 있다. 그러나 세계에서 벌어지는 장기게임에서 둘 중 어느 왕국도 졸 이상의 권력을 갖지 못한 것은 사실이다.

B.C. 722년, 이스라엘의 호세아(Joshua) 왕이 아시리아에 반기를 들기로 했을 때 비장하고 끔찍한 종말이 찾아왔다. 그가 아시리아에 조공을 더 이상 바치지 않고 이집트와 동맹을 모색하자 아시리아의 샬마네세르 5세(Shalmaneser V)는 이 골칫덩어리의 소국을 완전히 뿌리 뽑기로 마음먹었다. 그는 사마리아를 인정사정없이 포위하는 군사작전에 착수했다. 3년여에 걸친 전쟁은 길고 유혈이 낭자했지만 결국 승리로 마무리됐다. 사마리아는 파괴됐고 이스라엘 왕국은 인구감소로 유지가 어려워졌다. 샬마네세르의 후계자인 사르곤 2세(Sargon II)는 이스라엘을 아시리아의 속주로 만들면서 다시 사람이 살게 하였다. 이에 광대한 아시리아 제국의 각지에서 온 다양한 민족이 거주하게 됐다. 마침내 사마리아는 재건됐고 새 아시리아 총독과 통치 엘리트, 관료들의 근거지가 됐다. 대부분의 거래를 할 때 문서 언어로 아시리아 어를 사용했다.

역사에 따르면 이스라엘 왕국의 옛 백성은 시리아 북부에서부터 동쪽의 헬라(Helah)에 이르기까지 아시리아 제국 전역으로 뿔뿔이 흩어졌다고 한다. 수십만 명이 메소포타미아 평원에서 약 1,200킬로미터나 떨어진 자그로스 산맥의 메디아까지 끌려갔다. 살마네세르 5세의 치세가 끝날 무렵 이스라엘 왕국은 자취를 감췄다.

겉으로 보기에 이스라엘 왕국의 사람으로 구성된 것처럼 보이는 이스라엘 부족들은 민족으로서의 정체성을 이미 상실했고 그 후에는 '사라진 열 지파'로 불렸다.

북부 왕국이 파괴됐어도 유다는 아시리아 속국으로 존속했다. 사마리아가 완전히, 별날 정도로 잔인하게 유린당한 것을 목격한 유다의 히스기야 왕은 적어도 한동안은 순종적인 속국으로 남아있었다. 하지만 그의 가슴에는 자유에 대한 열망이 있었다. B.C. 705년 아시리아의 사르곤 2세가 전사했다. 이때야말로 유대인이 독립을 선포할 시점이라고 생각한 히스기야는 기회를 놓치지 않고 유다, 시리아, 페니키아에서 광범위한 반란을 조직했다. 이집트는 숙적을 약화시키기 위해 반란을 도모한 약소국들에 지원을 약속했다.

히스기야는 아시리아가 반드시 반격할 것이라 예상하고 유다 왕국을 대비시켰다. 예루살렘을 둘러싼 성벽을 연장했다. 망루를 다시 짓고 굳건하게 만들었다. 왕국 전역에서 전쟁이 일어날 것을 대비해 군사를 무장시켰다. 아마 가장 중요한 대목은 기혼 샘에서 예루살렘으로 물을 끌어오기 위해 500미터가 넘는 거대한 터널을 뚫었다는 사실이다. 포위돼 있는 동안 백성이 수원을 확보하도록 만들고, 아시리아의 수많은 병사들이 생명을 유지시키는 데 필요한 물을 차단할 속셈이었다.

사르곤 2세의 후계자인 센나케리브는 반란이 진압되기를 수년 동안 인내하며 기다렸다. 하지만 실제 행동에 나섰을 때는 매우 단호했다. 센나케리브는 히스기야와 손을 잡고 반기를 든 시리아와 페니키아의 도시국가로 진격해 신속히 진압했다. 이집트가 반군을 돕고자 달려왔지만 강력한 아시리아군이 재빠르게 진압했다.

센나케리브는 이제 분노를 유다로 돌렸다.

아시리아의 기록에 따르면 센나케리브는 유다 왕국의 요새화된 도시 46곳과 그 주변의 소도시를 정복했고 전해진다. 그 가운데 특히 라키시의 파괴를 자랑스러워했던 것으로 보인다. 아시리아 수도인 니네베의 성벽에는 라키시를 공격하는 장면이 돋을새김으로 장식돼 있는데 도시를 무너뜨리는 데 사용한 공격무기며 라키시의 사람들이 말뚝에 꽂힌 모습, 생존자들이 유수되는 장면이 매우 세밀하게 묘사돼 있다. 센나케리브의 기록은 아시리아가 라키시에서 20만 명 이상을 노예로 취했다고 주장한다.

왕국에서 둘째가는 대도시를 무너뜨린 후 센나케리브는 예루살렘을 포위했다.

아시리아의 사자들은 항복을 요구하면서 예루살렘의 시민도 앞서 무너진 도시들과 같은 운명을 걷게 될 것이라고 협박했다. 사자들의 우두머리인 랍사케는 성벽에 서서 백성이 당면한 위협을 현지 언어로 전했다. 그는 백성에게 아시리아군의 위대함을 상기시키면서 앞서 파괴된 도시들의 목록을 읊었다. 파괴된 도시의 시민이 구원을 부르짖었음에도 아시리아에 패배했으니, 힘이 약한 신을 믿는 일이 얼마나 헛된 지도 지적했다. 그는 백성에게 그들의 지도자, 그 가운데 특히 순진한 왕을 신뢰하지 말 것이며 히스기야도, 그들의 하나님도 아시리아의 손에서 백성을 건질 수 없음을 강조했다. 심지어 예루살렘 백성은 보호해 주겠다고 약속을 하면서 센나케리브가 젖과 꿀이 흐르는 또 다른 땅을 하사하리라는 거짓말까지 했다.

랍사케의 경고를 들은 예루살렘은 충격에 사로잡혔다.

상황은 절망 그 이상이었다. 이웃 국가들이 이미 패배했고 이집트 동맹은 패퇴해 남쪽으로 물러나 외톨이 신세였다. 유다 왕국의 위성 도시와 소도시들은 모두 파괴됐고 북쪽의 형제들은 이미 한 세대 전에 멸망했다. 수도는 전 세계에서 가장 강하고 잔인한 군대에 철저히 포위당했다.

유대인들이 오도 가도 못하는 상황에서 왕은 입을 다물고 있었다. 센나케리브가 스스로 기록한 바 그대로 상황을 설명하자면 '새장 안에 든 새와 마찬가지'였다.

그 후 벌어진 일들에 대해서는 논쟁이 있기는 하나 이것만은 분명하다. 아무도 예루살렘이 살아남으리라 기대하지 않았다는 것이다. 유대인들의 도시와 그 문화, 종교, 정부, 백성과 그들의 위대한 여호와를 믿는 신앙은 종말을 맞을 터였다.

하지만 실제 전쟁은 모두가 예상한 대로 전개되지 않았다.

역사에서는 극적인 반전이 이따금 일어나기 마련이다.

예루살렘 문밖에서

군사들이 수 킬로미터를 늘어서 있고 그 옆으로는 1,000명의 기병이 말을 타고 가고 있었다. 말들이 지친 발걸음으로 두꺼운 먼지구름을 일으키며 터벅터벅 걸으니, 침울하게 뒤따라오던 아군 병사들은 질식할 지경이었다. 걷는 자들은 머리를 떨군 채 방패와 칼을 어깨에 아무렇게나 걸쳐 메었다. 팔은 축 늘어뜨리고 땅만 보면서 걸었다. 모두 머릿속으로 절망의 발걸음으로 앞으로 얼마나 더 가야 할지 셈했지만 그 끝을 알 수 없었다.

수주일은 족히 걸어야 할 것이다. 특히 가장 고통스러운 사실은 고향에 아무것도 가져가지 못한다는 것이었다!

예루살렘을 공격하기 위해 모인 위대한 아시리아군, 전 세계가 이전에 경험하지 못한 가장 두려운 군사들이며 단순히 그들이 다가온다는 말만으로도 모든 적이 두려움에 떨던 군대. 그 군대가 내세울 만한 것이 전혀 없이 니네베로 돌아가고 있었다. 약간의 보물도 없이, 금이나 은붙이 하나 없이, 보따리를 들어줄 노인들도 없이, 군사들의 충성심을 높여줄 강간이나 약탈의 시간도 맛보지 못한 채, 돌아가는 길에 잡을 양이나 송아지도 없는, 노예도 없는 그런 길이었다.

혈기 왕성하고 폭력적인 남성으로 구성된 군대는 마치 짓눌린 용수철과 같다. 억눌린 상태를 유지할 수 있는 것은 잠시뿐이다. 어느 시점에는 내부에서 긴장감이 형성되어 필연적으로 튀어 오르게 된다. 아시리아군사들 사이에서는 전에 없이 팽팽한 긴장감과 좌절, 분노가 조성됐다. 군대 전체에 불안감이 고조됐다. 대위들은 사병들을 혹독하고 철저하게 몰아갔다. 잘 훈련받은 이들이었음에도 화가 나고 실망한 장교들은 전쟁으로 포로를 얻었다면 그들에게 쏟아부었을 힐난을 사병들에게 퍼부었다.

랍사케 장군은 힘센 말 위에 올라앉아 북쪽으로 행군하면서 군사들을 살폈다. 속에서는 분노가 끓어올랐다. 어찌 됐든 패배한 군사들과 회군하고 있다는 현실을 직시했다. 셀 수도 없는 병사들이 유다의 광야에 매장되지도 못한 채 누워있었다. 신들도 망각한 자들이었다. 물론 이런 위험은 군대를 모으고 유지하는 데 필연적으로 드는 비용이며, 군사들이 전염병에 걸린 게 이번이 처음도 아니었다. 하지만 그를 뼈아프게 만드는 것은 다른 데 있었다. 무례한 소도시 예루살렘에 대한 포위를 그만두라고 명한 이가 바로 센나케리브 왕이라는……. 바로 그 사실이 이 전사의 마음을 갈기갈기 찢었다.

그는 말을 돌려 뒤를 바라봤다. 흠 없는 유다 도시의 성벽이 저무는 해를 받아 반짝였다. 먼지구름 사이로 건재한 성벽은 그에게 굴하지 않는 모양새로, 마치 퇴각을 비웃는 것 같았다.

천사의 칼이었나?

성서의 자료들은 랍사케가 여호와를 모독한 이후 끔찍한 전염병이 아시리아군을 덮쳐 18만 5,000명의 군사가 사망했다고 주장한다. 하룻밤에 그처럼 무수한 군사가 목숨을 잃었다니! 유다의 시각에서 본 편향적인 기록이라고 여길 수도 있으나 신뢰할 만한 역사서인 요세푸스(Flavius Josephus, 유대 역사가)의 책에도 동일한 기록이 남아있다.

히스기야의 터널, 현재도 히스기야 터널에는 차가운 샘물이 흐른다

사실이라면 아시리아군은 그런 손실을 견디면서 효율적인 전투를 하지 못했을 것이다. 그 상태로는 고도로 요새화된 도시를 공격하는 데 실패할 가능성이 높았다.

아시리아 측에 전염병이 창궐했던 사실을 뒷받침할 만한 기록이 남아있지 않다는 것도 놀라운 일이 아니다. 아시리아의 기록은 객관적이고 정확한 역사라기보다는 대개 아시리아 왕을 부각하는 데 목적이 있었다. 이번에도 아시리아가 예루살렘 전쟁을 자기 합리화 차원에서 묘사한 것은 당연한 일이다. 그들에게는 자기 신들의 우월성과 명성을 지키는 일이 더 중요했다.

다른 사건에서도 빈번하게 일어나는 일이지만 이번 사건도 기록마다 이야기가 엇갈리는데, 그렇더라도 부인할 수 없는 사실이 있다. 이유를 막론하고 세계에서 가장 강하고 잔혹한 군대가 예루살렘을 취하지 못한 것이다. 그들은 유다 왕국의 백성, 그리고 종교와 문화를 온전히 남겨 두었다. 유대인들에게 이 사건은 여호와가 지상에서 최강의 군대를 쳐서 아시리아의 신들보다 더 강함을 증명한 것이다. 아시리아의 측면에서 보면 남쪽과 북쪽의 적국들이 들고일어날 수 있는 빌미를 제공한 사건이다.

현대의 학자들은 만약 전염병이 돌았다면, 히스기야가 지역의 상수도를 예루살렘 안으로 끌어와 아시리아군이 유다 광야에서 거대한 군사를 유지하는 데 반드시 필요한 신선한 물을 차단한 기혼 샘 작전이

<센나케리브의 파멸> 피터 폴 루벤스 작, 1613년, 센나케리브는 결국 내분으로 암살되었다.

원인일 것이라 추정한다. 만일 원인이 거기에 있다면, 전염병으로 군

대가 몰살한 최초의 사례라고는 할 수 없다.

두 번째 설명

아시리아의 기록은 단순히 센나케리브가 히스기야와 협상을 했고

도시를 온전히 남겨 두도록 결정했다고 전한다. 하지만 이 설명은 몇

가지 이유에서 개연성이 떨어진다. 첫째로 아시리아의 남쪽 국경은

아시리아의 다른 적국과 동맹을 맺은 바 있는 속국에 노출된다. 또 공공연하게 반항을 해온 작지만 적대적인 이 왕국에 대해 아시리아답지 않게 소극적인 자세를 취한다면 다른 공적들에게 치명적인 약점을 드러내는 꼴이 된다. 가장 아리송한 대목은 이런 의문일 것이다. 센나케리브는 유다 왕국 대부분을 이미 파괴해놓고 왜 수도는 온전히 남겨뒀을까? 이는 아시리아가 그들의 역사와 문화를 통해 드러낸 행동들과 정면으로 배치된다.

하지만 센나케리브가 예루살렘을 치지 않기로 결심한 것이 사실이라면 이 자체만으로도 엄청난 사건이다. 아니, 기절할 노릇이다! 한 학자는 이렇게 주장했다.

> 후대는 그해에 유다에 가해진 공격을 왕국의 300년 역사상 가장 운명적인 사건으로 회상한다. 예루살렘이 함락됐다면 유다는 북부의 이스라엘 왕국, 특히 그 수도인 사마리아의 전철을 밟아 망명과 멸절의 운명을 맞았을 것이다. 아시리아군이 전술적으로 우위에 있었다는 점을 고려하면 센나케리브가 히스기야와 타협했다고 상상하기는 어렵다. 센나케리브는 반란을 꾀한 도시들을 가장 잔혹하게 처치하는 데 출중한 능력을 선보였다. 그는 십 년 후쯤 바빌론을 지도 상에서 말 그대로 지워버리기도 했다.
>
> —마이클 D. 쿠간 《The Oxford History of the Biblical World》 중에서

앞에서도 봤지만 센나케리브의 무자비한 성품은 B.C. 690년에 반란을 도모하던 바빌론을 포위했을 때 유감없이 드러났다. 그의 기록에 따르면 바빌론을 포위한 15개월 동안 도시를 파괴하고 신전과 가옥을 완전히 부쉈으며 재물을 약탈하고 백성을 추방했다.

예루살렘에 일어났던 일과 비교해보면 석연치 않은 구석이 오히려 더 커지는 대목이다.

아무튼 전염병 때문이었는지 단순히 엄청난 심적변화 때문이었는지를 떠나 예루살렘이 무사했다는 것은 사실이다.

싸움이 계속되다

아시리아군이 물러간 이후에도 유다 왕국은 속국으로 남았고 아시리아 제국이 근동의 패권을 잃기 시작할 때까지 이런 지위를 유지했다. 그렇다고 유대인이 생존투쟁을 멈춘 것은 아니었다.

아시리아가 제국의 확장을 위해 전쟁을 계속하는 동안 동쪽에서는 바빌로니아의 세력이 계속 커졌다. 아시리아의 통치는 결국 B.C. 6세기에 막을 내렸다.

이 시기를 연구하는 저명한 학자 월 듀런트(Will Durant)는 아시리아 제국의 멸망에 다음과 같은 이유가 작용했을 거라고 주장했다.

아시리아군을 천하무적으로 만든 신체적, 인성적인 조건은 승리를 거듭할수록 약해졌다. 승리할 때마다 가장 강하고 용감한 자들이 전사한 반면 병약하고 눈치 빠른 자들은 살아남아 자기와 같은 종류의 인간들을 증식시켰다. (생물학적으로 결함이 있는) 역선택 과정이 일어난 것으로, 이 문명에서 좀 더 거친 자들을 솎아 내면서 아시리아의 세력을 키워준 생물학적 토대는 약해졌다.

듀런트는 아시리아의 멸망에 대한 추가적인 설명을 덧붙였다.

아시리아가 멸망한 데는 정복지의 크기도 일조했다. 아시리아는 만족할 줄 모르는 (전쟁의 신) 마르스를 충족시키기 위해 피정복자의 영토를 공동화시킨 것뿐 아니라 아시리아로 데려오기까지 했다. 수백만 명의 노예는 빈곤한 이방인들로, 절망이라는 비료를 뿌리면서 나라 전체의 특징과 혈통의 통일성을 파괴했다. 적대적이고 해체적 성격의 사람들이 정복자들의 영토 한복판에서 자신들의 세력을 키웠다. 군대는 점점 다른 영토의 출신으로 채워졌고 반(半)야만적인 약탈자들이 국경마다 공격해댔다. 비정상적인 국경을 끝도 없이 방어하는 사이 나라의 자원은 고갈됐다.

—윌 듀런트 《Our Oriental heritage》 중에서

바빌로니아는 아시리아의 힘이 점점 약해지고 있음을 감지하고 B.C. 612년에 아시리아의 수도 니네베를 공격하고 약탈한 뒤 완전히 불태워 버렸다.

아시리아는 사라졌다.

이제 근동에서는 바빌로니아 제국의 왕이 경외할 자로 떠올랐고 남쪽에는 이집트의 파라오가 있었다. 다시 한 번 유다 왕국은 권력의 거대한 각축전의 한복판에 끼게 된 것이다. 아시리아의 수도가 불타오를 때 이집트 인들은 유다를 포함해 아시리아의 옛 영토에 대한 패권을 넘봤다. B.C. 610년 요시야(Josiah) 왕이 사망하자 유다 왕국은 이집트의 지배 아래로 들어가 나일 제국의 속국이 됐다.

요시야의 후계자인 여호야킴(Jehoiakim)은 이집트의 파라오 느고(Necho)가 세운 자였다. 유다는 이후 십 년 동안 이집트와 지역의 새 강자인 바빌로니아 사이를 오가며 일관성 없는 충성심을 보였다. 하지만 이집트가 바빌로니아의 떠오르는 왕 네부카드네자르(Nebuchadnezzar, 성경의 느부갓네살)에게 결정적으로 패해 본토를 수비하러 물러가자 유다 왕국과 그 인접국들은 거대해진 바빌로니아에 굴복할 수밖에 없었다.

601년 네부카드네자르는 이집트 정복에 실패했고 군사를 돌려 시간과 부를 들여 재정비했다. 작전이 실패하자 유다는 다시 이집트와 손을 잡았다. 이에 심기가 불편해진 바빌로니아는 예루살렘을 포위했다. 1년에 걸친 절체절명의 투쟁 끝에 예루살렘과 백성은 항복하고 말았다. 유다의 왕은 유배됐다. 그 후 꼭두각시 왕인 시드기야(Zedekiah)가 취임했다. 그는 20세에 불과했지만 네부카드네자르에게 충성을 맹세했다. 전쟁에 진 유다의 왕은 다른 식구들과 군 장교들, 엘리트 전사들, 능숙한 기술자와 장인들과 함께 바빌론 유수 길에 올랐다. 모두 바빌로니아 제국에서 필요로 했던 재능을 갖춘 자들로, 새로운 땅에서 쓰일 사람들이었다. 비통한 심정으로 가슴 아픈 여정에 오른 왕가의 생존자들 외에 솔로몬의 성전 등 도시에서 빼앗은 전리품이 함께 이송됐다.

꼭두각시 왕 시드기야는 바빌로니아 왕 덕분에 왕위에 올랐지만 자신에게 자리를 만들어준 사람에게 특별한 충성을 보이지 않았다. 이후 십 년 동안 각종 저항의 행태를 보이며 반항적 기질을 분출했다. 그리고 네부카드네자르가 제국의 다른 지역에서 심각한 도전에 직면하자 시드기야는 지금이야말로 행동에 나설 때라고 판단했다. 그는 이웃 국가들과 반란을 도모했으나 성과를 거두지 못했다. 근본적으로 남쪽 국경을 방어하느라 바빴던 이집트가 지원을 거절했기 때문이었다.

그러나 B.C. 592년에 이집트는 태도를 뒤집어 유다와 주변국을 선동했다. 시드기야는 두 왕국 중에서 이집트가 더 강하다고 생각하고 바빌로니아와의 관계를 끊었는데 이것은 치명적인 결정이었다. 유다는 즉각 바빌로니아의 침공을 받아 정복됐다. 예루살렘은 또다시 포위됐지만 이번에는 이집트 인들이 유다를 도우러 오지 않았다. 바빌로니아의 왕도 유다의 왕을 교체하고 궁전의 엘리트를 옥에 가두는 수준으로 만족하지 않았다. B.C. 586년 예루살렘은 함락돼 불탔고 거의 모든 건물이 전소했다. 수많은 백성이 죽거나 노예가 됐다. 시드기야 왕은 가까스로 도시를 빠져나갔지만 나중에 여리고(Jericho) 평지에서 붙들렸다. 반란에 대한 처벌로 시드기야는 아들이 살해당하는 장면을 지켜봐야 했고 그 자신은 두 눈을 뽑히는 형벌을 받았다.

하지만 바빌로니아는 유다를 공동화시키고 그 백성을 제국 곳곳에 노예로 흩어버렸던 아시리아의 전례를 따르지 않았다. 왕가를 제외한 유력한 가문을 유다의 총독으로 임명하기도 했다. 가장 중요한 사실은 시골의 백성 대부분이 왕국의 변두리에 계속 남도록 허락받아 밭을 일구고 포도원을 가꿀 수 있었다는 점이다. 따라서 수많은 유대인이 자기 땅에 잔류했다. 이 생존자들은 1차로 추방됐던 집단이 바빌로니아로부터 귀국을 허락받자 고향에서 그들을 맞아줬다.

가장 주목해야 할 부분은 바빌론 유수의 성격이다. 아시리아와 달리 네부카드네자르 왕이 끌고 간 노예들은 바빌론 안에 있는 지역 한 곳에 정착했다. 망명생활 동안 넓은 범위의 자치권이 허용됐고 종교의 자유도 있었다. 바빌로니아 제국이 쇠락하면서 이번에는 페르시아라는 또 다른 강대국이 주인이 되자 유대인들 사이에서는 유다 왕국으로 돌아가라는 허락이 떨어질지 모른다는 희망이 싹텄다. 성경에는 50년가량 지나 망명자들이 돌아오기 시작했다고 기록되어 있다.

예루살렘 전쟁이 세상을 바꾸었나?

바빌로니아의 통치가 끝나고 유대인들이 고향으로 돌아왔지만 유다 왕국의 고난은 사라지지 않았다. 그 후 그리스에 정복당했고 로마가 뒤를 이었던 것이다. 그럼에도 이 모든 과정 동안 유다 왕국은 유대인의 독자적인 공동체이면서 다양한 히브리 지파로 유지됐다. 국가와 종교 차원의 정체성은 그리스도가 숨을 거둔 직후까지 거의 손상되지 않은 채 보존됐다.

유대인이 오래도록 공동체를 지킬 수 있었던 원인 중 하나는 그들의 하나님인 여호와에 대한 신앙을 고집한 것에 있다. 그들은 여호와가 아시리아의 손에서 자신들을 건져줬다고 믿었다. 이후 민족의 자각에서 이 사건이 중추적인 역할을 했다. 두려움 가운데에서도 위안이 있었던 이 시기를 살면서 그들은 여호와가 강한 존재라는 결론을 내렸다. 또 유일신 사상의 토대를 확립했으며 그들의 신이 전 세계를 다스린다는 주장에 자신감을 얻었다. 일어난 모든 일은 그분의 뜻에 의한 것이었다. 유대의 종교 지도자들은 북부의 이스라엘 왕국이 멸망한 것을 반면교사 삼았고, 형제들이 진정한 종교를 버리지 않았다면 짓밟혀 사라지는 일은 없었을 것이라고 강조했다.

그들의 선조는 항상 경고를 받아왔기 때문에 유대인들은 끊임없이 상기했다. 여호와의 선지자가 이런 결과가 나타날 것이라 예언하지 않았던가?

유다 백성의 대부분이 바빌론 유수 이후 살아남아 고향에 돌아오게 된 것은 결국 유다 왕국은 살아남아야 한다는 여호와의 바람이 드러난 것이 아닌가.

한 역사학자는 유대인들이 망명생활 동안 경험한 강력하고 긍정적인 회복의 역사를 이렇게 기록했다.

우리가 모두 알다시피 유다에서 쫓겨난 백성이 명맥을 유지했으니 유다 역사는 끝이 아니었다. 오히려 바빌론의 물가에서 번성했으며, 분명한 일신교와 집회의 성격, 예루살렘에서 무너진 솔로몬 성전의 의식으로부터 해방되고 공간상의 제약에서 벗어나도록 성경을 정비했다. 게다가 수정된 유대 신앙은 망명생활 동안 단련을 받아 기독교와 이슬람이라는 우리 세대에서 가장 힘 있는 두 개의 대종교를 탄생시켰다. 유대교도 살아남아 전 세계적으로, 특히 현대 이스라엘 국가에서 구별된 모습을 유지하고 있음은 말할 것도 없다.

―로버트 카울리《What if?》 중에서

아울러 카울리는 예루살렘이 이스라엘과 같은 운명을 맞았다면 '유대교는 지구상에서 사라지고 기독교와 이슬람이라는 자매의 종교도 존재하지 못했을 것이다. 즉 우리 세계는 상상할 수 없을 정도로 다른 모습이 됐을 것이다.'라고 주장했다.

근동과 중동을 연구하는 저명한 미국인 학자인 버나드 루이스(Bernaed Lewis)도 같은 결론에 도달했다.

7세기에 이슬람이 출현해 영광을 누린 것은 먼저 기독교가 먼저 부흥하고 전파된 데 어느 정도 기댄 부분이 있다. 기독교 또한 종교와 철학적 선진에게 큰 빚을 졌다. 기독교와 이슬람 문명은 유대인, 페르시아 인, 그리스 인 등이 고대 중동의 다양한 전통을 마주치고 교류했다는 데 공통적인 뿌리를 두고 있다.

—버나드 루이스 《The Middle East》 중에서

즉 예루살렘과 유대교의 생존은 궁극적으로 기독교가 세계에 퍼지는 데 핵심적인 역할을 한 것이다.

계간 군사저널인 〈MHQ(quarterly journal of military history)〉는 아시리아전이 예루살렘과 이후 세계 역사에 미친 중요성을 고려해 37명의 역사학자에게 역사상 가장 중요했던 군사 전쟁을 설문 조사했다. B.C. 480년 그리스 해군이 페르시아에 승리를 거둔 살라미스전, 1588

년 영국의 스페인함대 격파 사건 등 중요한 여러 전투가 언급됐다. 그러나 저명한 학자인 윌리엄 H. 맥닐(William H. McNeill)은 전미 도서상 역사부문 수상작인 《서구의 부상(Rise of the West)》을 통해 예루살렘에서 벌어진 아시리아전이 가장 중요하다고 지적했다. 맥닐은 유다 왕국이 설명할 수 없는 전염병으로 구제받았다고 주장했으며 다음과 같은 역사학자들의 공통적 시각을 저널에 발표했다.

B.C. 701년에 아시리아군이 건재했다면 예루살렘은 불과 20년 전 사마리아와 같이 함락돼 백성 모두 뿔뿔이 흩어졌을 것이다. 이것이 의미하는 것을 생각해보라! 유대교 없이는 기독교와 이슬람도 없다. 이 종교들이 없었다면 우리가 알고 있는 세계는 완전히, 전혀 다른 모습이었을 것이다.

예루살렘과 유대교의 문화가 살아남게 된 주요 이유가 원인을 알 수 없는 전염병 때문인지 잔악한 아시리아 왕이 갑자기 유약해져서인지는 중요하지 않다. 양편 모두 기적이요, 설명할 수 없는 사건이니 말이다. 이 사건으로 유대교가 명맥을 유지하면서 기독교가 탄생할 수 있는 환경이 마련됐다는 것이 중요하다. 뒤에 이어지는 장에서 설명하겠지만, 기독교의 토대가 없었다면 이 황금기에 우리가 누리고 있는 자유와 민주주의 또한 가능하지 못했다.

아시리아 시대에 살았던 사람들은 센나케리브, 히스기야와 아시리아군의 니네베 퇴각이 수백 년 후 자유와 민주주의가 발전하는 데 결정적인 역할을 했다는 사실을 알지 못했을 것이다.

2

사자(使者)가 기다리는 협곡

테르모필레 전투, 살라미스 해전

che Miracle of Freedom:
Seven Tipping Points
That Saved the World

테르모필레 전투, 살라미스 해전

다리우스 1세의 뒤를 이어 왕위에 오른 크세르크세스는 B.C. 481년, 그리스를 침공한다. 이에 그리스 동맹은 스파르타의 왕 레오니다스의 총지휘로 테르모필레의 지리적 특성을 이용하는 군사작전을 시도하였으나 한 그리스 인이 페르시아군에 우회로를 밀고하는 바람에 도리어 포위당한다. 이에 레오니다스는 동맹군을 해체하고 스파르타 인 300명, 테베 인 400명 등 약 천 명의 정예군만 남긴 뒤, 격투를 치른 끝에 모두 전사했다.

이것이 그 유명한 테르모필레전이다. 승리한 크세르크세스는 곧 아테네를 점령했다. 이에 그리스 동맹은 최후의 결전을 준비하고 페르시아군에 거짓 정보를 흘려 폭이 매우 좁은 살라미스 만으로 페르시아군을 유인했다. 11시간의 전투 끝에 페르시아군은 그들의 엄청난 함대의 숫자로 인해 살라미스 만을 빠져나오지 못하고 수몰됐다.

테르모필레 전투는 패배한 전투였지만 그리스를 지키기 위해 목숨을 바친 스파르타 인의 저항 정신은 그리스 동맹군의 사기를 고양시켜 후에 살라미스전에서 승리를 거두는 데 커다란 역할을 했다. 또 훈련, 장비, 지형의 이점을 살려 전력 증강을 꾀한 사례로 꼽히며, 압도적인 적에 맞서는 용기의 상징이 되었다. 살라미스 해전 또한 세계 4대 해전으로 꼽히는 중요한 해전이다. 페르시아가 그리스 점령에 실패함으로써 그리스에서 탄생한 민주주의의 씨앗이 오늘날까지 전해질 수 있게 만든 사건으로 평가되는 한편, 세계사를 아시아가 아니라 유럽 중심으로 돌려놓은 문명사적 대전환점으로도 평가된다.

서페르시아 왕국

B.C. 480년 3월

이제 죽지만, 죽임 당하지 않았다.

—시모니데스(Simonides), 그리스의 시인,
  페르시아 전에서 숨진 그리스 전사들을 위한 묘비명에서

세상이 곧 전쟁터이다. 부딪치고, 힘들고, 폭력이 난무하며 권력과 재물은 강
자에게 돌아간다. 유구한 역사에서 수천 번의 전쟁이 일어났다. 수백만 명의
군사와 민간인이 숨졌다. 독재자들은 축출됐다. 그리고 영웅들이 등장했다.
하지만 그리스의 테르모필레와 살라미스에서 그리스인과 천하무적의 페르
시아 인들이 두 차례에 벌였던 전쟁만큼 인류의 미래에 영향을 미치고 위대
한 영웅을 만들어냈던 전쟁은 없다.

그는 왕이었다. 스파르타 인이었다.

전사요, 지구에서 가장 선진적인 문명의 지도자였다.

아니 적어도 그랬었다는 말이다.

이제 그는 사뭇 다른 존재다.

그는 반역자였다. 부역자(국가의 반역에 동조하거나 가담한 사람―옮긴이)였다. 권력에 대한 욕망이 피붙이를 향한 애정보다 더 큰 남자였다. 옛 왕위, 아니 일부 도시라도 되찾을 수 있다면 심복들까지 배반할 사람이었다.

페르시아 왕은 권좌에서 축출된 이 스파르타 인이 어떤 종류의 인간으로 변했는지 잘 알고 있었다. 그가 먼저 왕에게 접근해 밀고를 자처했기 때문이다. 가격을 흥정할 일이 생길지도 모르지만 이 늙은 스파르타 인의 마음속에 있는 음흉함이 그를 어떻게 만들었는지는 더 물을 것도 없었다. 짧은 협상 후, 페르시아 왕은 이 스파르타 옛 왕을 차지하기 위해 해안 도시 페르가뭄(Pergamum), 테우트라니아(Teuthrania)와 할리사르나(Halisarna)라는 약간의 비용을 지급하기로 했다.

크세르크세스(Xerxes) 왕은 이미 스파르타 인의 됨됨이를 파악했기에 완전히 신뢰해서는 안 된다는 것을 알고 있었다. 따라서 그의 말을 듣기는 하더라도 실제로 받아들이는 데는 신중했다.

스파르타 인 데마라투스(Demaratus)는 대담하게 고개를 들어 페르

다리우스 1세의 이모탈들, 이모탈은 페르시아 황실의 호위병이자 정예부대였다.

시아 왕의 얼굴을 살폈다. 검고 키가 크고 단단한 모습의 크세르크세
스는 믿기 어려울 정도로 위협적이었다. 그는 목재와 금으로 된 거대
한 왕좌에 앉아있었는데 왕좌는 군대와 함께 이동할 수 있도록 제작
되어 있었다. 하지만 커다란 왕좌를 들어 올리는 데는 인력이 매우 많
이 들어 실제로 이동하는 일은 거의 없었다. 왕을 둘러싸고 있는 전쟁
전리품을 통해 그가 가진 막대한 권력과 재산을 엿볼 수 있었다. 금은
페니키아에서, 에메랄드는 아즈벡(Azbek)의 고지대에서, 진주는 나일

강 어귀에서, 자단(紫檀)은 동인도의 정글에서 들여온 것으로 재물들은 마치 태양처럼 눈이 부셨다.

왕이 딛고 있는 화강암은 흑해 북쪽의 영토에서, 노예들은 멸망한 바빌로니아 제국의 도시에서 데려왔으며 세상에서 가장 아름다운 여자들이 있다는 곳에서 미인들을 데려오는 것으로 알려졌었다. 왕의 처소는 높고 튼튼해서, 그리스 신전 중에서 이보다 규모가 큰 것은 아테네를 굽어보고 있는 아테나 폴리아스 신전밖에 없을 것이다. 위협적으로 보이는 왕의 주위에는 이모탈(Immortals)이 서 있었다. 이 장대한 남자들은 두툼한 갑옷을 입고 있었는데 수많은 전투에서 긁히고 패이고 피가 튄 흔적이 남아있었다. 전사들은 그들이 이뤄낸 모든 정복의 기억을 굳이 없애려 하지 않았다.

크세르크세스가 몸을 앞으로 기울였다. "너의 형제 스파르타 인에 대해 말해 보아라." 왕은 명령했다. 데마라투스는 잠시 망설였다.

"왕이여, 용서하십시오. 하지만 먼저 질문이 있습니다. 기대하시는 답변을 그대로를 원하십니까, 아니면 진실을 듣고자 하십니까?" 크세르크세스는 상관없다는 듯 어깨를 으쓱하며 말했다.

"진실을 말하라, 데마라투스."

옛 고향 스파르타의 씁쓸한 권력투쟁에서 패배하고 쫓겨난 왕은 고개를 쳐들었다. "스파르타 인들은 왕이나 제국을 위해 싸우지 않습니다, 전하. 재물이나 약탈을 위해 싸우지도 않습니다. 채찍질과 피로 위협당해 싸우는 것도 아닙니다. 탐욕이나 욕망, 권력도 아닙니다. 그들은 전혀 다른 이유를 위해 싸웁니다." 그는 말을 멈추고 숨을 들이쉬었다. 다시 입을 열었을 때 그의 목소리는 두꺼운 텐트 벽 바깥에서 불어오는 밤바람만큼 부드러웠다. "그들은 서로를 위해 싸웁니다. 가족들을 위해, 인간은 자유롭게 살아야 한다는 사상을 위해 싸웁니다."

크세르크세스는 코웃음을 쳤다. 해방! 자유! 이 그리스 단어는 그에게 낯설었다. 페르시아어에는 스파르타 인이 의미했던 바를 비슷하게라도 설명할 수 있는 단어가 존재하지 않았다.

데마라투스는 페르시아 왕이 반신반의하는 기색을 보이자 이 기회를 잡지 않으면 왕의 신임을 얻지 못할 것을 간파했다. 그의 말이 얼마나 바보처럼 들릴지는 중요하지 않았다. 사실은 사실이니 말이다. 그가 할 수 있는 일은 오로지 말하는 것이다. 이제 말하는 바를 크세르크세스가 따르도록 결심하게 하여야 한다. "그들과 일대일로 붙어보면 세상의 다른 전사와 다를 바가 없습니다. 하지만 그들이 조직으로 싸울 때는 세계 최강입니다. 그들은 자유로운 사람들이지만 완전히 자유롭지 않기 때문입니다. 그들은 법을 주인으로 따릅니다. 그리고 전하의 신하들이 전하를 경외하는 것 이상으로 그 주인을 공경합니다." 스파르타 인은 잠시 멈췄다. "그 법이 명령하는 것이 무엇이든 그들은 해냅니다. 그리고 그 명령은 절대로 변하지 않습니다. 스파르타의 법은 적의 군사들이 얼마나 많은지에 관계없이 스파르타 인들이 전투에서 도망치는 것을 용납하지 않습니다. 법은 그들이 끈기 있게 버텨 정복하든지, 아니면 죽기를 요구합니다." •

크세르크세스는 눈을 가늘게 뜨고 침묵하며 긴 생각에 잠겼다. 그는 이 세계에서 가장 센 사람이었고 어쩌면 이제껏 살았던 인간 중에서도 가장 강할 것이었다. 수백만 명이 자신의 말 한마디에 살고 죽었다. 하지만 그의 선조는 계획을 세우기에 앞서 다른 이들의 말을 듣고 깊이 생각하라고 가르쳤다. "그래도 스파르타 인들은 숫자가 많지 않다." 그가 맞받아쳤다.

"옳습니다, 전하. 하지만 스파르타 군사들은 전하가 만났던 병사들과 전혀 다릅니다. 그들은 스스로 지배자 민족이라 생각합니다. 사내아이가 스파르타 군단에 들어오려면 600년 동안 더럽혀지지 않은 스파르타의 혈통임을 증명해 보여야 합니다. 일단 선택이 되면 아이는 어미에게서 떨어져 오로지 전쟁의 지배자가 되는 훈련을 받습니다. 그들은 일생을 바쳐 대의에 따른 전쟁에 목숨을 바치도록 자신을 단련합니다. 머리는 길게 기르고 몸은 근육질로 만들고 생각은 단순하게, 배는 늘 고픈 상태를 유지합니다. 이들이 헌신할 때는 겁이 없습

•

역사의 아버지로 알려진 그리스의 역사학자 헤로도토스는 스파르타의 옛 왕인 데마라투스와 페르시아의 왕 크세르크세스 사이에 벌어진 많은 대화를 기록했다. http://classics.mit.edu/Herodotus/history.7.vii.html 에서 조지 롤린슨(George Rawlinson)이 옮긴 헤로도토스 7권과 다음을 참고했다. (Herodotus, Histories; "Herodotus," in Cambridge History of Classical Greek Literature)

니다. 그리고 이제 그들은 헌신할 것입니다.”

크세르크세스는 감흥이 없어 보였다. “불 보듯 뻔한 죽음 앞에서는 누구나 헌신을 하지.” 그가 말했다. “페르시아의 칼은 헌신을 끄집어 낸다. 나를 믿어도 좋다, 데마라투스. 짐은 헌신하겠다고 맹세한 수많은 자를 굴복시켰다.” 데마라투스는 간단히 대답했다. “왕께서는 자유인들과 싸워본 적이 없으십니다.”

왕은 왕좌 앞으로 몸을 기울였다. “다를 것이 무엔가?” 그는 비웃었다. “법치? 황제의 통치? 역사를 통틀어 어느 때 어느 장소에서 법치가 한 사람에게라도 의미가 있었던 적이 있는지 말해보라!”

데마라투스는 답하지 않았다. 그가 제시할 수 있는 예가 존재하지 않았던 것이다. 그리스 인들이 최초였다. 왕이 이해하지 못하는 것도 당연했다.

두 남자 사이에 잠시 침묵이 흘렀다. 궁 전체에 고요함에 내려앉았다. 벽에 무겁게 드리운 장막 뒤로 반라의 노예들이 서성대고 있었고, 왕이 무언가 필요하다는 기색을 내비치기만 해도 바로 뛰어나올 태세였다. 이모탈은 이 스파르타 반역자를 최대한 집중해서 살폈다. 왕의 근위병인 이들은 데마라투스가 왕의 환심을 사려는 자라고 하기엔 지나치게 당돌하게 말하고 있음을 감지했다. 과도하게 정직했다. 쓸데없이 자신감에 차 있었다. 진실은 그 자체로 증명하는 힘이 있으니 현명한 자들은 구구절절 설명하지 않는 법이다. 추락한 이 스파르타 인은 너무 침착하고 자신에 차 있었다.

"진정 그들이 우리와 맞서 싸울 것 같은가?" 크세르크세스는 마지막으로 물었다.

데마라투스는 주저하지 않았다. "아테네 인들에 대해서는 말씀드릴 수 없지만 이것 하나는 분명합니다. 스파르타는 전하의 조건을 절대 받아들이지 않을 것입니다. 그들은 육지와 바다(Earth and Water, 무조건 항복을 뜻하는 페르시아 용어─옮긴이)를 받아들이느니 수천 번이라도 죽을 것입니다. 노예로 전락하는 것은 그들이 절대 할 수 없는 일이기 때문입니다. 그리스 도시국가 전체가 페르시아 군대 앞에 무릎을 꿇을지라도 스파르타는 맞서 싸웁니다. 숫자의 많고 적음은 문제가 아닙니다. 전하의 백만 군사에 대항할 자가 단 천 명에 불과하더라도 그들은 맞서 싸울 것입니다."

"너는 네 백성을 과대평가하고 있다." 크세르크세스는 짧게 받아쳤다. "시간이 흐르면 네 허풍과 자랑이 사실이 아니라는 것이 드러날 테지. 우리 군사는 오십 배, 아니 백 배, 어쩌면 천 배 더 많다. 그런데도 너는 놈들이 우리에게 맞설 것이라고 말하는 것이냐!"

"그들은 그러고도 남습니다! 기억하십시오, 왕이여. 이는 스파르타를 아껴서 하는 말이 아닙니다. 그들은 저의 지위와 명예를 빼앗고 내쫓아 제 이름과 혈통을 수치스럽게 만든 자들입니다. 하지만 제 말을 명심하십시오, 왕이여. 그리고 진실을 말했단 이유로 저와 대적하지

〈테르모필레의 레오니다스〉자크 루이 다비드 작, 1814년, 레오니다스는 그리스 인의 배신으로 군사와 함께 전멸당했다.

마십시오. 단 한 명의 스파르타 전사가 남더라도 그들은 왕에게 맞서 싸울 것입니다. 이것이 그들의 법입니다. 명예입니다. 태어난 이유이 기도 합니다. 그들은 왕을 저지하기 위해 맞설 것입니다. 왕이 그들을 쳐부수더라도 쉽게 얻지는 못하실 것입니다."

에게 해에서 320킬로미터 떨어진 곳에서 스파르타의 왕 레오니다 스(Leonidas)는 동쪽 산마루에 해가 걸려있는 것을 바라보고 있었다. 봄풀 끝에 가까스로 매달려있는 이슬이 햇빛을 받아 반짝였다. 그는 집을 둘러싼 나무주량에 기대어 서서 숨을 들이쉬다가 멈췄다. 등 뒤 에는 아내와 아이가 자고 있었다. 아침의 고요함에 귀를 기울이다가

문득 두려움이 밀려들었다. 전사 레오니다스는 어리석은 자가 아니었다. 그는 삶을 즐겼다. 가족을 사랑했다. 백성을 아꼈고 범인들처럼 약할 때도 있었다. 그는 살고 싶었다.

그는 천성이 바른 사람이었다. 자신에게 닥쳤던 도전의 시간은 그가 자발적으로 찾아서 마주한 것이 아니었다.

하지만 그런 날들 역시 자신의 인생이었기에 외면하지 않았다.

장신에 거무스름한 피부색, 짙은 눈동자, 굵은 팔뚝. 레오니다스는 바람직한 스파르타 전사의 전형이었다. 그는 오크처럼 단단했다. 칼처럼 날렵했다. 겁이 없고 현명했다. 고통을 이겨냈다. 일생에 걸쳐 전투와 살육과 전장에서 죽는 것을 준비하고 단련했다.

애정이 깃든 땅을 바라보던 레오니다스는 갑자기 기운이 샘솟는 것 같았다. 그리스, 신들의 고향. 그는 좁은 계곡과 주변에 솟아있는 가파른 산맥, 푸른 풀밭 사이로 군데군데 삐죽 솟아있는 화강암을 돌아봤다. 산에는 관목과 엉겅퀴가 우거져 있었다. 공기는 신선했고 향나무 내음이 났다. 또 한 번, 폐까지 깊은숨을 들이마셨다.

그리고 아폴로 신탁이 그에게 했던 말을 다시 떠올렸다. "스파르타의 운명은 이 위대한 도시가 멸망하거나 위대한 왕이 죽거나 둘 중 하나다."

어느 편일지 그는 알지 못했다. 아무도 모르리라. 하지만 한 가지 분명한 것은 있었다. 전쟁이 곧 시작되리라는 것이다. 크세르크세스

편에서 온 사신도 이를 분명히 했다. 목을 축이기 위해 쉬기라도 하면 강이 마를 정도라는 대규모 군대에 그들이 맞서야 한다는 의미였다!

백성은 아직 준비가 안 되어 있었다. 그 사실에 그는 깊은 두려움을 느꼈다.

공화정의 씨앗

앞 장에서 설명했듯이 무자비한 아시리아 인들은 예루살렘의 성벽까지 갔다가 승리를 거두지 못하고 되돌아갔다. 그 후 백 년이 채 지나지 않아 아시리아 인들은 바빌로니아의 손에 멸망했다. B.C. 612년, 한때 아시리아가 다스렸던 영토는 북쪽의 메디아 왕국과 남쪽의 바빌로니아 왕국으로 나뉘었다. B.C. 540년에 바빌로니아가 새로 부상한 페르시아의 세력에 굴복하면서 권력의 중심은 급작스럽게 다시 이동했다. 키루스 대왕(Cyrus II)과 페르시아 군사들은 바빌로니아와 더불어 소아시아 전체를 정복했다.

키루스는 작고 상대적으로 중요도가 떨어지는 유다 왕국에 간섭할 마음이 없었던지라 유대인들을 고향으로 돌려보냈다. 바빌론 유수 이후 불과 수십 년 만에 고향으로 돌아가게 된 것이다. 키루스 대왕은 통치 동안 백성의 종교에 관용을 베풀었다고 알려졌으며 유대인들에 대한 조치는 그 예 중 하나에 불과하다.

이 격변기 동안 그리스의 도시국가들은 전쟁 중인 제국들에서 멀리 떨어져 있어 상대적으로 보호를 받고 있었기 때문에 고대의 다른 문화나 사회 이상으로 진보를 이뤄냈다. 어느 기준으로 보더라도 그들의 성취는 주목할 만했다. 그리스처럼 긴 역사를 유지하면서 미래의 문화나 국가에 긍정적 영향을 끼친 사회도 드물었다. 인류가 시도한 수많은 노력 중에서 그리스의 존재는 독보적이다. 로마 제국이 부상하기 벌써 수백 년 전에 그리스는 공통적인 언어와 종교, 문자로 통일돼 있었다.

······ 그리스는 지금도 존재하고 읽히는 문학을 창조해냈다. 피타고라스, 유클리드, 아르키메데스 등이 거의 2,000년 역사에 가까운 기하학의 토대를 마련했다. 헤로도토스와 투키디데스는 역사를 우리가 알고, 행하는 형태로 만들어 냈다. 오늘날까지도 인간의 정신에 영향을 미치는 다양한 철학의 학파를 형성했다. 정치학을 개발했고 생물학의 기초를 세웠다. 지리학을 만들고 우주론까지 확장시켰다. 이전에 고대 사회에 알려진 것보다 훨씬 진보된 의약품을 개발했다. 이상은 그들이 거둔 성취의 일부분에 불과하며, 이 시기 인간의 역사에서 그리스에 견줄 수 있는 자들은 존재하지 않았다.

—J.H. 플럼 《The Greeks》 중에서

이런 위대한 성취도 그리스가 강력한 페르시아군에게 패했다면 불가능한 일이다. 대부분의 발전은 테르모필레(Thermopylae)와 살라미스(Salamis)전 이후에 일어났기 때문이다.

그리스 인들은 누구인가?

그리스 문화의 출현은 B.C. 8세기까지 거슬러 올라가지만 그 영향력이 가장 강성하면서 오래갔던 시기는 B.C. 약 500년에 시작되어 로마 제국에 추월당한 B.C. 146년까지로, 고대 그리스 시대와 헬레니즘 시대이다.

여러 고귀하고 숭고한 영역에 대한 인류의 노력 중에서 고대 그리스 인들이 이룬 가장 위대한 공헌은 개인의 권리들과 개인의 자유, 자치 혹은 민주주의의 개념을 확립하는 실험을 했고 또 성공해냈다는 사실이다.

그리스 인들이 민주적 사고뿐 아니라 다른 여러 분야에서 경이적인 진전을 이룰 수 있었던 주원인은 도시국가 형태의 정부를 조기에 채택했다는 데 있다. 지역의 도시들은 스스로 도시국가를 조직했다. 인접한 지역은 도시국가의 일부분으로 간주했다. 가령 아테네 도시국가는 아티카 반도(Attica) 전체의 약 2,600제곱킬로미터를 아울렀다.

도시국가들은 간혹 군사협력을 통해 서로 보호하고 무역으로 부를 증진하기 위해 연맹을 결성하고 단결하기도 했다. 하지만 이런 연맹의 범위는 한정적이었고 가입국에도 항상 변동이 있었다. 사실 그리스 인들은 극도로 독립적이어서 다른 누군가의 왕국이나 제국 일부가 되는 일을 원치 않았기에 서로 의지하다가 순식간에 깨지는 경우가 잦았다.

연합에 대한 저항 때문에 더 강한 세력이 나타나면 취약한 상태일 수밖에 없었지만 도시국가의 형태는 여러 면에서 중요한 이점으로 작용했다. 각 도시국가는 규모가 작고, 지역별로 독자적으로 다스렸으며 다른 도시국가들과 활기차게 경쟁을 벌였다. 각자가 우선순위와 현안을 선정했다. 이는 혁신과 창조적인 천재들을 탄생시키는 데 좋은 환경이었다. 어떤 학자는 이들이 '극단적인 쇼비니즘으로 …… 고도로 개인적이고 자치적이어서 …… 다른 민족과 전혀 다른 형태의 토지를 소유한 자유로운 시민의 탄생과 성장을 가능케 한' 예라고 지적했다.

다른 학자들은 다음과 같이 언급했다.

그리스의 중세(약 B.C. 750년)쯤부터 이 문명은 주목할 만한 속도로 발전했다. 인도-유럽 혹은 오리엔탈 민족들은 이후 수백 년 동안 이들과 필적할 만한 성과를 내지 못했다. 다른 지역 대비 이처럼 특별한 성과를 가능케 한 집단은 바로 도시국가(폴리스)밖에 없었다 …… 도시국가는 문학, 예술과 철학에서 끝없는 가능성을 열어줬다. 아마도 문명에 가장 값지게 이바지한 것은 공화정으로, 그리스 인들은 끝없는 다양함을 구상하고 시민에게 여러 수준의 자유와 자치를 보장했다.

—조지 버츠포드 《Hellenic Hystory》 중에서

자치를 실험한 도시국가들이 몇몇 있었지만 그중에서도 가장 적극적이었던 것은 아테네였다. 수십 년을 거치면서 아테네의 정부는 왕에서 귀족으로 구성된 자문단을 거느린 왕으로, 그리고 광범위한 귀족집단의 지배를 거쳐 모든 시민의 대표자인 정부로 발전해 나갔다. 이런 진화에 실패도 있었고 때로는 독재자가 등장하기도 했다. 하지만 B.C. 480년으로부터 25년 전, 아테네의 도시국가는 민주주의의 한계를 시험해본 뒤 이를 받아들일 만하다고 판단했다. 480년 이후에는 실험을 계속하면서 더 높은 수준의 자치까지 이뤄냈다.

아테네 인들에 대해서는 '그들은 아무에게도 절하지 않으며 동시에 누구의 노예도 아니다.'라는 말이 전해진다.

저명한 역사학자 빅터 데이비스 핸슨(Victor Davis Hanson)은 B.C. 480년 그리스가 페르시아에 침략당했을 때 어떤 위험에 처했었는지 지적하고, 실제로 그리스의 실험이 얼마나 비범했는지도 설명했다.

우선 우리는 십 년을 끌었던 페르시아 전쟁을 기억할 필요가 있다 ……

동양이 배아단계에 있던 서양문화를 점검할 수 있던 마지막 기회였기 때문이다. 입헌정치, 사유재산, 광범위한 민병대, 민간의 군사통제, 자유로운 과학연구, 이성주의, 정치와 종교의 분리와 같은 그리스의 급진적인 활동이 이탈리아로 전파되고, 이후 로마 제국으로 북쪽으로는 유럽의 가장 북단과 서부 지중해까지 퍼지기에 앞서서 말이다. 사실 자유와 시민이라는 단어는 다른 지중해 문화 어느 곳에도 존재하지 않았다. 그들은 모두 부족군주제나 신정국가였던 것이다.

—로버트 카울리 《What if?》 중에서

사회적 자유와 개인적 자유, 자치를 높이 평가하는 문화를 향유하던 그리스 도시국가는 이후 서구세계가 발전하는 데 매우 중요한 존재였다. 유럽의 역사가 어떻게 전개됐을지 예측하는 일은 불가능하지만 명백한 사실이 하나 있다. 그리스가 살라미스에서 패배했다면, 즉 그리스 인들이 자유와 시민이라는 개념조차 존재하지 않던 세력에 정복당했다면 역사는 상당히 다른 방식으로 흘러갔으리라는 것이다.

페르시아 인들은 누구인가?

페르시아 제국 초기의 역사는 상당 부분 시간의 안개 속에 모호하게 남아있다. 이 분명치 않은 기원에서 세계 역사상 가장 강력한 제국이 탄생했다. 페르시아 제국은 거의 800만 제곱킬로미터에 달하는 면적으로 아시아, 아프리카와 유럽 등 3개 대륙에 걸쳐있었다. 제국에 속한 민족들은 페르시아 인, 메디아 인, 이집트 인, 그리스 인, 스키타이인, 바빌로니아 인, 박트리아 인(Bactriana), 인도인 등으로 매우 다양했다. 제국이 정점에 있을 때는 인도 북부에서부터 중앙아시아와 소아시아를 거쳐 북쪽으로는 오늘날의 우즈베키스탄과 흑해 연안까지, 서쪽으로는 지중해까지, 남쪽으로는 북아프리카의 이집트와 리비아까지 뻗어 있었다. 이 민족들 모두 페르시아 왕에게 공물을 바쳤고 제국은 어마어마하게 부유해졌다.

제국은 키루스 대왕이 메디아 왕국을 정복해 메디아와 페르시아를 합쳐 형성됐고, 파사르가다이(Pasargadae)와 페르세폴리스(Persepolis)에 쌍둥이 수도를 건설했다. (역사학자들은 메디아의 정복자였던 페르시아 인들을 종종 메디아 인 으로 분류하기도 한다. 여기에서는 페르시아라고 부르기로 한다.) 키루스는 통치 기간에 계속 새 영토를 정복했는데 이중 가장 중요한 사건은 바빌로니아에 승리를 거둔 일이다. 이 때문에 옛 바빌로니아 제국 전체가 키루스의 손아귀에 들어왔고 제국의 서쪽 국경은 지중해까지 확장됐다.

B.C. 529년 키루스가 사망한 후 아들 캄비세스(Cambyses)가 이집트를 정복하는 쾌거를 올렸다. 하지만 그의 치세는 오래가지 못했다. 키루스가 사망한 지 8년 만에 페르시아의 다리우스 1세(Darius I)가 권

력을 향한 싸움을 시작했던 것이다. (많은 이들이 다리우스 1세를 페르시아 최고의 왕으로 손꼽지만 적통은 아니었다.)

다리우스 1세는 군사와 공학, 정부 활동에서 눈부신 성과를 이어갔다. 나일 강과 홍해 사이에 수에즈의 전신이 된 운하 건설을 시작했고 메소포타미아와 에게 해를 이어 1,600킬로미터 이상의 왕의 대로(Royal Road)를 닦았다. 그가 일군 많은 업적 중에는 화폐의 허용, 옛 페르시아 언어의 전파, 정부와 군대의 효율성 극대화도 있었다.

바로 그의 뒤를 이은 크세르크세스는 B.C. 486년부터 465년까지 다스렸다. 교활하고 믿을 수 없이 야망이 컸던 크세르크세스는 서쪽으로 제국을 확대해 전 유럽을 거느리고자 했다. 그는 인도의 언덕과 습지부터 바위가 많은 대서양 연안까지 뻗어 있는 제국을 꿈꿨다. 에게 해 너머를 바라보며 눈부신 그리스 문화를 주목했다. 서쪽으로의 확대를 가능케 하려면 먼저 그리스의 영토를 정복해야 한다는 사실을 그는 알고 있었다.

1차 그리스 침공

그리스에 욕심을 낸 페르시아 왕은 크세르크세스만이 아니었다. 선왕인 다리우스 1세 역시 그리스의 도시국가들을 열망했다. 도시국가들은 항상 서로 갈등을 빚었고 상호방어를 달가워하지 않기에, 다리우스 1세는 이들이 약하고 강탈할 만한 손쉬운 목표물이라고 판단했다.

> 페르시아 제국은 마치 포식동물 같아서 성장에 한계를 두지 않았다. 그리고 이제는 에게 해를 건너 발칸 반도까지 노리지 않을 이유도 없었다. 전리품, 공물, 그리고 전쟁에서 대승을 거두어 영광을 누리며 선왕들을 뛰어넘고 싶다는 욕망이 다리우스 1세를 충동질한 것에는 의심할 여지가 없었다 …… 다리우스 1세의 제국 바깥에 있는 저 그리스 인들에 대해서는 어떤 정책을 취해야 하는가? 흡수가 정답이다.
>
> —조지 버츠포드 《Hellenic Hystory》 중에서

그리스 인들도 다리우스 1세의 의중을 모르지 않았다. 오히려 그 반대로, 이따금 동맹관계를 맺었던 그리스 북부의 트라키아(Thrake)가 페르시아의 수중에 들어가면서 유럽에서 이미 한 차례 정복사건이 일어났다는 것을 인지하고 있었다. 다리우스 1세가 서방세계로 진격할수록 그리스를 향하고 있다는 사실이 분명해졌다.

그리스의 전 도시국가 가운데 특히 아테네 인들이 다리우스 1세의 의도를 정확히 간파했다. B.C. 492년 그들은 지도자로 테미스토클레스(Themistocles)를 선출했다. 되돌아보면 이는 아테네의 긴 역사상 가장 중요한 결정이었다.

테미스토클레스는 앞으로 일어날 전투를 대비하면서 중요한 결론을 내렸다. 헬레스폰트(Hellespont)가 전쟁의 열쇠였다.

헬레스폰트는 오늘날 터키에 있는 다르다넬스(Dardanelles Str.)의 옛 이름으로, 에게 해와 흑해를 잇는 좁은 해협을 말한다. 오랫동안 아시아와 유럽을 가르는 경계선으로 인식됐다. 양편이 가장 가까운 곳은 너비가 1.6킬로미터도 채 되지 않았다.• 페르시아 인들이 서쪽을 지나 그리스 지형의 대부분을 차지하고 있는 바위산이 있는 남쪽으로 진군하려면 먼저 헬레스폰트를 거쳐야 했다.

테미스토클레스는 일단 페르시아 인들이 헬레스폰트를 건너고 나면 해상을 통해서만 보급품을 공급받게 된다는 사실을 알아챘다. 그는 전략을 세웠다. 매우 위험한 결정이었지만 페르시아 함대에 맞설 해군을 키우는 데 자원을 집중하자고 아테네 인들을 설득했다.

다리우스 1세는 군사를 준비시키고 공격 채비를 마치자 그리스 도시국가에 사자를 보내 페르시아 용어로 무조건 항복을 의미하는 '육지와 바다'를 요구했다. 에게 해 제도의 많은 도시국가가 항복했다. 상황은 절망적으로 보였다. 그리스가 가진 큰 장점으로 꼽혔던 독립의 전통이 이제는 잠재적인 패인으로 떠올랐다. 독립적인 도시국가로서 독

•
고대 도시 트로이는 해협의 남쪽 어귀 부근에 있었다. B.C. 334년 알렉산더 대왕이 이끄는 그리스 군대가 다르다넬스 해협 반대편에 있는 페르시아를 침공했다.

보적이었던 그리스 인들은 강력한 페르시아군에 맞서 이기는 것을 바라기도 어려운 상황이었다.

그리스의 많은 도시국가는 항복할 준비가 돼 있었다. 이들 중 대부분은 무엇이 최선책인지 확신하지 못했다. 하지만 테르모필레의 탁월한 지도력 아래 있던 아테네 인들은 착실히 전쟁을 준비했다.

그리스-페르시아 전쟁에서 두 나라의 첫 대면은 B.C. 490년 마라톤(Marathon) 평야에서 이뤄졌다. 페르시아군은 다리우스 1세 조카의 지휘 아래 아테네와 에레트리아(Eretria)라는 두 곳의 도시국가를 정복하기 위해 에게 해를 건넜다. 에레트리아는 순식간에 무너졌고 시민은 포로로 붙들렸다.

아테네 내부에서는 항복이냐, 아니면 불가능한 가능성에 도전할 것이냐를 놓고 격렬한 논쟁이 벌어졌다. 그들은 이웃 도시국가의 전사들에게 도움을 요청했는데 이때 역사의 기묘한 아이러니가 벌어졌다. 카르네이아제(Carneia祭)가 열리고 있어 독실한 스파르타 인들이 아테네를 지원하러 올 수 없는 상황이었던 것이다. 이 신성한 축제 기간에는 스파르타의 남성 시민이라면 모두 신들을 자극하지 않기 위해 정화를 했다. 특히 이 기간에 스파르타 군대는 영토를 떠나거나 어떤 형태의 전쟁도 할 수 없었다.

아테네 인들은 이 격변의 시기에 스파르타의 도움 없이 가까스로 만 명의 군사를 모았다. 페르시아군의 군사는 그보다 세 배 이상으로 많았다.

아테네 인들은 마라톤 평야에서 상대와 마주쳤다. 수적으로 매우 열세인데다 전쟁 경험이 없고 자신들의 결정이 옳은지 확신조차 없었던 아테네 군대는 강력한 페르시아군이 진군하기를 기다리지 않았다. 대신 용감하게 선제공격에 나섰다. 거의 1.6킬로미터 떨어진 곳에서 적진으로 맹렬히 돌진해 페르시아와의 교전을 시작했다. 이렇게 아테네 인들이 용기를 믿고 탁월한 군사전술을 발휘하자 페르시아는 완패하고 말았다. 침략군의 상당수가 무너졌고 지독한 수치심에 빠진 생존자들은 에게 해를 건너 허둥지둥 도망쳤다.

전투가 끝날 때쯤 종교의식을 완전히 마친 스파르타 인들이 황급히 달려왔다. 이들은 마침 아테네군이 마라톤 평야에 널려 있던 페르시아 인들의 시신을 살펴보고 있을 때 도착했다.

잔혹하고 오래 지속된 이 마라톤 전투는 전체적으로 보면 소규모의 접전에 불과했지만 두 가지 이유에서 중요한 의미가 있다. 우선 아테네 인들은 모두의 생각보다 강했고, 이는 자신감을 급격히 상승시켰다. 페르시아가 패배할 수 있다는 사실도 드러났다. 그들이라고 불굴의 존재들이 아니었던 것이다. 아테네가 마라톤에서 승리를 거뒀다는 소식이 곧 페르시아 제국 전역에 퍼졌다. 페르시아가 천하무적이 아니라는 충격적인 사실은 바빌로니아와 이집트의 반란으로 이어졌고, 민족들은 페르시아라는 주인에 맞서 들고일어났다.

페르시아로서는 마라톤 전투의 패배가 내부의 결의를 다지고 황궁의 분위기를 전환하는 역할을 했다. 그리스 정복은 더 이상 군사적인 선택사항이 아니었다. 페르시아 지도부로서는 제국의 확장이라는 대의를 유지하기 위해 반드시 정복에 성공해야 했다.

침략의 전주곡

아테네 인들은 육전(陸戰)이었던 마라톤 전투에서 승리를 거뒀지만 해군을 보강하는 데 계속 전력을 집중했다. 두 가지 사실이 더 분명해졌기 때문이다. 우선 페르시아 인들은 다시 공격을 할 것이며 이번에는 그대로 물러서지 않을 것이다. 둘째로 수적으로 열세인 그리스는 페르시아 인들을 무찌르기 위해 페르시아군의 보급원을 차단해야 하는데 이를 위해서는 그들의 해군을 쳐부숴야 했다.

에게 해 반대편에 있던 다리우스 1세는 다시 한 번, 이번에는 결단력 있게 그리스를 치기 위해 몇년에 걸쳐 군사와 장비, 해병과 함대를 구축했다. 하지만 그는 원대한 야망을 이루지 못하고 B.C. 486년에 숨을 거뒀다.

그의 장자인 크세르크세스가 임무를 완수하러 나섰다. 그는 왕국 내부의 수많은 반란세력을 잠재운 후, 곧 있을 그리스 침공으로 관심을 돌렸다. 성가신 그리스를 무찌르고 계속 서쪽으로 진군해 전 유럽을 정복할 계획이었다. 그는 이것이 기념비적인 임무임을 알고 있었다. 크세르크세스는 수년간 침략이 불가피하다는 사실을 굳히기 위해 비교할 수 없는 수준의 군사를 모으고 준비를 시켰다.

헬레스폰트는 674척의 배로 다리를 만들어 정복했다.

크세르크세스는 일단 유럽 대륙으로 건너가자, 아토스 산(mt. Athos) 기슭에서 전 반도를 가로지르는 거대한 운하를 팔 것을 지시했다.

이 일에 수많은 사람이 동원됐고 운하를 만들기 위해 사다리에 서서 바위와 진흙을 퍼내고 양동이를 날랐다. 크세르크세스는 일부는 군사적 필요 때문에, 또 일부는 자신감과 권력을 드러낼 목적으로 이 작업에 3년을 쏟아부었다. 역사상 어느 시기에 하더라도 엄청난 작업이었겠으나, 페르시아와 그리스 시대에는 특히 놀라움 그 자체였다. 더욱이 10년 전 위협적으로 폭풍이 이는 에게 해에서 막대한 손실을 보았던 선왕의 전례를 보고 이를 피해가려는 데 운하 건설의 목적이 있었다면 말이다.

이런 엄청난 시도를 한 것을 보면 크세르크세스 왕도 대규모 군사들에게 보급을 해줄 해군에게 침공의 성패가 달려있다는 사실을 분명히 알고 있었음을 방증한다.

그 후 크세르크세스는 군대가 이동하는 길을 따라 거대한 보급창을 설치했다. 그리스 역사학자인 헤로도토스(Herodotos)는 군사가 500만에 배가 1,200척에 달했다고 주장했다. 물론 과장된 수치일 것이다.

현대의 역사학자들은 군사를 15~50만 명 정도로 추정하며 일부는 80만 명으로 본다. 전함은 700~1,200척으로 추산한다.

실제 숫자는 차치하더라도 분명한 사실이 있다. 페르시아 군대는 제2차 세계 대전이 발발하기 전까지 유럽이 목격한 최대 규모의 군사였다는 것이다.●

육군과 해군 비교

그리스는 산악 지형이라 전쟁에서는 극히 비생산적이며, 이런 사실은 제2차 세계 대전에서도 확인된 바 있다. 산은 가파르고 날카롭게 삐죽삐죽 솟은 바위가 많았으며 가시덤불이 우거져 있었다. 언덕과 산이 높고, 울창한 덤불로 뒤덮인 곳이 부지기수였다. 이런 봉우리를 산길이 아닌 곳으로 넘는 일이 거의 불가능에 가깝다 보니 그리스에서는 평지를 제외하면 싸울 만한 장소가 거의 없었다. 평지는 이 나라의 5분의 1에 불과했다. 이 같은 지리적인 조건이 군사의 형태를 결정지었다.

●
다수의 역사적 사실에서 고대의 자료는 완전히 신뢰하기 어려운 측면이 있다. 헤로도토스는 테르모필레와 살라미스전 직후에 태어났지만 헌신적인 역사학자로서 고대 그리스의 영광을 지지할 수 있는 기회를 놓치고 싶어 하지 않았다. 현대의 추정은 서로 크게 다르다. (로버트 카울리의 《What If?》 24쪽을 참고했다.)

그리스 군대의 핵심은 호플라이트(Hoplite)라는 장갑(裝甲)보병으로 구성됐다. 이들은 중무장한 시민병으로, 청동투구를 쓰고 상체는 청동과 가죽으로 덮었다. 지름이 1미터가량인 원형방패는 나무로 만들어졌는데 이도 역시 청동으로 덮여있었다. 방패는 호플라이트에서 유래된 호플론(Hoplon)이라고 불렀다. 주 무기는 나뭇대 끝에 철을 끼운 길이가 2미터가량 되는 창이었다. 각 병사의 무기는 단검으로 마무리됐다. 활과 화살은 거의 사용하지 않았다.

스파르타 인이나 아테네 인 모두 수천 명 정도의 군사를 모을 수 있을 뿐이었다. 스파르타의 경우 절대 8,000명을 넘지 못했다. 수적으로 매우 열세한 그리스군은 제대로 훈련받은 소수로 적을 이길 수밖에 없었다. 그들은 어깨를 맞대고, 방패를 맞부딪치며 창을 앞으로 뻗어 페르시아 인들을 찔렀다. 창이 산산조각이 나버리면 검을 들고 죽을 때까지 싸웠다. 형제와 형제로 늘어선 전 부대는 각자, 그리고 군사 모두의 용기와 결의를 믿었다. 한 역사학자는 호플라이트는 '발을 맞대고, 방패를 방패로 누르고, 뿔을 맞대고, 투구를 맞대고, 가슴을 맞대 군사를 서로 연결했다.' 라고 설명했다.

페르시아는 활과 창을 주 무기로 썼다. 그리스 인들은 근접한 전투에서 창을 휘두른 반면 이들은 단검과 던질 수 있는 단창을 사용했다. 크세르크세스의 호위병인 '이모탈' 만 그리스 인들이 입은 수준에 근접하는 갑옷을 입었다. 나머지 페르시아군은 가볍게 무장했고 방패

역시 청동보다 약한 재질로 만들어졌다.

페르시아는 무기에 약점이 있긴 했지만, 전장에 밀어 넣을 수 있는 막대한 군사의 숫자로 이런 단점을 만회하고도 남았다.

페르시아와 그리스 해군의 배는 모두 3단 군용선이었다. 군용선마다 함장의 지휘를 받았는데 그 규모가 매우 컸다. 그리스의 군용선은 40미터 길이에 너비가 9미터가 넘었고 노가 돌출돼 있었다. 내부에는 노 젓는 사람들이 3개 층에 나뉘어있었다. 꼭대기에는 한쪽마다 31개의 노가 있었다. 아래의 두 개 층에는 한편에 각각 27개의 노가 있었다. 노 젓는 사람마다 하나의 노를 차지했으니 배 한 척당 총 170명이 노를 저었던 셈이다. 노 젓는 사람 외에 15명의 갑판원과 해군의 파견대가 있었고 일부는 궁수였다.

각 군용선에는 작은 돛대가 있어서 배를 앞으로 나아가게 했지만 이는 주변 여건이 완벽할 때에만 사용했다. 보통 군용선은 노 젓는 사람들의 노역에 의존해 앞으로 나아갔다. 전투에서는 노 젓는 자들이 유일한 추진력이었던 것이다. 노를 담당하는 일은 혹독했고 몸이 부서질 것 같은 고역이었지만 쉴 틈이 거의 없었다.

탁 트인 바다에 나가 양편이 쓰는 전술이란 단순하기 짝이 없었다. 흘수선(吃水線) 아래에 있는 충각(衝角)으로 적의 함선을 들이받아 침몰시키거나, 적함과 나란히 항해하면서 노를 부러뜨리고 노 젓는 자들을 살해하는 전략을 썼다. 그 후에는 배를 취하거나 침몰시켰다. 어떤 전략을 쓰더라도 속도와 기동성이 뒷받침되어야 했으니, 앞으로 이 부분이 그리스 인들의 운명을 가를 것이었다.

그리스 방어의 유일한 희망

크세르크세스는 그리스를 침략하라는 명령을 내리기 전에 여러 도시국가에 사자를 보내 항복을 요구했다. 그 후에는 그리스 척후병들이 자기 군사들의 소집과 작전연습을 엿보도록 됐다. 대단한 자신감이었다. 그리스 인들이 맞서 싸워 희생할 만한 가치가 있을지 스스로 판단을 내리는 데에 공포심이 결정적인 역할을 한다는 사실을 크세르크세스는 알고 있었다.

그리스 인들 사이에서는 단합이 거의 일어나지 않았다. 거대한 침략군을 목격한 일부 도시국가들은 '육지와 바다'를 갖다 바쳤다. 과거의 패배와 상처의 잔영이 남아있던 다른 이들은 방어연맹에 가담하기를 거부했다. 그래도 눈앞에 닥친 위협이 생생한데다 완전히 파괴될 수 있다는 두려움이 크다 보니, 과거에는 도시국가들 사이에 존재하지 않았던 통합과 '그리스 적인 것(Being Greek)'라는 감정이 생겨났다.

스파르타는 역사적으로 그리스의 도시국가들 가운데 가장 강했고 이번에도 주도적 역할을 할 것이라고 기대됐다. B.C. 481년에 열린 회합에서 도시국가들은 스파르타가 전체 지휘를 하고, 제시하는 종합적인 전략에 따라 이끄는 대로 싸우기로 했다.

테미스토클레스가 맹렬히 주장한 대로 해군이 핵심이었다. 아테네와 동맹국들은 이제 300척에 가까운 배를 확보했다. 크세르크세스의 해군을 이기거나, 적어도 의미 있는 타격만 입혀도 그의 군사는 충분한 보급 수단을 잃게 된다. 막대한 군사를 보급할 능력이 사라지면 크세르크세스는 퇴각할 수밖에 없었다.

하지만 그리스는 페르시아 해군과 교전을 벌이기에 앞서 남쪽을 향해 기나긴 행군을 하는 페르시아군의 속도를 늦춰야 했다. 그리스 인들은 아테네 시민이 도시를 비울 시간을 벌어주는 것 외에 할 수 있는 것이 없었다. 그것으로 크세르크세스의 군사가 들이닥치면 불가피하게 발생할 죽음과 파괴를 최소화하고자 했다.

하지만 북쪽에서 밀고 내려오는 그 막대한 페르시아군을 어디에서 맞이할 것인가?

수비대의 숫자가 아무리 적더라도 크세르크세스의 어마어마한 무리를 저지하기 위해 뭉칠 수 있는 전략적 장소를 찾아야 했다.

북쪽 끝에서 전투를 벌이는 것은 말해 봐야 소용없는 일이었다. 마케도니아, 트라키아, 테살리아(Thessalia) 등 너무 많은 도시국가들이 항복했다. 또 크세르크세스가 남쪽으로 진군할수록 그의 공급선이 길어져 해군에 보급을 더 의존하게 된다는 사실도 고려해야 했다.

소국인 그리스가 강력한 페르시아와 벌일 교전에 대해 내릴 결정은 결코 사소한 것이 아니었다. 그리스의 자유뿐 아니라 서방세계 전체의 미래가 위기에 처해있었기 때문이다.

크세르크세스의 계획은 육군과 해군이 긴밀한 협력을 할 때 가능한 일이었다. 육군이 남쪽으로 진군하면서 해군도 해안을 따라 항해했다. 아토스의 운하를 빠져나가 페르시아 육군이 이동하는 방향을 나란히 따라갔다.

그리스의 지도부는 다가오는 적군을 관찰하고 연구하면서 페르시아 육군과 해군의 긴밀한 의존관계에 대해 자신들이 가정한 바가 맞아떨어졌음을 확인했다. 여러 날 논쟁을 벌인 끝에 양편을 한꺼번에 부딪치기로 했다. 테미스토클레스는 이 첫 번째 해전의 의미가 적군을 저지하는 데 있다고 늘 생각해왔다. 그는 페르시아 해군을 아르테미시움(Artemisium)의 좁은 해협에서 맞기로 하고 적군을 약화시킬 만한 타격을 입힐 수 있기를 기대했다. 또한 이남의 살라미스에서 본격적인 해전이 벌어지기 이전에 페르시아의 해상능력을 가늠할 기회를 잡고자 했다.

육전의 경우 페르시아와 어디에서 교전을 벌일지 선택하는 일이 무엇보다 중요했다. 그리스군은 숫자에서 완전히 밀렸기 때문이다. 결국 그들은 크세르크세스의 군사에 맞서 7,000명의 보병을 보냈는데 적병은 그보다 20배, 아니 30배 더 많을 가능성도 있었다.

그리스 인들은 어디에서 싸울 것인가?

테르모필레 외에는 선택의 여지가 없었다.

테르모필레는 아테네에서 수백 킬로미터 떨어진 곳으로 페르시아 전군이 반드시 지나가야 하는 요충지였다. 깎아지른 산과 바다 사이에 내몰린 좁은 길은 너비가 20미터도 채 되지 않았다. 그곳에는 어쩌면 재건한 고대 성벽이 있을지도 몰랐다. 오른쪽으로는 바다가 그리스군의 한 면을 보호해주고, 왼쪽으로는 칼리드로모스 산(Mt. Kallidromos)의 가파른 면이 막아주니 이 길에서라면 페르시아 군대가 가진 숫자의 의미가 별 소용이 없을 터였다.

레오니다스 왕이 300명 스파르타 군사와 수천 명의 그리스 호플라이트들의 마지막 보루로 산과 바다에 끼인 좁은 지형을 선택한 것은 이 때문이었다.

스파르타 전사들

아테네를 비롯한 그리스의 대부분 도시국가와 달리 스파르타는 시민형 군인에 의존하지 않았다. 스파르타의 사회구조에서는 600년 전쯤 그리스의 남단을 정복한 초기 집단의 후손들만 완전한 시민이 될 수 있었다. 최근 200년 동안 스파르타 '지배자 민족'의 지도층은 군사계급과 관련해서 매우 엄격한 규정을 만들었다. 연약하거나 결함이 있는 신생아들은 살해됐다. 8세에는 선별된 남아를 진창(messes)이라고 부르던 병사(兵舍)에 보냈는데 이곳에서는 금이나 은붙이를 소유할 수 없었다. 장사, 농사, 예술이나 다른 직업에도 종사할 수 없었다. 이 남자 아이들은 군사훈련에 몰두했는데 오로지 신체적으로 강건하고 능숙한 전사를 만드는 목적밖에 없었다. 병사에서는 모두 같은 음식을 먹었는데 이 '스파르타 식단'은 허기를 채우기에는 턱없이 부족해 도둑질을 부추겼다. 하지만 발각되면 안 되므로 빈틈없는 간계를 부려야 했다. 전사들은 더 도드라져 보이도록 머리카락을 길게 기르게 했다. 그들에게 여성은 숭배의 대상이었으며 가정에서는 훌륭한 예절과 질서가 요구됐고 건전한 결혼생활이 존경을 받았다.

스파르타는 전사들이 할 수 없는 직업에 다른 시민을 종사시키면서 전사계급을 유지했다. 스파르타의 지배구조는 그리스의 다른 도시국가와 전혀 달랐다. 군주제, 귀족주의와 민주제가 교묘하게 뒤섞인 형태였던 것이다.

스파르타 인은 생활에서 종교적 의식을 엄격하게 지켜야 했다. 마라톤 전투에 스파르타 인들이 뒤늦게 모습을 드러낸 것도 이 때문이었다. (이상하게 보일지 모르나 이 같은 규율은 스파르타 전사의 절도와 힘을 상징했다.) B.C. 480년, 여름의 신성한 기념일에 페르시아군이 쳐들어오는 우연이 또 한 번 발생했다. 이번에 침공한 군사의 규모는 무시해도 되는 수준이 아니었다. 종교적으로 금지되는 행위였지만 300명의 전사가 소집됐다. 레오니다스 왕의 지휘 아래 소규모 군대가 테르모필레로 급파됐다.

스파르타 인들이 좁은 길을 따라 진군하는 가운데 아테네의 배들이 주축이 된 그리스의 함대도 북쪽으로 항해를 시작했다.

동양과 서양의 충돌이 임박했다.

전쟁의 시작

역사가 우리에게 알려주는 바가 있다면, 전 세계 역사상 최대의 왕국 중 하나를 통치했던 크세르크세스라는 인물은 연약하거나 어리석은 사람이 아니었다는 사실이다.

B.C. 480년 5월, 그는 최소한 46개 나라에서 모집한 군사들로 구성된 대규모 군대를 이끌고 헬레스폰트를 건넜다.

군사 외에도 7만 5,000마리의 말, 노새, 낙타 등 동물 떼가 선교(船橋)를 건너는 데 꼬박 일주일이 걸렸다. 그리스 인들의 시각에서 보기에 '야만인'이었던 이들은 도로를 깔고 침략하는 데 능란했으며 계획을 세우는 데에도 탁월한 능력이 있음을 입증했다. 헬레스폰트를 건너는 다리를 세우고, 아토스 산 인근의 위험한 바다를 피하고자 아토스 운하를 만들었다. 거대한 군사와 동물들을 위한 물 공급을 관리하고, 군사와 동물이 자체적으로 생존하기 어려운 지역에서는 충분한 음식을 조달하며, 현지인을 매수하거나 협박해 남쪽으로 진격하는 데 불필요한 다툼을 피하는 일까지. 이 모든 게 크세르크세스 왕과 그 충복들의 천재성, 준비성, 기술력을 엿보게 했다.

크세르크세스는 이 같은 계획과 준비, 그리고 견줄 데 없는 그동안의 군사적 성공을 바탕으로 자신감이 충만했다. 그는 그리스 북쪽을 쓸어버렸던 것과 마찬가지로 전 그리스를 손쉽게 장악할 수 있으리라 기대했다.

그러나 페르시아 왕이 미처 파악하지 못하는 사이, 레오니다스 왕과 장발에 새빨간 망토를 걸친 한 무리의 전사들이 이들을 향해 북쪽으로 이동하고 있었다.

스파르타의 남은 군사들은 신성한 축제가 끝나는 대로 합류할 예정이었다. 물론 그때는 이미 늦으리라는 것을 모두가 알고 있었다. 진군하는 스파르타 군사들은 자결의 임무를 맡은 것이나 다름없었다. 이를 알기에 레오니다스는 아버지가 죽으면 아들이 가문을 이을 수 있는 군사들만 선발했다.

스파르타 군이 행군하는 동안 그리스 해군은 해류, 바람과 싸우면서 아르테미시움을 향해 나아갔다.

크세르크세스는 느긋하게 남쪽을 향해 내려가면서 유럽 정복의 서

막을 즐겼다. 해군이 육군의 행군보다 앞질러 항해할 수도 있었다. 해군 지휘부에서는 항해가 길어질수록 에게 해의 까다로운 지역에서 위협적인 폭풍우를 만날 위험이 커져 문제가 발생할 수 있음을 인지하고 있었다. 지금은 바다가 여름의 태양 볕 아래 느릿느릿 움직이고 있지만 10년 전, 여기서 멀지 않은 곳에서 다리우스 1세의 해군이 전멸했다는 사실을 크세르크세스의 해군 사령부는 잊지 않았다. 육군을 기다리고 있는 사이 우려가 현실로 나타났고, 해군은 사흘 동안 폭풍우에 시달리고 말았다. 결국 유보이아(Euboea) 해안에서 꽤 많은 수의 함선이 침몰했다.

스파르타 인들은 테르모필레를 향해 북쪽으로 이동하면서 추가로 군사들을 모았다. 테스피아(Thespia)에서 700명, 테베(Thebes)에서 400명, 그리고 크고 작은 도시 이곳저곳에서 몇백 명씩 모집했다. 테르모필레에 도착했을 때 레오니다스에게는 군사가 7,000명쯤 있었던 것으로 추정된다. 혹자는 비운의 군대에 합류한 남자들에게 과연 전투의지가 있었을까 의혹을 품을 수도 있다. 이 군사들 모두 북쪽에서 어떤 형태의 공포가 다가오고 있는지 알고 있었다. 이미 많은 그리스인들이 두려움에 떨며 항복을 해버린 상황이었다. 다른 이들은 페르시아가 쥐여준 푼돈에 고향을 등졌다. 이유야 어떻든 여기 모인 남자들은 남달랐다. 그들은 그리스를 구하기 위해 자발적으로 고향과 가족, 평화로운 생활을 떠나 용감하지만 희망 없는 시도에 나선 것이다.

레오니다스가 떠나면서 아내에게 남겼다고 알려진 마지막 말은 그가 심사숙고한 결과였다. 아내는 남편을 마지막으로 바라보면서 애원했다. "레오니다스, 레오니다스, 이제 저는 어떻게 해야 하나요?" 아내의 애원에 그는 간명하게 답했다.

"좋은 남자를 만나 건강한 아이들을 낳으시오."

전 그리스를 위해 기꺼이 희생을 감내하는 정신이야말로 이후에 벌어진 전쟁에서 중요한 역할을 했을 것이다.

테르모필레 협곡, 아테네 북서쪽으로 160킬로미터

레오니다스 왕은 바위 위에 올라서서 협곡의 다른 편에 펼쳐진 좁은 계곡을 응시했다. 모래, 갈라져 있는 이판암, 왼편의 산에는 가파른 바위와 함께 나무와 가시덤불이 우거져 있었다. 오른편으로는 말리스(Malis) 만의 깊은 바다가 일렁였고 바위투성이의 해안선은 매우 험준했다.

나흘째다. 네 번의 낮과 네 번의 밤이 지나갔다. 그동안 줄곧 페르시아의 군대가 산과 바다 사이의 좁은 협곡으로 밀려오는 장면을 지켜봤다. 군대를 모으고 정비하는 데 꼬박 나흘이 걸렸다. 군사와 말의 숫자는 엄청나서 땅이 진동했고 칼날이 석양을 반사하며 끊임없이 번쩍거렸다. 산을 둘러싼 구름에 빛이 스며들어 이 광경을 휘감았다. 늘어선 군인들, 수천 개의 막사, 말이 수백 필은 족히 되어 보였다. 왕은 이를 바라보다 숨이 막혔다. 군사들 가운데 이동식 건물이 보였다. 저것이 정말 막사란 말인가? 거대한 평야에 우뚝 솟은 것은 크세르크세스 대왕의 움직이는 궁궐이었다. 레오니다스는 다시금 가까스로 숨을 쉬었다.

그와 함께한 소규모 병력은 남쪽 성벽에서 대기하고 있었다. 왕은 그들을 내려다봤다.

어떻게 사람이 죽기를 기다린다는 말인가? 군사들을 응시하다가 문득 궁금해졌다.

그는 자연적으로 돌출된 바위와 인공성벽이 만나는 지점에 서 있었다. 그의 군사들은 자신과 가장 가까운 곳에, 그리고 동시에 적과 가장 가까운 곳에 있었다. 그들이 응당 존재해야 할 자리였다. 스파르타 군사의 대부분은 허리 위로 아무것도 걸치지 않은 상태로 훈련하고, 먹고, 단도를 벼리고, 긴 머리를 감았다. 그 뒤편으로는 제멋대로 정렬한 호플라이트가 여기저기를 서성댔다. 왕은 모두 좋은 사람들이라고 생각했고 또 그들의 진심을 의심치 않았으나 진정한 의미의 전사는 그중 한 사람도 없었다. 왕은 그들의 전쟁 수행능력에 의문을 가질 수밖에 없었다. 그렇다. 그들은 전투야 하겠지만 과연 효과적이겠는가? 또 저들 중 살아남을 자가 있을까?

성벽 위, 왕의 곁에 서 있던 중위가 그의 눈을 바라봤다. 그들 뒤로 강성한 페르시아 군대의 소리가 공기를 가득 채웠다. 막대한 군사와 동물의 집단이 빽빽이 몰려있어 소음이 끊이지 않았다. 해안을 따라 닦인 도로에서는 먼지가 피어올랐다. 아직도 군사들이 페르시아 진영으로 모여들고 있었다.

스파르타 전사들이 왕을 찾아왔다. 그들 중 하나가 확신 없는 투로 물었다. "궁금합니다, 폐하……, 저렇게 많은 자를 상대해야 하는 이 전투에서 우리 같이 작은 무리가 어떻게 희망을 품겠습니까?" 레오니다스가 고개를 들었다. "숫자가 문제라면 그리스 전체를 합친다 해도 저 군사의 한 귀퉁이도 막아내지 못할 것이다." 그는 말했다. "하지만 용기가 문제라면 이 숫자로도 충분하다." •

스파르타 전사는 이 말을 마음에 새기면서 고개를 끄덕였다.

레오니다스는 호플라이트들과 스파르타 형제들을 향해 부드럽게 고갯짓을 했다. "내게는 군사가 넉넉하다." 마치 자신에게 속삭이는 것 같았다. "모두 죽게 될 테지만."

다른 스파르타 인들은 다가올 전투에 대한 부담감이 있긴 했지만 한편으로는 그 자리에 있다는 사실 자체에 전율했다. 문득 왕이 얼굴을 찌푸리며 성벽을 쳐다봤다.

• 테르모필레 전투 이전이나 전투 중에 레오니다스 왕이 한 것으로 알려진 많은 인용구 가운데 일부가 헤로도토스의 《Histories》에 기록되어 있다.

기마병 무리가 그들을 향해 모래 위를 내달려 왔다. 그들은 검은색의 긴 가운을 입고 보석이 달린 머리장식을 하고 있었다. 휘날리는 겉옷은 거의 말의 무릎까지 내려와, 마치 검은 유령이 바람에 부유하는 듯 보였다. 기마병들은 신속하게 말을 몰아 성벽 앞에 섰다. 얼굴을 가린 검은 베일 위로 오로지 눈만 보였다. 검은 눈동자, 강렬한 인상. 그들의 눈과 몸동작으로는 어떤 두려움이나 의문도, 걱정도 읽을 수 없었다.

무리를 인솔한 자가 베일을 걷으려고 팔을 뻗었다. "크세르크세스 왕의 이름으로 왔다." 그는 거칠고 오만한 목소리로 외쳤다.

레오니다스가 몇 걸음 앞으로 나아가면서, 성벽 인근 바위 노두에서 더 높은 곳에 올라섰다.

말에 탄 자는 답을 기다리다가 다시 한 번 외쳤다. "크세르크세스 왕의 이름으로 왔다." 레오니다스는 그의 뒤편에 있는 그리스를 가리켰다. "이 땅은 너희를 환영하지 않는다." 그가 말했다.

사자는 안장 위에 얼어붙은 듯 미동도 하지 않다가 희미한 미소를 보였다. "스파르타 인이여, 우리는 가기로 한 곳은 간다!"

레오니다스는 크세르크세스의 거대한 막사와 깃발, 나팔, 노예, 식량을 실은 셀 수 없이 많은 마차, 말과 동물 떼를 가리켰다. 세계 최강의 군사라 할 만했다. "페르시아 인들은 탐욕스럽군." 그는 말했다. "너희가 가진 것을 보라. 그런데도 우리의 보리떡을 취하러 왔는가."

사자는 오래도록 레오니다스를 응시했다. "우리는 가기로 한 곳은 간다, 스파르타 인." 그는 반복했다. "그리고 우리가 취하기로 한 것은 취한다." 그가 가죽 고삐를 홱 낚아채더니 말 머리를 돌렸다. 재갈 때문에 통증을 느낀 말이 힝힝거렸다. 그는 가까이에 모이려는 자신의 호위대에 고갯짓을 했다. "우리 주군은 너희의 항복을 요구하신다!" 말을 끝낸 그가 비웃었다.

페르시아의 사자를 바라보고 있는 레오니다스의 눈에 역겨움이 드리웠다. 스파르타 인 하나가 창을 향해 팔을 뻗었지만 레오니다스가 손가락을 들어 저지했다. 뜨거운 바람이 불어와 사방으로 먼지가 날렸다. 스파르타 인들은 답이 없었다.

사자는 대답을 기다렸고 검은 피부의 턱이 점점 팽팽해졌다. "우리 왕은 너와 네 군사들은 살려두실 것이다." 그는 외쳤다. "너희는 평화롭게 갈 수 있다. 더 큰 부자로 돌아갈 것이다. 우리 군주는 친절하고 관대하신 분이시다. 너희는 호화로운 삶을 살게 될 것이다. 그렇지 않다면 오늘 이 자리에서 죽게 될 것이다. 선택은 너희 몫이다. 이 전쟁에 항복하고 살날을 아껴라! 아니면 너희가 지어놓은 이 궁상맞은 성벽에서 죽게 될 것이다. 다른 선택은 없다!"

여전히 레오니다스는 말이 없었다. 이글거리는 그의 눈동자가 모든 것을 대변해주고 있었다.

사자는 등자를 차며 칼을 꺼냈다. "당장 무기를 버려라!" 그의 목소리가 허공을 갈랐다. "와서 가져가라!" 맞받아치는 레오니다스의 목소리에 경멸의 감정이 묻어났다.

사자가 다시 안장에 앉자 말은 앞발로 땅을 찼다. 그는 믿을 수 없다는 눈빛으로 스파르타의 왕을 바라봤다. 갈색 땅에서는 지열이 올라왔고 어디선가 소금기를 머금은 바람이 불어왔다. 격노한 그는 오른편을 가리켰다. 천 개쯤 되는 푸른색과 회색의 막사가 칼리드로모스 산자락의 고지대, 평야 위로 솟은 언덕에서 코카나무의 서식지까지 자리 잡고 있었다. "보이는가?" 그는 성난 목소리로 외쳤다. "보이는가? 스파르타의 왕이여, 전 세계 최고의 궁수 몇천 명이 무기를 갖추고, 크세르크세스 왕이 너희의 세상을 끝내버리라는 명령만을 기다리고 있다. 저들만으로도 임무를 완수할 수 있을 테니 우리 군사는 나설 필요조차 없다. 스파르타의 왕이여, 알겠는가? 우리 궁수들이 활을 쏘면 하늘이 어두워질 것이다!" 레오니다스가 미소를 보였다. "훨씬 낫겠군. 우리는 그늘에서 싸우게 될 것이 아닌가."

페르시아 인이 고개를 절레절레 흔들었다. 이렇게 무례한 자는 본적이 없었다! 저 자신감이라니! 안장에서 자세를 바꿔 바닥에 침을 뱉더니 고삐를 당겼다. 그리고 말의 옆구리를 찼다. 말이 뒷발을 들어 올려 허공에 발길질하자 옆구리에서 몇 방울의 피가 튀었다.

사자는 다시 레오니다스를 향해 침을 뱉은 후 몸을 돌려 멀어져 갔다.

첫째 날

헤로도토스는 크세르크세스의 군대가 전투를 위해 정렬을 하면서 기마병 하나를 보내 앞으로 맞서게 될 그리스군의 숫자를 가늠하려 했다고 기록했다. 협곡이 좁은데다 성벽이 있어 척후병은 많은 사항을 파악할 수 없었다. 하지만 그는 돌아가 색다른 보고를 했다. 과시적인 스파르타 인 무리가 옷을 벗고 훈련을 하더라는 사실이었다. 어떤 이들은 긴 머리를 빗고 있었다. 크세르크세스는 이 보고를 듣고 분명 즐거워했을 것이다. 반면 옛 스파르타의 왕인 데마라투스를 포함한 그리스 첩자들은 전투가 임박했음에도 태만한 듯 보이는 스파르타 인들에게 현혹되지 말라는 경고를 왕에게 전달했을 것이다.

크세르크세스가 정찰을 보낸 동안 레오니다스도 정보를 수집했다. 정보를 수집하면서 그는 자신의 위치가 치명적인 아킬레스건이 될 수 있음을 깨닫기 시작했다.

서쪽에 극도로 위험한 덫이 있었다. 전투의 판도를 바꿀 수 있을 정도였다.

크세르크세스도 이 산의 이 치명적인 약점을 눈치챘을까?

오직 시간이 말해주리라.

8월 18일, 크세르크세스는 더는 기다릴 수 없다는 결론을 내렸다. 해군은 아직도 그리스 해군을 격파하지 못해 보급로가 불안했다. 이 때문에 그는 소규모의 호플라이트가 있는 성벽 뒤쪽의 시골 지역, 그 도시의 식량이 필요했다.

테르모필레 전투의 막이 올랐다.

약속한 대로 페르시아 궁수들은 화살로 하늘을 뒤덮었다. 그리고 크세르크세스는 군사들에게 진군하라고 명했다. 허술한 방패, 단창, 단도를 들고 가볍게 무장하고선, 극히 좁다란 길을 지나 창과 청동방패, 투구를 쓴 그리스를 향해 나아갔다.

앞으로 진격한 페르시아 인들은 그리스의 긴 창에 고꾸라졌다. 수백 명이 쓰러지자 그 자리를 다른 군사들이 채웠다. 어마어마한 규모의 학살이었다. 페르시아 인들은 물러날 수밖에 없었다.

크세르크세스는 안절부절못하면서 수사(Susa, 페르시아의 도시—옮긴이)의 남자들에게 앞으로 진격을 명했다. 처참한 시체 더미를 기어오르든지 돌아가든지 적을 향해 나아가야 했지만 눈앞에는 청동으로 보호막을 친 그리스 인들과 길고 치명적인 창이 기다리고 있었다.

그리스 인들의 절도는 놀랄 만했다. 견고한 전선에서 버티고 있던 병사 하나가 쓰러지면 다른 이가 앞으로 나와 그 자리를 메웠다. 수사의 남자들은 수적으로 압도적 우위에 있었지만 밀리기 시작했다. 전멸의 위기를 맞자 퇴각이 불가피했다.

크세르크세스는 광분했다. 고작 한 줌의 그리스 인들에게 이런 치욕을 당하다니! 화가 난 그는 호위병들인 이모탈을 소집했다. 만 배는 강한 자들이다. 크세르크세스는 전투를 주의 깊게 지켜보면서 고도의 훈련을 받고 중무장한 엘리트 군사들이 당장, 무자비하게 그리스 인들을 쓸어버리는 장면을 기대했다.

그리고 대량학살이 벌어졌다. 그러나 쓰러진 자들이 다름 아닌 이모탈이라는 데에 크세르크세스는 경악했다. 이모탈은 먼저 전사한 페르시아와 수사 군대의 시체 더미 위로 쓰러졌다.

수치스러운 퇴각 소식이 전해졌다. 페르시아 인들이 상처를 싸매기 위해 후퇴하기 시작한 것이다.

첫날은 그리스의 승리였다. 몇몇은 죽었다. 많은 이들이 부상을 당했다.

그래도 한 뼘의 땅조차 내주지 않았다.

해전

거대한 페르시아 군은 그리스 인들이 유럽 정복이라는 필수불가결한 과업을 향해가는 길에 솟아난 사소한 돌부리가 아님을 깨닫기 시작했다. 실제로 이날 동쪽의 말리스 만에서는 그리스 인들이 강한 페르시아 해군을 향한 첫 공격에 나섰다.

페르시아 인들은 유보이아 해안에서 마주친 사흘간의 격랑으로 심각한 손실을 보았다. 이 때문에 대규모 함대를 긴 바위투성이 해안을 따라 흩어놓을 수밖에 없었다. 테미스토클레스는 망설이는 그리스 해군들에게 이런 무질서를 활용하자고 설득했다. 하지만 그리스 인들의 숫자는 페르시아 인의 절반에도 못 미쳤고, 대부분 탁 트인 바다에서 페르시아에 맞서는 데 두려움을 가지고 있었다. 그러나 결국 테미스토클레스는 앞으로 밀고 나가 공격할 때라는 것을 이해시키는 데 성공했다.

그리스 해군은 오후 늦게 공격에 나서 페르시아 배를 일부 침몰시킨 뒤 30척 이상 사로잡았다. 크세르크세스는 수적으로 크게 앞섰고, 특히 왕이 나서서 그리스 함선을 침몰하는 자에게 막대한 보상을 약속했다. 그럼에도 적의 배를 한 척도 포획하지 못했다. 밤이 되자 양편의 해군들은 각자 주둔한 해안으로 물러났다.

그리스는 이번 공격에서 사력을 다해 적과 대적할 의도가 없었다. 양편의 장단점을 파악하는 데 이 공격의 주목적이 있었다. 짧은 교전 동안 그리스 인들은 몇 가지 중요한 사실을 간파했다. 우선, 페르시아 함선들에 수적으로 밀리는 것은 그리스가 손쉽게 극복할 수 없는 단점이었다. 게다가 그리스의 배는 페르시아보다 속도가 느렸다. 드넓은 바다에서 전투를 하게 되면 페르시아군은 그리스를 에워싸고 대량 살상을 할 수도 있었다. 하지만 그리스 인들은 그들이 용기를 가지고 약삭빠르게 행동에 나선다면 함선 대 함선의 전투에서는 붙어볼 만하다는 사실도 알아냈다.

그날 밤, 페르시아 인들은 소규모의 그리스 해군을 둘러싼 뒤 파괴한다는 비밀작전을 시도했다. 그러나 해안의 안전지대를 벗어나자마자 또다시 무시무시한 폭풍우가 닥쳤고 바다는 페르시아 전함 200척을 집어삼켰다. 대부분 침몰하고 말았다.

전쟁의 신들은 페르시아의 편이 아니었다. 전투의 첫 날, 육지는 물론 바다에서도 수치스러운 패배를 맛봤다.

그날 밤은 육군과 해군들 모두에게 고된 시간이었을 것이다. 돌풍이 몇 시간이나 이어졌다. 비바람이 몰아치는 통에 거의 잠을 잘 수 없었고 피비린내 나는 살육을 하고 난 후인데도 단잠을 이룰 수 없었다. 오늘과 똑같은 일과가 내일 되풀이 될 것이 자명했기 때문이었다.

다시 테르모필레 협곡, 아테네 북서쪽으로 160킬로미터

그 그리스 인은 스파르타 혹은 아테네 아니면 다른 어떤 도시국가의 왕에게도 충성하지 않았다. 그는 국가에 대한 사랑이나 자유, 또는 다른 추상적인 개념에 어떤 감흥도 얻지 못했다.

그는 좀 더 현실적인 것들에 자극을 받았다. 삶, 돈, 힘. 그가 열망하는 것을 줄 수 있는 페르시아 왕이 호의를 베풀어 주기를 바랐다. 크세르크세스는 분명히 이 전쟁에서 이길 것이다. 그리스 인은 왕의 호의를 얻어야 했다.

그는 거대한 군대의 변두리를 살금살금 기어서 탐색하고 취할 기회를 노리는 데 딱 알맞은 장소, 그러니까 그의 작전을 실행할 최적의 장소를 찾고 있었다. 지금 당장 실행에 옮기지 않으면 그들에게 살해당할 것이다. 접촉에 성공하면 제대로 말해야 했다. 제때 비위만 잘 맞춰준다면 그 이후에는 당당하게 마주 설 수 있으리라. 기회는 단 한 번이다. 그것을 꼭 붙들어야 했다.

달이 동쪽 하늘로 기울고, 차디찬 바다 위에 낮게 깔린 구름 뒤로 화성이 지고 있었다. 마침내 그가 찾던 장면이 눈에 들어왔다. 소규모 부대가 꺼져가는 모닥불 주위에 서 있었다. 금으로 된 머리띠와 타원형의 방패. 이모탈이 보초를 서고 있다.

반역자는 깊이 숨을 들이쉬었다. 찾았다! 이제 죽지만 않는다면 거부(巨富)가 되리라.

어둠 속에서 움직이던 그는 지니고 있던 유일한 무기인 아버지의 단도를 버리고 무장을 해제했다. 그리고 꺼져가는 불 주위에 서 있던 이모탈을 불렀다. 그들의 창은 모래에 꽂혀 있었다. "페르시아 인들이여." 어둠 속에서 낮게 불렀다. "형제여, 평화롭게 왔소."

페르시아 군사들의 움직임이 갑자기 빨라졌다. 칼과 창을 손에 쥐고 남자의 목소리가 나는 곳으로 달려왔다.

달빛이 어둑해도 땅에 드리운 남자의 그림자를 알아볼 수 있을 정도였다. 그는 무릎을 꿇고 두 손을 머리 위로 올린 채 어둠을 응시했다. "당신들의 지도자, 지극한 크세르크세스 대왕의 이름으로 왔소." 그는 절박한 목소리로 말했다. "전하께 전할 말이 있소이다……, 내 말을 들어보시오. 그가 반드시 알아야 할 것이 있단 말이오."

페르시아 군사의 우두머리가 납작 엎드린 그리스 인을 향해 돌진했고 곧 올라타 칼을 쳐들었다. 그리스 인의 몸이 땅에 깊이 파묻히며 얼굴이 모래에 짓눌렸다. 이 페르시아 인이 목을 자르기 전에 자기 말을 듣게 해달라고 신들에게 기도하면서 눈을 감은 채로 말을 이어 갔다. "산에 길이 있소이다. 염소길이오!" 그가 소리쳤다.

페르시아 인의 무기가 허공에 멈췄다.

"산 높은 곳이오! 틀림없소! 보여줄 수도 있소이다! 그 길로 수없이 다녔으니. 군사들이 그 길을 타고 가면 그리스 성벽을 지나 스파르타 군의 등 뒤에 닿을 것이오. 순식간에 놈들을 포위할 수 있을게요!" 한동안 칼을 쳐들고 있던 이모탈이 천천히 팔을 내리면서 한 병사에게 고갯짓을 했다. 다른 병사가 반란자의 목을 잡고 땅에서 획 일으켰다.

"다시 말해 보라!" 이모탈이 재촉했다. "이 전쟁을 끝내 버릴 수도 있소." 그리스 인은 더듬거렸다. "당신들에게 길을 안내할 수 있다는 말이오. 하지만 왕이여……." 이제 그는 본론을 말했다. "공짜란 없는 법입니다."

그리스 반역자의 말은 사실이었다. 레오니다스가 있는 곳에서 몇 킬로미터 떨어진 곳에 염소길이 시작됐다. 가파르고 위험한 이 길은 칼리드로모스 산을 가로질러 그리스 군사들의 후방에서 1킬로미터 남짓 떨어진 곳까지 이어졌다. 좁고 외져도 충분히 치명타를 가할 수 있는 길이었다.

이 길을 따라 페르시아 인들은 그리스군의 뒤로 갈 것이다.

레오니다스는 포위되는 것이다.

그리스 전체가 함락되리라.

레오니다스도 이 산길이 아군에 거대한 위협이 될 수 있음을 간과해 지역 도시국가에서 천 명의 군사를 뽑아 길목을 지키도록 보냈다.

나중에야 깨달았지만, 레오니다스는 이 길이 제대로 수비되고 있는지 확인할 스파르타 인을 단 한 명도 보내지 않는 어리석은 실수를 범하고 말았다.

둘째 날

테르모필레 전의 둘째 날은 전날과 다름없이 흘러갔다.

그리스군의 힘이 다했을 것으로 판단한 크세르크세스는 새로운 병력을 투입했다. 하지만 소용이 없었다. 그의 군사들은 어제와 다름없이 대거 학살당했다. 오히려 군사들 사이에서 분노와 반항이 커지면서 상황은 더 안 좋아졌다. 첫째 날과 똑같은 대학살이 벌어지는 것을 목격한 페르시아 군사들은 전면에 나서기를 꺼렸다. 스파르타군에게 크게 겁을 먹은 군사들을 진격하게 하려고 페르시아 지휘관들은 채찍을 휘둘렀다.

이날도 전날과 같이 막을 내렸다.

늦은 오후, 바다에서는 테미스토클레스와 그리스 해군이 페르시아 함대를 기습 공격했다. 페르시아군은 전날 밤 폭풍우에 한창 두들겨 맞은 터라 반격이 늦었고 또 한 번의 심각한 손실이 입었다.

크세르크세스는 그리스 인들이 보여준 불굴의 용기에 분명 좌절했을 것이다. 그의 군사도 호기롭게 싸웠지만 성과를 내지 못했다. 한 발자국도 앞으로 나가지 못했던 것이다. 전장에는 시체들만 널려있었다. 그의 군사 수천, 아니 수만 명이 전사했다. 전체 작전에서 매우 중요한 역할을 하는 해군이 폭풍우와 그리스의 작전에 떼죽음을 당했다는 것도 짜증스러웠다.

낙담하던 크세르크세스에게 낭보가 날아들었다. 그의 옥좌 앞으로 그리스 놈이 끌려왔다. 그는 왕에게 비밀을 털어놨다. 칼리드로모스 산에 길이 나 있다는 것이다. 놈은 기꺼이 페르시아 인들을 인도할 태세였다. 비밀스러운 진군으로 레오니다스와 그리스군의 후미에 닿게 될 것이다.

크레스크세스는 이모탈에게 반역자를 따라가라고 지시했다. 전날의 전투에서 자존심에 큰 상처를 입은 이모탈은 앞으로 벌어질 일을 상상하며 몸을 떨었다. 왕께서 자존심을 회복할 기회를 부여했다는 사실 외에 그리스 인들에게 달콤한 복수를 할 수 있다는 기대를 품었기 때문이다.

이모탈은 이런 기회를 흘려보내고 싶지 않았기에 어둠이 내리기를 기다렸다 곧바로 길을 떠났다. 길에 보초가 있을지 알 수 없었지만 누구를 만나더라도 싸울 준비가 되어 있었다.

레오니다스가 길목을 지키라며 1,000명의 현지군을 보냈지만, 어리석게도 그들은 단 한 명의 스파르타 지휘관도 없는 상태에서 완전히 무방비 상태에 있었다. 무장도 해제하고 보초도 없이 잠들어 있던 그들은 이모탈을 마주치자 대경실색했다. 이모탈이 길을 따라 다가오자 현지군들은 가까운 언덕으로 꽁무니가 빠지게 달아났다. 방어하기 위해 더 높은 지대로 올라갔는지, 아니면 단순히 겁이 나서였는지는 알 수 없다. 이유가 무엇이든 그것은 중요한 문제가 아니었다. 이모탈은 그곳을 가볍게 지나쳐 밤새도록 행군했다.

테르모필레의 마지막 날

한 사병이 달려와 이모탈이 다가오는 중이라고 레오니다스에게 알렸다. 곧 포위될 것을 안 레오니다스는 지휘부를 소집해 대책회의에 들어갔다.

일부 그리스 인들은 이제 전열이 흐트러졌으니 신속하게 퇴각하는 수밖에 없다고 주장했다. 다른 이들은 포기할 수 없다면서 길을 막겠다고 나섰다.

결국 그리스 인 대부분이 달아나 버렸다. 일각에서는 왕이 후일을 도모하라며 철수를 명했을 가능성도 있다고 주장한다.

한 스파르타 인이 즉시 돌아가 그들의 이야기를 전하라는 명을 받자 한마디로 일축했다. "저는 군대에 메시지나 전하러 온 것이 아닙니다. 저는 싸움을 하러 왔습니다." 또 다른 이도 말했다. "이곳에 남아 더 나은 사람이 되겠습니다." 결국 레오니다스와 300인의 스파르타군이 남았고, 그 외에도 그리스가 비참한 종말을 맞지 않도록 사수하겠다는 병사들이 2,000명쯤 잔류했다.

레오니다스는 끝이 다가오고 있음을 알고 병사들에게 성벽에서 떨어져 더 넓은 길로 이동하라고 명했다. 이제 무방비 상태였다. 왕은 어차피 죽을 운명이라면 군사들이 가능한 많은 페르시아 인들을 대적하기를 바랐다.

자신들의 안위를 보장할 수 없는데다 절망적일 정도로 수적으로 열세인 그리스 인들을 죽여야 하는 상황을 페르시아 인들은 어떻게 생각했을까?

조만간 이모탈이 그리스군의 후미를 덮칠 것을 알고 있던 페르시아군은 진격할 전의를 상실했다. 실제로 헤로도토스는 페르시아군이 지휘관의 채찍을 맞고 억지로 나아갔다고 기록했다. 게다가 '그들 중 많은 수는 바다에 밀려 익사했다. 그보다 더 많은 병사는 아군에게 짓밟혀 누가 멸망하게 될 지에는 관심조차 두지 않았다.' 라는 기록도 있었다.

이모탈이 아직 산길 어딘가를 걷고 있는 사이, 페르시아 인은 오전에 두 차례 벌인 것과 같은 양상의 대학살을 시작했다.

피 튀기는 전투가 벌어지는 중에 레오니다스가 전사했다. 그의 시신을 차지하려는 맹렬한 전투가 뒤따랐다. 페르시아 인들은 시신을 전리품으로 취하려 했다. 하지만 그리스 인들은 고귀한 왕의 시신을 쉽사리 내줄 수 없었다. 페르시아 인들이 시신을 향해 네 차례나 진격했다. 두려움을 모르는 그리스군은 네 번 모두 막아냈다. 전사하여 쓰러진 왕의 유해를 위해 몇 명의 군사가 목숨을 잃었는지 알려지지 않았지만 그 수가 많았던 것은 분명하다. 마침내 그리스는 왕의 시신을 지켜냈다.

전쟁이 계속되는 사이 산길을 따라 서둘러 행군을 떠났던 이모탈이 모습을 드러냈다. 테베에서 온 한 무리의 병사들이 전장에서 빠져나와 항복했다. 다른 이들은 싸움을 계속했다. 이모탈은 뒤에서 앞을 향해 밀고 나왔다. 포위된 그리스군은 마지막 용기를 짜내 산산이 조각난 창 대신 검과 방패를 들고 싸웠다. 결국 그들은 화살의 맹공에 무

테르모필레에 위치한 레오니다스의 동상, 동상 밑엔 '와서 가져가라(Molon labe)' 라는 말이 새겨져 있다.

너졌다. 페르시아 인들은 백병전(白兵戰)을 최대한 피하려 했다.

대학살은 두세 시간 가까이 이어졌다. 사실상 전 그리스군이 몰살당했다.

레오니다스와 그의 군사들이 용감하게 죽음을 맞이한 그 시간에 페르시아 해군도 그리스 함대를 공격하고 있었다. 그들은 바다에서도 동일하게 결정적인 승리를 선포하고 싶어 했고 그럴 거라 예상했다. 하지만 그리스 인들이 수적으로 밀렸음에도 전투는 무승부였다.

레오니다스와 호플라이트의 전멸을 전해 들은 그리스의 지도자 테미스토클레스는 아르테미시움에서 해군을 철수시켰다. 그는 아테네 바로 서쪽에 있는 사로니코스(Saronic) 만의 작은 섬 살라미스로 군사를 보냈다.•

테르모필레의 좁은 길은 결국 뚫려 버렸다. 이 길과 더불어 페르시아 해군에 대항한 그리스의 저항도 사라졌다. 크세르크세스가 충분히

• 테르모필레 전투의 전체 이야기는 조지 버츠포드의 《Hellenic History》 139-46쪽과 에르늘 브래드포드의 《Thermopylae》 101-53쪽, 피터 그린의 《Greco-Persian Wars》 109-53쪽을 참고했다. 날짜는 최적의 추정치를 사용했다. 대부분의 전문가는 테르모필레와 살라미스 전투가 B.C. 480년 8, 9월에 발발했다는 데 동의한다. 하지만 정확한 날짜에 대해서는 논란이 있다. 이 책에서는 브래드포드의 《Thermopylae》 를 따랐다.

기뻐할 만했다. 남쪽에 있는 영토와 자원이 이제 행군으로 쉽사리 얻을 수 있는 거리에 있었다. 그렇다면 왕은 자기 주변에서 일어난 대학살에 기쁨을 느꼈을까? 아니면 앞으로 이 피비린내 나는 전투를 얼마나 더 치러야 할지 궁금해했을까?

무엇을 위해?

몰살당한 300인의 스파르타군 외에 수천 명의 용감한 그리스 인과 약 2만 명의 페르시아 군사가 사흘간 테르모필레에서 벌인 운명의 전투에서 무슨 일이 일어났을까?

낙담할 만한 결과였지만 전투는 분명 중요한 의미가 있었는데 이는 두 가지로 요약할 수 있다.

우선 테르모필레에 레오니다스의 군이 있었기에 테미스토클레스의 해군이 아르테미시움에서 활동할 수 있었다. 폭풍우와 짧지만 강렬했던 전투가 벌어진 며칠 동안 페르시아군은 수백 척의 배를 잃었다. 페르시아군을 맞아 그리스가 성공적으로 전투를 치렀다는 사실은 페르시아가 숫자상으로 우위를 점하지 않았더라면 그리스의 전함과 해군들이 페르시아를 무찔렀을 가능성이 있음을 드러낸다. 이 숫자의 간극마저도 아르테미시움에서 낭패가 이어진 이후에 좁혀지고 말았다.

크세르크세스는 스파르타 전사들의 용맹과 기술을 확인한 후 매우 진지해졌다. 어찌 아니겠는가? 한 줌의 그리스 인들이 페르시아의 강한 군대에 모욕을 줬고, 두려움은 군사들이 채찍소리를 듣고서야 진군하거나 아니면 바다로 입수하게 하였다.

왕은 자신이 이룬 우울한 승리의 결과를 곰곰이 생각하면서 스파르타 변절자 데마라투스에게 이토록 용감한 자들로 구성된 군대를 이길 방법을 물었다. 데마라투스는 함대를 나눠 300척의 배를 그리스 주변에 보내 스파르타가 위치한 펠로폰네소스 반도를 공격해야 한다고 조언했다. 그 배가 반도를 자유롭게 거닐면 공포심이 조성되어 스파르타 인들은 고향 땅을 지키기에 급급할 수밖에 없다는 설명이었다. 스파르타 인들만 아니라면 나머지 그리스의 도시국가들은 쉽게 쳐부술 수 있다고 설명을 이었다. 일단 스파르타를 분리해 내고 나중에 이기자는 말이었다.

변절자의 말은 확실히 일리가 있었지만 중요한 사실은 따로 있었다. 아르테미시움 근해에서 엄청난 손실을 본 크세르크세스는 이런 작전을 수행할 만한 해군을 갖고 있지 않았다. 그의 함대는 둘로 나뉠 수 없는 수준으로 줄었던 것이다.

둘째로 테르모필레 전투는 엄밀히 말하면 승리도 아니었다. 오히려 대의를 위한 희생을 보여준 명백한 사례였다. 그런 차원에서는 성공이었다.

당시 레오니다스와 라케다이몬(Lakedaimon)에서 온 300인 용사의 죽음은 햇불이 됐다. 화장하는 장례식의 장작불이 아닌, 지금껏 분열되고 결단력 없던 그리스 인들을 돌아보게 한 빛이었다 …… 테르모필레 전이 아니었다면 그리스 전역에서 자신감을 얻어 살라미스와 플라타이아이(Plataea) 전으로 이어진 정서가 형성되지 못했을 것이다. 이 훌륭한 시민은 늘 도시국가 사이에 옥신각신하며 골육상잔을 벌이는 것보다 더 중요한 '그리스식(Greekness)'이라는 구별된 감각을 역사상 최초로 갖게 됐다.

— 피터 그린 《The Greco-Persian Wars》 중에서

반도 곳곳에서 모인 그리스 인들이 전 그리스를 사수하다가 전사했다는 것이 알려지고 테르모필레의 불이 가슴에 타오르자 B.C. 480년, 페르시아 전쟁은 완전히 새로운 국면에 접어들었다. 그리스가 전멸했으며 스파르타의 위대한 왕이 테르모필레에서 영웅적인 전투 끝에 숨을 거뒀다는 소식이 신속히 퍼졌다. 이제 그리스 전체가 진정한 혼돈에 직면했다는 것을 자각하면서 전에 없던 연대감이 형성됐다. 그리스 전체를 지키다 전사한 자들을 기리자는 정신으로 모인 어제의 적들은 서로의 차이를 잠시 접어두었다. 일부는 아테네 피난민을 맞아들이려고 문을 활짝 열기도 했다. 다른 이들은 테미스토클레스 군에 자원했다.

자유인들이 일치단결하는 국가적인 움직임이 일어난 것은 거의 역사상 처음이었다. 이들은 자신들에게서 자유를 앗아가려는 제국에 맞서 자발적으로 단결을 도모했다.

바다로 옮겨 간 전투

크세르크세스와 그의 군사들은 테르모필레를 지났고 해군도 해안선을 따라 같이 이동했다. 크세르크세스의 군사들은 남아있는 그리스인들에게 본보기를 보여줄 요량으로 테르모필레 남부의 작은 고을인 포키스(Phocis)에서 대량학살과 강간을 자행하며 모든 것을 파괴했다. 포키스와 같은 운명을 맞이하고 싶지 않았던 많은 도시국가가 크세르크세스와 손을 잡았다.

테미스토클레스는 몇 주 전 아테네 시민에게 도시를 떠나라고 명했다. 많은 이들이 그의 조언을 따랐다. 페르시아군이 다가오면서 남아있던 자들 사이에도 공포가 빠르게 퍼져 대부분이 도망쳤다. 크세르크세스는 헬레스폰트를 건넌지 3개월 만에 아테네에 당도했고 해군은 그의 동쪽에 와 있었다. 도시는 대부분 버려졌지만 그리스 신들의 고향인 이 도시를 굽어보고 있는 아크로폴리스(Acropolis)의 거대한 건물들을 방어하려고 일부 충직한 일꾼들이 남아있었다. 9월 첫째 주, 이 용감한 자들이 척결됐고 성지가 불탔다. 화염은 마치 언덕 위의 횃불처럼 도시에 일렁였다.

혹자는 크세르크세스가 지중해 서편의 수도나 다름없던 아테네를 잿더미로 만들면서 무슨 생각을 했을지 궁금해할 것이다. 침략 초기부터 그의 목표는 분명했다. 그의 목표는 그리스를 넘어 전 지중해 세계를 정복하는 데 있었다. (크세르크세스는 지중해의 또 다른 강국인 카르타고[Carthago]가 침략을 거들도록 이미 협상을 마친 상황이었다.) 요청을 받은 카르타고는 시칠리아의 그리스 도시들을 동시에 공격해 협공의 임무를 완수했다. 불타오르는 아크로폴리스를 바라보면서 자만심에 빠진 크세르크세스는 전 지중해, 심지어 전 유럽이 곧 그의 손아귀에 들어오게 되는 상상을 했을 것이다. 스페인, 이탈리아, 프랑스 남부, 북아프리카는 어떠한가? 어떤 게 그의 영광이 될 것인가!

그리스 인들로서는 이런 큰 의문을 품었을 것이다. '다음은 누구 차례인가?'

막 아테네에서 좁은 해협을 건넌 그리스 함대는 살라미스에서 방어 태세를 취했다. 테미스토클레스와 해병들이 아테네가 불타오르는 것을 지켜볼 수 있을 만큼 매우 가까운 거리였다.

살라미스로 피난 온 그리스의 지도부 대부분은 수주일 동안 치열한 논쟁을 벌였다. 결국 테미스토클레스는 전쟁을 해야 한다고 동포들을 설득시켰고 그들에게 남은 유일한 희망은 바로 이곳에서, 바로 지금 페르시아를 이기는 것이라고 주장했다.

테르모필레처럼 살라미스도 그들의 마지막 보루가 될 터였다.

9월 중순, 크세르크세스는 또 하나의 중요한 결정에 직면했다. 시골을 습격한 그의 군대가 그리스 인들의 식량을 효과적으로 파괴하는 바람에 군사들은 배를 통한 보급에 전적으로 의존하게 돼 버린 것이다. 살라미스에 주둔한 그리스 인들이 보급선을 파괴하거나 괴롭힐 게 뻔했다. 더 나쁜 것은 지중해 날씨는 여름에도 위협적이라는 사실이었다. 벌써 9월이었다. 상황은 점점 더 나빠질 터였다.

지금은 손쉽게 방어할 수 있는 상황도 아니었다.

크세르크세스 역시 맞서 싸우기로 결정을 내렸다. 단순히 싸우는 차원이 아니라 그리스 해군과 결전을 벌여 자신에게 위협이 되는 이 무리를 영원히 제거하려는 결심이었다.

그리스, 아테네

테미스토클레스는 자신과 레오니다스 왕이 최소한 두 차례는 배반당했다는 것을 깨달았다. 어쩌면 앞으로 이런 일이 더 많이 일어날지도 모른다고 생각했다. 누군가, 분명 그리스 출신이 테르모필레에 있는 염소길을 페르시아에 흘렸을 것이다. 스파르타의 옛 왕인 데마라투스가 페르시아군 사이에 있는 것이 목격되기도 했다. 어떤 배신자가 크세르크세스에 충성을 맹세하고, 반도에 대한 정보와 스파르타군, 그들의 훈련, 지역 인구, 도로, 수원, 지형을 일러바치는지 알 수 없었다.

너무도 많은 그리스 인들이 기꺼운 마음으로 동포를 팔아넘기거나 무기를 버렸다. 도시 전체가 탐욕 혹은 두려움 때문에 크세르크세스 편에 붙었다. 크세르크세스는 언제 어디에서나 반역자가 있으리라 기대하며 그의 동포들을 얕잡아 볼 게 분명했다.

테미스토클레스가 이제 이런 기대를 역이용할 차례였다.

그 그리스 놈은 왕 앞에 오만하게 섰다. 군복을 입은 그는 키가 크고 단단해 보였다. 그는 테미스토클레스가 아끼는 신하, 더 나아가 내밀한 친구가 되겠다고 공언했다. 크세르크세스는 거대한 옥좌에서 그를 찬찬히 내려다봤다. 그의 뒤쪽으로 보이는 아크로폴리스의 폐허에서는 지금도 연기가 피어올랐다. 며칠째 타오르고 있었다. 그리스 인은 흔들림이 없었다. 빛나는 눈을 한 번 깜빡이지도 않았다. 전혀 두려움이 없다는 듯이.

"다시 말해보라!" 크세르크세스가 명령했다. "테미스토클레스의 군사들은 혼란에 빠져 있습니다." 그리스 인이 다시 말했다.

마음속으로는 그리 내키지 않았지만 정작 입에서는 놀랄 만치 명쾌한 말이 튀어나왔다. 말한 내용 대부분이 사실이었기 때문이다. "많은 그리스 인은 적어도 지금 이 장소에서 왕과 전쟁하기를 원치 않습니다. 그들은 왕의 강한 군대를 목격했습니다. 훌륭한 해군도 봤습니다. 바다에서 거둔 작은 승리들도 위로가 되지 못하고 있습니다. 앞으로 어떤 일이 닥칠지 알고 있습니다. 어떤 이들은 살라미스를 빠져나갈 궁리를 하고 있고 다른 사람들도 곧 탈출을 시도할 것입니다. 테미스토클레스조차 아테네의 배 200척을 빼앗아 떠나겠다고 위협했을 정도입니다. 그는 배를 타고 멀리 떠나 크세르크세스 대왕과 왕의 무서운 군대가 미치지 못하는 곳에서 새 식민지를 시작하겠다고 말했습니다." 그리스 인은 목소리를 낮추더니 거의 속삭이듯이 말했다. "살라미스에 있는 일부는……, 어쩌면 아주 많을지도 모르는데……, 적당한 보상만 쥐여주면 크세르크세스 왕에게 힘을 보탤 생각을 하고 있습니다."

크세르크세스 궁의 남자들이 귀를 기울여 듣고 있었다. 그의 지휘관들 대부분이 미소를 지었다.

크세르크세스는 주위를 둘러보다가 그들의 얼굴에 떠오른 열망을 발견했다. 이것이야말로 그들이 바라던 바요, 그토록 듣기를 원했던 내용이었다. 그리스 인들은 부상당한데다 지쳤다. 그들은 최고의 전투에서 최고의 용사들을 잃고 소수만 살아남았다. 페르시아 무리는 그리스 곳곳을 휘저으며 아테네를 단번에 차지했고 신들의 요람인 신성한 산을 불태웠다. 그리스 인들은 화재를 지켜보고 연기를 마시면

154

서 폐허가 된 도시에 페르시아 전사들이 가득 찬 광경을 지켜봤을 것이다. 저들이 바다에서 한두 차례 이기기는 했어도 페르시아를 꺾는 데 희망도 걸 수 없다는 것을 깨달았을 것이다. 절망적일 정도로 더 많은 숫자에 밀리지 않더라도 말이다.

페르시아 왕은 팔을 들어 신하에게 손짓했다. 한 남자가 가까이 다가와 왕의 말을 듣고 고개를 끄덕이며 몸을 돌렸다. 거의 달리다시피 해서 상아에 무늬를 새긴 상자를 열고 큰 지도를 꺼내더니 주인의 발치에 펼쳤다.

크세르크세스는 금으로 만든 홀(笏)로 가리키면서 해군 지휘관을 바라봤다. "살라미스는 해안에서 불과 몇 킬로미터 거리다. 테미스토클레스가 해군 전체를 그곳에 주둔시켰다는 것인가." 그가 말했다. "그렇습니다, 폐하. 그는 보이지 않는 곳에 전함을 숨겼습니다……." 지휘관은 몸을 구부려 지도를 가리켰다. "여기, 이 작은 섬 뒤에 있습니다." 크세르크세스는 지도를 보고 생각에 잠겼다. "본토와 살라미스 사이의 해협이 꽤 좁군."

"매우 좁습니다, 폐하."

아무도 입을 열지 않았다. 지휘관은 주군의 얼굴에 저런 표정이 떠오를 때는 방해해서는 안 된다는 사실을 알고 있었다. 그리스 인 첩자도 전달받은 내용을 이미 다 말한 상황이었다.

크세르크세스는 지도 주변을 묵묵히 맴돌면서도 지도에서 눈을 떼지 않았다. 그는 검은 눈동자를 반짝이며 침착한 표정으로 생각에 빠져들었다. "아주 좁은 해협이라." 그가 다시 한 번 말했다. "그래서 저들이 도망을 가려면 서쪽이나 동쪽의 해협을 통해 빠져나가야 한다는 말이군. 우리가 병력을 둘로 나누면 탈출구를 모두 봉쇄할 수 있을 것이다. 우리 최고의 해군을 여기에 위치시킨다면." 그는 서쪽 해협을 가리켰다. "그리스 인들이 서쪽으로 도망치는 것을 저지할 수 있을 게다. 이집트 인들이 아르테미시움에서 능력을 충분히 입증했으니 그들을 그곳으로 보낸다. 동시에 우리는 동쪽에서 다른 소함대들로 공격하여 저들을 막아야 한다."

해군 지휘관은 골똘히 생각에 잠겼다가 고개를 끄덕였다. 군사를 나눈다면 큰 위험이 따른다는 것을 알고 있었지만 한편으로는 합리적인 계획 같았다. 설사 그렇지 않더라도 왕에게 반박할 방법이 없었다.

크세르크세스는 지휘관들을 둘러보았다. 모두 전의에 불타오르고 있었다. "날이 저물기를 기다린다." 그는 명했다. "그리고 이집트 해군을 보내 서쪽 해협으로 빠져나가는 자들을 봉쇄하라. 다른 병력은 동쪽으로 간다. 제 위치로 노를 저어가서 기다리라고 전하라. 노 젓는 자들은 계속 대기한다. 날씨가 추워도, 지쳐도, 배가 고파도 핑계 대선 안 된다. 만약 한 척이라도 도망가는 날에는 함장과 노 젓는 자들의 목을 벨 것이다! 놈들을 전부 처부숴야 한다, 알겠나? 그리스 배 단한 척도 남겨두지 마라!"

지휘관은 고개를 숙였다.

크세르크세스는 그의 정수리를 응시하다 미소를 지었다. "내일 이 전쟁에서 승리를 거둘 것이다." 그는 말했다.

명령이 떨어지자 페르시아 지휘관들은 전투를 위해 배와 군사를 준비시켰다. 밤이 되자 그들은 협곡으로 미끄러져 들어갔다. 노가 만들어내는 하얀 포말이 달빛에 보일 듯 말 듯했다.

곧 완전한 어둠이 내리자 그리스 반역자가 빠져나갔다. 그는 자정이 되기 전에 테미스토클레스의 막사에 당도해 보고를 올렸다. 그가 위험을 무릅쓰고 발휘한 용기는 충분한 가치가 있었다. 테미스토클레스는 이 충직한 노예에게 자유뿐 아니라 막대한 부를 하사했다.

아침 일찍 지평선 동쪽 끝에 해가 떠오르며 어둠이 회색빛으로 변해갈 즈음 테미스토클레스는 전투 채비를 마친 함선들 사이를 걸었다. 사실 페르시아의 침공이 시작되기도 전에 그는 일이 어떻게 전개될지 대략 감을 잡고 있었다. 그는 아테네가 결국 함락되리라 예상했기에 테르모필레 전이 일어나기에 앞서 대피를 명령했었다. 또 아르테미시움의 군사행동은 후일 살라미스에서의 결정적인 맞대결에 대비하려는 데 주목적이 있었다. 그래도 이 행운을 거의 믿을 수 없었다. 페르시아 인들이 그가 심어놓은 첩자의 말을 믿고 군사를 나누기로 했다니. 믿기 어려울 정도로 어리석은 행동이다! 페르시아가 가지고 있는 유일한 장점은 압도적인 머릿수였다. 일단 그들이 해군을 나누면 그 이점은 허공으로 날아간다!

아침이 밝자 그는 해변에 서서 페르시아군이 어디에 있을지 머릿속으로 그려봤다. 이집트 인들은 서쪽 멀리에 있어 더는 위협이 되지 못했다. 적어도 당분간은. 나머지 페르시아 함대는 거의 일렬로 늘어서서 동쪽의 좁은 해협을 통해 공격할 채비를 마쳤다.

신들은 정확하게 그가 기원했던 상황을 만들어줬다. 이제 대등하게 전투를 치르게 됐다.

이튿날인 9월 20일 오전, 테르모필레에서 패배한 지 한 달 후 전투가 다시 시작됐다.

거대한 승리를 예상한 크세르크세스는 그 광경을 직접 목격하고 싶은 마음에 금으로 된 왕좌를 살라미스 만을 굽어보는 고지대에 올려놓으라고 명했다.

그는 자신의 강한 함대를 보면서 가슴이 뛰었을 것이다. 폭풍우와 이전의 전투에서 침몰하는 바람에 명령에 따르는 함선의 숫자는 줄었지만 여전히 대규모임을 눈으로 확인할 수 있었다. 수백 척, 아직 1,000척은 될지도 모른다! 해협으로 들어가 늘어서 있는 그의 함대는 서로 오밀조밀 모여있어 꼭 산길에 늘어선 개미들 같았다. 그리스 인들이 그에 맞서서 무엇을 할 수 있겠는가? 페르시아 지휘관들은 높은 곳에서 내려다보면서 그리스의 배가 기껏해야 300~400척 될 것으로 추정했다. 이렇게 숫자에서 밀리니 그리스 인들은 패할 것이 틀림없었다.

〈살라미스 해전〉 빌헬름 폰 카울바흐, 1868년, 그리스군은 밀고자를 이용해 전투를 승리로 이끌었다.

최후의 전투

그 운명의 날에 어떤 일이 일어났는지 정확한 세부 사항은 알려지지 않았다. 한 역사학자는 이 전쟁을 두고 '매우 중요한 전쟁임에도 살라미스전은 전 세계에서 벌어진 해전 역사상 가장 기록이 미비한 사례'라고 말했다. 그렇더라도 다음의 내용에 대해서는 대체로 의견이 일치한다.

크세르크세스는 함대에 동쪽에서 해협으로 들어가라고 지시했다. 물줄기가 매우 좁아 배들은 길게 늘어설 수밖에 없었다. 그들은 해협으로 들어가면서 50척의 그리스 배가 항해하는 장면을 목격했는데 분명 서쪽으로 도망치려는 의도로 보였다.

페르시아 인들은 이들이 그리스에 남은 마지막 배라고 판단했을 것이다. 나머지는 밤사이에 서쪽으로 도망쳤을 테니, 이제는 이집트 인들에게 파멸을 맞고 있을 것이다!

하지만 실상은 전혀 달랐다. 그리스의 나머지 함대는 살라미스에서 떨어진 작은 섬 뒤에 숨어있었다.

페르시아군은 그리스의 마지막 해군으로 추정되는 배들을 목격한 것에 고무되어 그들을 쫓아 해협 안쪽으로 계속 들어갔다.

섬 뒤편에서 더 많은 그리스 배들이 나타났다. 이들도 달아나는 겁쟁이 중 뒤처진 자들일까?

페르시아 인들은 좁은 해협으로 더 깊숙이 들어갔다.

갑자기, 그리스 해군의 세 번째 무리가 섬의 뒤편에서 모습을 드러냈다. 그런데 이들은 도망치지도 않았다! 그들은 툭 불거져 나온 페르시아 함대의 측면을 공격했다. 이것이 신호인 양 해협 서쪽에 멀리 있던 그리스 함대가 방향을 돌려 앞머리에서부터 페르시아군에 공격을 시작했다.

페르시아군은 포위됐다. 좁은 해협에서 작전을 펼칠 새도 없이 아군끼리 서로 달려들었다. 앞과 옆면에서 그리스의 공격을 받았고, 뒤에서는 아군이 들이받으면서 일대 혼란이 이어졌다.

그리스군은 신속하게 페르시아 함대를 에워쌌다. 그들은 힘을 합쳐 마음껏 공격했고 적군을 하나씩 제거해 나갔다.

이 모든 일이 페르시아 대왕이 언덕 위의 왕좌에서 지켜보는 가운데 벌어졌다. 그의 조신(朝臣)들은 어떤 페르시아의 함장이 싸웠고 누가 도망쳤는지 뒤쫓는 임무를 맡았던 것으로 보인다.

크세르크세스의 함대에는 당대 최고의 해군이라는 페니키아의 파견대도 포함돼 있었다. 일부 페니키아 함장들은 배를 좌초시킬 수밖에 없었다. 어리석게도 그들은 크세르크세스에게 돌아가 참수당했다. 마지막 전투에 대해서는 이런 기록이 남아있다.

> 거대한 페르시아 함대의 상당수가 돛대가 부러지고 밧줄이 끊어져 질질 끌렸으며 노 또한 잘게 부서졌을 정도로 심하게 훼손됐다. 청동으로 둘러싸인 충각(衝角)에 받혀 나무가 부러지거나 튀어나온 페르시아 함선들은 프시탈리아(Psyttaleia)를 지나 팔레론(Phaleron)으로 향했다. 바다에는 시체와 배의 잔해가 넘쳐났다.
>
> —피터 그린 《The Greco-Persian Wars》 중에서

자비롭게도 밤이 찾아왔다.

◀●

기록에 따르면 파괴된 페르시아 함선은 200척이 파괴되었으나 그리스 3단 군용선은 약 40척만이 파괴됐을 뿐이었다. 하지만 이 숫자

로는 그리스 인이 페르시아 인들에게 물리적이고 심리적으로 얼마나 충격을 입혔는지 정확히 표현할 수 없다.

사실 페르시아 함대는 이제 끔찍한 곤경에 처했다. 가장 심각한 것은 사기가 극도로 저하됐다는 데 있었다. 페니키아 인들은 소수의 그리스 인들의 손에 패배했다는 사실에 수치를 느꼈고 크세르크세스가 함장을 처치한 데 분노해 반란을 일으키고 떠났다. 해군에 남은 자들은 배를 수리하고 사라진 해병들을 벌충하고자 모색했지만 전과 같은 열의가 사라져버렸다.

크세르크세스는 심각한 궁지에 몰렸다. 그는 해군이 얼마나 크게 패했는지 알고 있었다. 또한 9월이 지나고 있어 조만간 에게 해를 안전하게 항해할 수 없다는 것도 알았다. 앞에서 언급했던 헬레스폰트의 중요한 선교(船橋)에 그는 상당히 의존했기에, 그리스 인들이 이 다리를 부숴 아시아로 돌아갈 길을 없앨까 봐 전전긍긍했다.

선택의 여지가 별로 없었다. 크세르크세스는 해군을 고향으로 돌려보낸 뒤, 자신도 곧 수도인 수사로 돌아가면서 호위하는 대규모 병력도 데리고 갔다. 그는 사촌의 지휘 아래 상당수의 군대를 남겨두고, 그리스 정복의 임무를 계속하라고 지시했다.

그는 자신의 정복이 짧게 막을 내릴지 예상하지 못했을 것이다.

1년 후, 페르시아는 플라타이아이전에서도 패배했다. 스파르타의 주도로 모인 그리스 연합군은 7,000명가량이었는데, 이는 그리스 역사상 최대 규모였다. 그들이 보여준 단합은 이례적이었지만, 테르모필레와 살라미스에서 얻은 교훈에 비춰보면 그리 놀랄 일도 아니었다. 전쟁 내내 그들이 승리자의 자신감으로 전투에 임하자 페르시아 인들이 기억하는 테르모필레, 살라미스전과는 양상이 전혀 달랐다.

페르시아군이 플라타이아이에서 패하던 날 크세르크세스의 해군도에게 해 건너의 미칼레(Mycale)에서 결정적인 패배를 맛봤다. 생존한 페르시아군은 헬레스폰트를 건너 서둘러 돌아갔다.

이들이 수백 년 동안 유럽을 침입한 마지막 아시아 군대였다.

왜 중요한가

그리스 인들은 대전에서 승리했다. 혹자는 아무리 상당수의 그리스 인들과 그리스 도시국가들이 속임수를 썼던 것을 고려해도 승리 자체가 기적이라고 말한다. 많은 그리스 인들이 겁쟁이였다. 수많은 이들이 충성심을 값싸게 팔아넘겼다. 어떤 사람들은 델포이(Delphi, 신탁으로 유명한 아폴로의 신전이 있던 그리스의 고대도시)의 종교적인 우상으로서 신들의 뜻을 전달하는 사제들조차 크세르크세스에 매수돼 몹시 비관적이거나 호도하는 메시지를 말했다고 지적했다. 도시국가들과 정치적 구조 사이의 내분은 계속해서 조직을 약화시켰다.

간단히 말하자면, 그리스 전체를 고귀하고 용감하며 드높은 이상으로 표현할 수 없으므로 이 이야기가 더 주목할 만하다는 것이다. 또한 그 때문에 이 특별한 승리에서 레오니다스 왕과 테미스토클레스라는 진정한 영웅들이 고귀한 빛으로 더욱 돋보인다.

하지만 그리스의 승리에서 가장 중요한 요소는 군사적인 성공과는 거리가 멀다는 점을 짚고 넘어가야 한다. 용감하고 자유를 사랑하는 사람들이 침공에 맞서 이긴 것이 중요한 결과이기는 하나, 그리스 도시국가들의 명맥이 이어지면서 개인, 자치, 이성이 중요하다는 믿음을 계속 발전시킬 수 있었다는 사실이 더 중요하다. 예술과 과학에서의 모든 진보는 이런 가치들을 채택함으로써 가능했다.

거대하고 강력한 페르시아 인들은 이 세상에 영속적인 가치를 거의 남기지 못했다. 그들의 고착된 사회는 절대적인 신정국가의 유지만을 목표로 했다. 페르시아 인들이 승리를 거뒀다면 세상은 매우 달라졌을 것이다.

한 역사학자는 이렇게 말했다.

그리스가 이 자유 없는 집단에 대적해 이룬 성취는 분명하며, 설명이 어려운 기적이었다. 종종 우리는 민주주의라는 제도가 솔론(Solon)의 시대에서부터 도시국가에서 진화해 페르시아 전쟁에서 정점에 달하고 이후로도 50년을 더 이어갔다고 여긴다. 사건이 예측 가능한 대로 진행되었다면 더 이상의 진보는 있을 수 없었다. 자유로운 과학실험과 자유로운 정치적 토론, 연례적으로 지정되는 치안판사, 다수결의 결정 등 이 모든 것은 그리스가 싸워야 했던 주요 문명들과 상반된다.

—피터 그린 《The Greco-Persian Wars》 중에서

알렉산더 대왕과 그의 군대가 지식과 자치에 대한 그리스의 사상을 지중해 동부 전역과 동양으로 전파했고 이는 세계의 지배적인 문화로 자리 잡았다. 이후 로마 인들은 학문에 대한 사랑, 개인과 자치에 대한 인식 등 그리스의 문화를 오늘날의 유럽 지역에 더욱 확산시켰다.

이 가치들의 귀중한 혼합은 유대교와 기독교에 뒤섞여 서구세계를 오늘날과 같은 모습으로 만들었다.

여기까지는 반론의 여지가 없는 사실이다. 지금껏 지구 상에 살았던 전 인류 중에서 우리는 극히 일부에 불과하지만, 그리스가 살아남지 못했다면 오늘날 우리가 누리고 있는 자유의 열매는 존재하지 않았을 것이다.

중동 학자인 버나드 루이스는 '그리스의 문화, 유대의 종교와 로마 정치 조직의 접근성. 이 모든 게 기독교의 부흥과 전파의 길을 닦았다.'고 말했다.

로마의 국가와 기독교 교회는 그리스 문화에서 심오한 영향을 받았다.

이들 모두 그리스 문화를 보급하는 데 폭넓게 이바지했다 …… 종교적 측면에서도 초기 기독교도들은 오랫동안 그리스 인들을 사로잡았던 철학적인 세부사항에 관심이 있었다. 그에 반해 로마 인이나 유대인들은 그런 것에 전혀 개의치 않았다. 기독교 성서인 신약은 …… 오해의 여지가 없도록 그리스어로 기록됐다. 심지어 구약도 그리스 번역판이 있었고 수백 년 전 알렉산드리아에서 그리스어를 말하는 유대인 공동체에서 제작됐다.

—버나드 루이스 《The Middle East》 중에서

이런 지원과 영향, 도움은 테르모필레와 살라미스전이 아니었다면 일어날 수 없었다.

우리는 잊곤 한다. 그리스가 페르시아 서쪽의 속주가 됐다면, 그리스 농가는 대왕의 재산이었을 것이며 …… 그리스의 철학과 과학이 있었던 곳에는 무한한 이성적 호기심 대신 황제와 종교적 관료제의 산물에 매수된 점술과 점성술이 판을 쳤을 것이다. 페르시아의 그리스에서는 지방의회란 단순한 꼭두각시 단체에 지나지 않았을 것이다 …… 역사는 대왕의 공식적인 일기요, 포고령에 불과했을 것이며 …… 우리는 오늘날 전혀 다른 전통 아래 살아갈 것이다. 저술가들이 사형을 당하고, 여성들은 타인에게 격리되어 베일을 쓰고 다니며 자유로운 발언이 제

한되고 정부는 독재자 일가의 손에 좌우될 것이다. 대학은 단순히 종교적 열망을 결집하는 역할에 그치고 우리의 거실과 침실에는 사상경찰이 존재할지 모를 일이다.

―로버트 카울리 《What if?》 중에서

그리스에서 벌어진 페르시아와의 전투에 이런 일들의 운명이 달려 있었다. 자유와 자치의 발전이 위기에 처해있었다.

이에 또 다른 역사가는 이렇게 말했다. '내가 원하는 대로 가고 원하는 대로 쓰는 데 레오니다스가 일부 기여했다. 그는 우리를 자유롭게 하는 데 공헌했다.'

3

다리 위의 기적

콘스탄티누스 대제와 기독교

the Miracle of Freedom:
Seven Tipping Points
That Saved the World

🏇 콘스탄티누스와 밀라노 칙령

A.D. 306년 7월, 브리타니아 원정에 나섰던 서방정제 콘스탄티우스가 병사하자 그의 아들 콘스탄티누스가 즉각 정제로 추대되었다. 그러나 승계의 적법성에 문제가 있었기에 동방정제 갈레리우스는 콘스탄티누스를 부제로, 서방정제로 세베루스를 임명한다. 이에 불만을 품은 로마 인들은 막센티우스를 황제로 옹립하고 307년, 은퇴에서 복귀한 막시미아누스와 함께 로마에서 봉기한다. 이들 진압에 실패하자 상황 정리를 위해 선제 디오클레티아누스, 막시미아누스, 갈레리우스 세 사람이 회합하여 서방정제에 리키니우스를 임명한다. 이에 막센티우스는 아버지 막시미아누스와 갈라선다. 311년, 갈레리우스가 죽자 동방정제로 취임한 리키니우스는 콘스탄티누스와 동맹을 맺고 독자적인 황제의 권리를 주장하는 막센티우스를 처단하기 위해 출정한다. 콘스탄티누스가 알프스를 넘어 이탈리아로 들어가자 이탈리아 북부, 중부의 많은 도시가 항복했다. 마침내 312년 10월 28일, 밀비우스 다리 앞에서 벌어진 막센티우스와의 전투에서 콘스탄티누스는 큰 승리를 거둬 서로마 전체를 지배하게 된다. 황제에 오른 그는 밀라노 칙령으로 기독교를 공인한 후 330년, 비잔티움에 새로운 수도를 건설하여 콘스탄티노플이라고 명명하였다. 콘스탄티누스의 기독교 공인은 기독교의 수호와 기독교의 정치적 이용이라는 엇갈린 평가를 받지만, 그의 기독교 공인이 서양문명의 전환점이 된 것만은 분명하다는 것이 공통적인 의견이다.

이탈리아, 로마

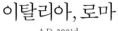

A.D. 300년

(내가 집에 돌아오기 전에) 아이를 낳거든 아들이라면 살려두고, 딸을 낳으면
버리시오. ─알렉산드리아의 한 로마 군인이 아내에게 쓴 편지(기원전 1세기)

자유를 향한 세계의 발걸음은 더디고도 길게 이어졌다. 수많은 세대가 별다
른 변화를 만나지도 못한 채로, 거의 현상유지 상태에서 시간이 흘러갔다.
하지만 자유의 세상을 향해 일어난 그 다음의 변화는 거대한 지각변동을 불
러왔다. 이 같은 진전은 그리스 인들이 자국 영토에서 페르시아군을 몰아낸
약 800년 후 일어났다. 세계의 중심이 인류 역사상 처음으로 동양에서 서양
으로 옮겨갔다.

그들은 역사가 기록되기 시작한 이래 선조가 살았던 것과 별다를 바

없는 삶을 살았다. 기술, 과학, 의학 혹은 농업 분야에서의 두드러진 진보는 대부분 몇 세대가 지나서야 일어났다. 바퀴 달린 무거운 쟁기는 아직 200년을 더 기다려야 했고 말의 목사리(굴레—옮긴이)는 그 후로 200년이 지난 뒤에야 만들어졌다. 이 두 가지는 토지의 효율적인 활용에 필수적인 발명으로서, 여름 가뭄에 인구 전체가 굶는 일을 모면케 했다. 그러나 아직 보리나, 뿌리, 밀만을 섭취해 영양실조라는 재앙으로 죽음을 맞이하기 일쑤였다. 입고 있던 옷은 대부분 털이 거칠어 살갗이 쓸렸다. 구석구석 스며든 연기 냄새가 옷에 배어 씻지 않은 채로 땀을 흘리는 바람에 나는 악취를 덮어 주었다.

거의 모든 측면에서 살기 어려운 시절이었다.

그 유대인의 실제 나이는 서른에 불과했으나 훨씬 늙어 보였다. 하긴 그때는 모두가 그랬다. 그 시기는 사람을 쉬이 늙게 하였고 운이 좋아서 청소년기까지 생존한 이들도 전쟁터에서 중년을 맞았다. 그는 치아가 넓적하고 모발이 가늘었으며 날카로운 인상의 소유자였다. 하지만 순식간에 미소를 활짝 지으며 자주 웃었고, 갈색 눈동자는 밝고 생기가 있었다. 로마에 대해 불만을 품은 자들이 있긴 했지만 숫자는 그리 많지 않았다. 그렇더라도 요세푸스(Josephus)는 자신의 생활이 얼마나 어려운지 순진할 정도로 모르는 것 같았다. 이 때문에 그는 자신이 받은 모든 선한 것에 감사했다. 모든 요리에, 모든 포도주잔에, 모든 괴로움 없는 날에, 로마 군인이 문을 두드리지 않는 모든 밤에 감사했다.

지난해 같은 기독교도 유대인 두 명이 끌려갔다. 한 사람은 예배 중에 붙들렸는데 그 시체는 도시로 향하는 한 샛길 옆에서 십자가에 못박힌 상태로 발견됐다. 장례를 치르기 위해 시체를 옮기는 일이 금지됐기 때문에 결국 새들이 살점을 파먹었고 뼈가 겉으로 드러났다. 나머지 사람은 소식을 다시 들을 수 없었고 아내와 아이들은 극빈자로 전락했다.

간혹 요세푸스는 유대인 조상과 자신이 독실하게 삶에 받아들인 새 종교 가운데 어느 편이 더 저주일까 생각해봤다. 둘 다 대단한 축복이었지만 그 축복에는 부당한 대가가 따랐다.

그는 서민에 불과했지만 기독교도로서는 가장 성공한 사람 중 하나였다. 빠르고 신속하게 글씨를 쓰는 특출난 재능을 발전시킨 덕분에 로마 제국에서 서기로 녹을 받았다. 매일 의회나 치안판사가 만들어내는 수십 건의 계약, 협정, 조약 혹은 사업적인 거래를 받아 적어, 합의를 이루고 서명할 수 있는 문서 형태로 만들었다. 지루한 작업으로, 로마와 같은 제국들을 운영하는 데 필수적이었지만 제 가치를 인정받지 못했다.

요세푸스와 5년 전에 결혼한 아내는 큰 아이와 겨우 열 살 차이였다. 그날 밤 부부는 난롯가 옆의 탁자에 말없이 앉아있었다. 아내의 품에는 4개월 된 아이가 잠들어 있었고 탁자 옆 작은 침대에는 두 아이가 누워있었는데 모두 네 살이 채 안 되었다. 이른 아침이 되었지만 태양이 티베르 강(Tevere R.) 동쪽에 있는 낮은 언덕 위로 떠오르려면 아직 한 시간 정도가 남아있었다. (티베르는 여러 로마 신들 가운데 하나로, 기독교도들은 섬기지 않던 강의 신 티베리누스[Tiberinus]의 선물이었다.) 때가 좀 일렀지만, 요세푸스는 이 시간마저도 점점 짧아질 것을 알았다. 쓰레기장은 태양이 떠오르기 직전에 붐볐던 것이다.

빼꼼 열린 문으로 조카가 얼굴을 들이밀었다. 요세푸스는 들어오라고 고갯짓을 하며 염소젖을 한 컵 따랐다. 컵에 검은 빵 부스러기를 약간 넣어 아이의 손에 쥐여줬다. 배가 고팠던 소년은 세 모금에 꿀꺽 꿀꺽 들이켜고는 지시를 기다렸다.

"가라, 소년아!" 나이 든 남자는 문으로 손짓하며 그에게 말했다. "쓸 만한 것을 발견하면 달려야 한다."

40분 후 소년은 커다란 성벽 밖에 있는 악취가 풍기는 작은 골짜기에서 거대한 쓰레기 더미를 뒤지고 있었다. 로마에는 백만 명의 시민이 살았고 대부분 부유한 권력자들이어서 매일 몇백 명이 먹을 만한 음식을 내다 버렸다. 부패한 쓰레기 더미 위에는 소년 외에도 꽤 많은 사람이 있었다. 이제는 썩은 냄새가 느껴지지도 않는 쓰레기를 뒤적거리다 감자 껍질을 발견한 소년은 활짝 웃었다. 어떤 것도 놓치지 않으려는 마음에 무릎을 꿇고 작은 손가락으로 조심스럽게 쓰레기를 파내려갔다. 껍질이 더 있잖아. 신선하기까지 하네. 이틀은 안 됐겠는

걸. 그는 두 주먹 가득 모아서 긴 셔츠에 달린 커다란 주머니에 쑤셔 넣었다. 그리고 일어나 쓰레기 더미의 다른 쪽으로 이동했다.

음식을 발견한 건 감사했지만, 또 찾아야 할 물건이 있었다.

부유한 로마 인들은 이따금 쓸 만한 나무조각을 버리곤 했다. 삼촌은 쓰레기 더미를 뒤져서 가장 좋은 조각들을 모아 오라는 임무를 맡겼다. 그것을 활용해 작은 탁자, 아기침대, 의자와 같은 조악한 가구들을 여러 개 만들었다. 삼촌은 이것을 팔아 수입을 충당하고 일부는 소년의 몫으로 떼어줬다.

소년의 얼굴 주위에 파리들이 모여들었다. 그 순간 갑자기 가슴을 철렁하게 하는 소리가 들렸다. 처음에는 아주 작아서 파리가 윙윙거리는 소리와 바람이 살랑대는 소리에 묻혀 잘 들리지 않았다. 그래서 고개를 옆으로 기울이고 가만히 서서 집중하며 들었다. 맞아! 분명히 소리가 났다.

소년은 본능적으로 달리려는 욕구가 강하게 들었지만 가까스로 억제했다. 심장이 목구멍으로 튀어나올 것만 같았다.

고개를 돌려 오른쪽을 봤다. 아무것도 보이지 않는다. 아무것도 움직이지 않는다. 이제 소리는 나지 않아. 그는 안도하며 가까스로 숨을 쉬었다.

그때 다시 그 울음소리가 들렸다.

조심스럽게 두 발자국을 기어갔다. 그리고 멈춰 서서 다시 소리를 들었다. 새소리처럼 약한 울음이 또 났는데 이번에는 더 가깝게 들렸다. 앞으로 더듬더듬 나아가면서 쓰레기를 옆으로 치웠다.

아기는 아주 작아서 기껏해야 낳은 지 하루나 이틀 정도 되어 보였다. 어두운 피부에 검은 머리를 한 여자아기가 햇빛에 실눈을 뜨고 울고 있었다. 소년은 쓰레기 더미에서 벌거벗은 아기를 건져 올린 뒤 얼굴을 들여다봤다. 배고파 보였다. 아기는 어깨에서 사람의 손을 느끼자 눈을 뜨고 소년을 바라봤다. 작은 주먹을 열심히 빨아댔다.

소년은 아기를 조심스럽게 살피면서 손가락과 발가락을 세어보고 입과 눈, 귀를 관찰했다. 우묵한 배에서 더러운 것을 쓸어내고 말라붙은 탯줄을 만져봤다. 아기는 진정하고 소년을 바라보는 듯했다. 그러더니 배고픔에 다시 보채기 시작했다.

이제는 울음소리가 커졌다. 쉽게 그칠 태세가 아니었다. 단호했다.

그는 공황상태에 빠져 주위를 둘러봤다. 어떻게 하지, 아기를 쓰레기 더미에 다시 던져버릴까? 쓰레기로 덮어서 울음소리가 들리지 않게 할까? 아니야! 로마 인들이 한 짓이 분명한데 기독교도인 소년은 그렇게 할 수 없었다. 아기를 죽게 하느니 자신이 죽겠다는 그런 자세가 태어날 때부터 생각에 박혀 있는 아이였다. 그렇더라도 아기를 데리고 용케 살아갈 현실적 대안 역시 없었다. 이 젖먹이를 누가 책임질 것인가? 어느 가정이 입 하나가 더 늘어나는 것을 달가워하겠는가?

그는 좌우를 살폈다. 쓰레기를 뒤지던 다른 사람들은 자신이 아기를 들고 있는 것을 아직 보지 못했다. 소년은 여전히 겁이 났지만 이제 조금 확신이 들어, 해야 할 일을 수행하기로 마음먹었다.

아기를 셔츠 밑에 밀어 넣고 몸을 돌려 뛰기 시작했다.

그 자신은 모르고 있었지만, 아기를 구하기로 한 이 작은 소년의 결정은 앞으로 세계에 닥칠 거대한 변화를 암시했다.

세계의 분위기가 무르익은 이유

세계에서 자유가 진보하는 데 기독교가 지대한 영향을 미쳤음을 이해하기에 앞서, 먼저 15세기로 건너가야 한다. 그리스도의 탄생 이후 진화한 서구의 가치를 세계가 어떻게 받아들일 준비를 했는지 살펴볼 필요가 있다.

16세기에도 인류가 더 나은 삶을 위해 발전할 수 있도록 토대가 충분히 마련돼 있었지만 아직 긴 시간이 더 흘러야 했다.

15세기 유럽은 끔찍하고 잔혹한 장소였다. 암흑기로 일컬어지는 시대에서 이제 막 벗어난 유럽은 전반에 걸쳐 기근, 전염병, 끝없는 정치적 격변에 신음했다. 권력은 제 기능을 하지 못하는 극소수의 군주와 기관이 장악하고 있었으며 군중의 일상은 공포와 불만으로 가득 차있었다.

유럽은 칭찬받을 만한 것들도 몇 가지 있기는 했지만 비난받을 요인들이 훨씬 더 많았다.

탐험가, 정복자, 선교사들이 유럽의 고향을 떠나 아메리카, 아시아와 아프리카에서 영토와 사람들을 발견하자 그들을 개종시키고 착취하기 위해 떠났다. 흥미롭게도 그들은 자신들이 발견한 것을 보고 진정으로 매우 놀라고 말았다. 멀리 떨어진 영토에는 진보한 문명의 요소들을 갖춘 곳이 일부 있기는 했지만 유럽에 비교할 만한 곳은 한 군데도 없었다. 탐험가들은 고향 땅이 황량하다고 생각했었지만, 새로 발견한 영토와 비교해보니 자신들의 문화에 뭔가 특별한 것이 있음을 깨닫고 놀랐다. 특히 과학과 기술 영역에서 이런 사실이 두드러졌다. 유럽은 식민지 건설의 열기가 본격적으로 점화되자 무기와 군비를 위시한 기술 분야의 우월함에 힘입어 비교적 쉽게 새 영토를 점령해 나갔다.

아메리카에서는 잉카(Inca)와 아스텍(Aztec)의 선진문명조차 소수의 스페인 군대에 무너졌다. 아시아와 아프리카의 강대국도 모두 이렇다 할 저항도 못하고 진압되어 완전히 식민지가 되거나 유럽 열강의 철저한 지배를 받았다.

시간이 흐르면서 서구는 광범위한 지역에서 문화, 정치체계, 철학에 걸쳐 영향력을 확대했다. 서구의 정치적, 철학적 정체성이 개인의 자유, 자치, 평등, 법치를 받아들이는 방향으로 진화하면서 세계에서 멀리 떨어져있는 영토와 문화권에서도 이 개념들을 점차 수용했다.

그러나 몇 세대 전만 하더라도 유럽 인들은 자신들이 곧 정복할 민족들보다 뒤처진 상태에 있었다. 유럽 인들이 정복에 나서기 직전에는 이슬람의 위대한 문명이나 중국, 인도, 혹은 아메리카의 진보한 민족들에 비교해 나은 점이 없었다.

어떻게 유럽 인들은 다른 문화권을 추월할 수 있었을까?

무엇이 16세기 유럽 인을 과학과 기술 분야에서 탁월한 수준으로 끌어올렸을까? 또, 이런 성취를 이룬 이후 그들은 어떻게 자유, 자치, 평등, 법치 등 유럽을 다른 지역과 가장 구별되는 원리들을 추구하게 됐을까?

이에 대한 답은 간단히 한 단어에서 찾을 수 있다. 바로 기독교다.

유럽 인들이 기독교의 수호자가 된 내막은 유럽 탐험가들보다 1,200년 먼저 살았던 한 로마 황제와 다리 위의 기적에서 출발한다.

이 이야기를 곧 들려줄 것이다.

하지만 그보다 앞서, 이것이 선한 일이었는지부터 물어야 한다.

선 혹은 악을 위해?

서구가 기술과 부, 정치적 사상의 진보를 이루는 데 기독교가 매우 긍정적인 영향을 미쳤다는 것은 매우 중요한 사실이다.

하지만 이런 시각이 대중적인 지지를 받는 것은 아니다. 실상은 그 반대다.

서구의 발전에서 기독교의 기여에 대한 의견을 물으면 대중은 극복해야 할 장애물일 뿐이라고 이야기할 공산이 크다. 일반적으로 종교, 특히 기독교는 기회가 있을 때마다 진보를 가로막았기 때문이다. 저명한 역사학자이자 저술가인 필립 젠킨스(Phillip Jenkins)는 이 같은 지적(知的) 정서를 포착했다. 그는 기독교가 세계 역사에 미친 영향을 평가하면서 중도적인 입장에 섰다. 그는 "A.D 450년에서 650년 사이의 기간을 나는 '예수 전쟁의 시기'라고 부르는데 기독교도 내부의 갈등과 숙청으로 수십만 명이 사망했고 로마 제국은 거의 붕괴했다."라고 기록했다.

이런 정서는 한 세대 이상 이어졌고 대부분의 사람이 고등학교와 대학교 역사 시간을 통해 훨씬 더 혹독하게 비판하는 내용을 배웠다. 또 공인들과 지식인들은 반복적으로 이런 이야기를 강조했으며 문화, 언론 분야의 수많은 엘리트는 이를 기정사실처럼 전달했다.

하지만 많은 경우 평가라는 것은 실제 일어난 일을 지나치게 단순화하는 경향이 있다. 가장 가혹하게 비판하는 몇몇 사례들조차 단순히 사실이 아닌 경우도 있다.

교수이자 저자인 토머스 E. 우즈(Thomas E. Woods)는 로마 제국의 멸망 이후(당시에는 로마 가톨릭으로 전형화된) 기독교가 미친 매우 긍정적인 역할을 뒷받침할 증거들을 수집했다. 교회는 문명, 과학, 자유

정부의 발전에서 중심적으로 이바지했다는 내용이었다.

1. 가톨릭교회는 대학제도를 만들어 후일 과학혁명을 탄생시키는 데
   중요한 역할을 했다.
2. 가톨릭 사제들은 지질학, 이집트학, 천문학과 원자이론 등의 선구자
   들이었다.
3. 중세 수도원은 보통 그리스로마 시대로 일컬어지는 고전시대를 보
   존하고, 농업에서 의미 있는 진전을 이뤄냈다.
4. 중세 수도원은 수력, 공장, 금속공학의 활용에 앞장섰다.
5. 교회는 고대의 기록물뿐만 아니라 글을 읽고 쓸 줄 아는 능력까지
   보존하는 데 중추적인 역할을 했다.
6. 초기 기독교 신학은 국제법뿐 아니라 서양 법체계(법치)의 토대가
   됐다.
7. 기독교 철학은 구세계와 신세계 모두에서 노예제도에 대한 반대를
   이끌었다.
8. 인간의 삶과 결혼의 신성함에 대한 믿음을 비롯한 서구의 도덕률이
   기독교적 가르침에서 출발했다는 사실이 가장 중요하다.

이와 같은 성취에도 현대인들은 인류의 발전에서 기독교의 영향을
평가할 때 대단히 부정적이다. 수많은 이들이 세계 역사에서 일어난

문제의 근원에 종교적 신앙이 자리 잡고 있다고 믿는다. 가난, 전쟁, 잔혹행위, 유혈 사태, 집단학살, 노예제도, 심지어 미묘한 편협과 개인적인 편견까지 기독교의 책임을 묻는다. 종교라는 명목으로 얼마나 많은 전쟁이 일어났고, 얼마나 많은 사람이 목숨을 잃었는가? 이와 같은 질문을 종종 제기한다.

우즈는 이러한 관점에 대해 다음과 같이 대답했다.

> 서구문명이 대학제도, 자선행위, 국제법, 과학, 중요한 법적 원론과 그외 많은 것들에 있어 교회에 빚을 졌지만 사람들은 이런 사실에 별다른 감흥을 받지 않는다. 서구문명이 가톨릭교회에서 생각보다 많은 것을 얻었다는 사실을 가톨릭 신자들을 포함해 많은 이들이 깨닫지 못하더라도 실제로 교회가 서구문명을 세웠다.
>
> 물론 서구문명이 오롯이 가톨릭에서 시작된 것은 아니다. 고대 그리스와 로마, 또는 서로마 제국을 계승한 다른 게르만 족들도 우리 문명의 발달에 커다란 영향을 미쳤음을 부인할 수 없다. 교회는 이런 전통을 거부하지 않으며 오히려 이를 흡수하고, 가장 좋은 것들에서 깨우침을 얻었다. 하지만 보편적인 문화에서 가톨릭이 기여한 막대하고 핵심적 영향을 상대적으로 무시하고 있다는 사실은 충격적이다.[*]

로드니 스타크는 연구 활동의 상당 부분을 이 주제에 할애했던 학자로●● 다수의 연구물을 통해 기독교가 서구의 발전에 어떤 영향을 미쳤는지 설명했다. 그는 다른 종교적 신앙과 구분 짓고, 서구문명이 오늘날과 같은 형태로 발전할 수 있도록 지원한 것이 기독교의 공헌이었다고 주장했다.

세계의 다른 종교가 신비주의나 직감을 강조한 반면, 기독교는 유일하게 종교적 진실을 향한 주된 지침으로서 이성과 논리를 포용했다 …… 교회 지도자들은 초창기부터 이성이야말로 하나님이 주신 최고의 선물이며, 성서와 신의 계시에 대한 이해를 점진적으로 높이는 수단이라고 가르쳤다 …… 이성에 대한 믿음은 스콜라 철학이 뒷받침하고 교회에서 세운 위대한 중세 대학에서 구현하면서 서양문화에 영향을 미쳤다. 이는 과학의 탐구를 촉진하고 민주주의 이론과 실천을 진화시켰다.

―로드니 스타크 《The Victory of Reason》 중에서

●
토머스 E. 우즈 박사는 루드비히 폰 미제스 연구소의 선임연구원이며 9권의 책을 쓴 작가다. 저자의 책 《Catholic Church》 1-2쪽을 참고했다. 기독교 교회가 서구문명의 보호와 성장에 혁혁한 공을 세웠음을 지지한 또 다른 책으로 윌 듀런트의 《Reformation》 3-6쪽을 참고하였다. 이 탁월한 저자는 가톨릭교회가 암흑시대에서 질서와 평화의 주 원천이었으며, 이민족들의 유럽 침략 이후 문명의 부활, 고전문화의 보존, 그리스와 라틴어가 명맥을 잇도록 지킨 일, 유럽의 교사, 학자, 판사, 외교관, 관료들의 훈련, 대학교의 설립과 지성의 고향을 제공, 도덕률과 정부를 만들었다고 밝혔다.

●●
로드니 스타크는 베일러 대학교(Baylor University)의 저명한 사회과학 교수다. 또한 기독교의 역사와 영향력에 대한 수많은 탁월한 저서를 쓴 저자다.

또 다른 저술가인 데이비드 브로그(David Brog)는 초기 기독교 유대인들이 인권 분야의 최초 대변자라고 주장했다. 가령 가장 문명화된 문화권에서조차 영아와 어린이를 최초이자 유일하게 옹호했던 사람들이 기독교 유대인(Christian Jews)들이었다.

> 로마 인들은 영아 살해를 자랑스러워했다. 로마 이전의 그리스 인들도 마찬가지였다. 플라톤과 아리스토텔레스는 국가에 기형아를 살해하는 정책을 채택하라고 권하기도 했다. 로마의 철학자인 세네카는 비정상적이거나 연약한 아기들을 태어나자마자 익사시키는 일반적인 관습을 지지했다. 약 B.C. 450년에 제정된 초기 로마법에서는 아버지가 '기형이거나 약한' 남아를 죽이도록 허용했고, 여아는 건강한지 아닌지 상관없이 살해해도 상관없었다. 실제로 로마의 영아 살해에서 가장 큰 희생자는 여자 아기였다.
>
> —데이비드 브로그 《In defense of Faith》 중에서

브로그는 유대-기독교의 가치가 개인으로 하여금 다른 사람들, 자기 가족과 집단, 민족 이외 사람들의 권리를 존중하고, 더 나아가 싸우도록 호소하는 데 중요한 역할을 했다고 밝혔다.

초기 기독교도들은 로마 황제와 유럽 왕들의 전체주의적 권력에 대항했다. 후에는 평화의 사절로서 노예제도의 참상에 맞서고 신세계에

서 발견한 '인디언'의 권리를 위해 행동했다. 여성의 참정권은 기독교 교회에서 배양됐다. 현대 시민권 운동 가운데 다수는 기독교 단체가 지원했으며, 기독교도들은 수세대에 걸쳐 기근과 질병을 퇴치하는 일에 앞장섰다. 오늘날에도 기독교 자선단체들은 수억 달러의 자금을 모집하고 지출한다.

기독교가 세계에 미친 전체적인 영향을 평가해보면 분명 긍정적이다. 또한 합리적인 사고를 발전시키는 등 매우 구체적인 방법으로 영향력을 행사했으며 이러한 영향력은 그 무엇과도 바꿀 수 없다.

총, 이성과 지역의 양초 가게?

유럽 탐험가와 정복자들이 아메리카, 아시아, 아프리카로 여정을 떠날 때, 어떻게 기술적으로 훨씬 진보적일 수 있었을까?

어떤 사람들은 초기 서양이 이룬 철강, 총기, 항해선, 농업 분야의 발전이 탐험가들로 하여금 전 세계에서 많은 곳을 정복할 수 있게 만들었지만 이것은 단지 인류의 진보에서 행운권을 딴 것뿐이라고 깎아내리곤 한다. 또 다른 이들은 서양이 우수한 지리 조건과 천연자원이라는 주요 이점을 가지고 있었기 때문이라고 말한다. 이에 대해 스타크는 천연자원과 관련해서는 다른 문명이 더 유리한 입장이었다는 점을 지적했다. 그러면서 자원과 지리, 기타 환경적인 이점이 아니라면 어떻게 유럽 인들은 철강, 총기, 항해선, 농업 분야에서 앞서 나갈 수 있었는가, 라고 물었다.

질문에 대한 답은 다음과 같다.

유럽 인들은 논리와 이성에 더 가까이 있었기 때문에 기술적인 진보에서 중요한 모판 역할을 해낼 수 있었다.

그렇다면 기독교는 이성과 논리에 전념하는 문화를 어떻게 형성하게 됐을까? 답은 '기독교 신학자들이 성경의 많은 구절을 통해 하나님이 진정으로 의미했던 바를 사유하는 데 수백 년을 쏟아부었다.'는 사실에서 일부 찾을 수 있다. 수많은 기독교도가 논리와 이성을 가지고 성경 문헌과 씨름하는 일에 개입했고, 이렇게 혹독한 정신수양으로 만들어진 교리는 가끔 행동의 변화를 일으켰다. 교리의 정통성에 개의치 않고 논리와 이성에 대한 적극적이고 끊임없는 신뢰가 기독교도의 믿음에 끼친 영향을 부인하기 어렵다.●

기독교도들은 초기부터 교리를 받아들일 때 오직 믿음에만 의존할 필요가 없다는 인식을 공유했다. 종교 역사상 최초로 신앙과 이성의 결합을 교리상으로 용인한 것이다.●● 2세기 기독교 신학자인 알렉산

●
역사학자 에드워드 그랜트(Edward Grant)는 이렇게 말했다. '다른 문명이 이전에 하지 못한 방식으로 서구문명이 과학과 사회과학을 발전시킨 것은 무엇 때문인가? 확신하건대, 중세부터 이성을 강조하기 시작한 자연스러운 결과로 탐구의 정신이 깊숙이 또 널리 뿌리내렸다는 데 답이 있다.'(토머스 E. 우즈의 《How the Catholic Church Built Western Civilization》 66쪽을 참고했다.)

드리아의 클레멘스(Clemens Alexandrinus)의 주장에서 그 예를 찾을 수 있다.

우리가 이것들을 믿음으로써 받아들이라고 말한다고 해서 이성에도 호소하는 것으로 생각하지 마라. 사실 이성 없이 순전히 믿음으로만 헌신하는 일은 위험하다. 분명히 진실은 이성 없이 존재할 수 없다.●●●

—로드니 스타크 《The Victory of Reason》 중에서

서구가 어떻게 그토록 단기간 동안 기술 분야에서 발전을 이루었는지에 대한 열쇠는 유럽에 자본주의가 출현했다는 사실에서 일부 찾을 수 있다. 자본주의는 산업과 상업이 정부가 아닌 이윤을 추구하는 사

●●
스타크는 기독교가 그리스로부터 이성을 중시하는 영향을 받았는데 정작 그리스 철학자들은 자기 종교에 영향을 미치는 데 완전히 실패했다는 사실이 아이러니하다고 지적했다. 그리스의 종교적 신념은 신성함에 대한 증거와 이유를 완벽하게 배제했다는 점에서 기독교 외의 다른 대부분의 종교와 궤를 같이 한다. 이처럼 미지의 것을 수용하고 또 영원히 알 수도 없다는 신념은 그리스 인들이 종교에서 이유와 원인을 이해하려는 동기를 (그리고 나아가 믿음을) 상실하게 했다. 수백 년 후 기독교는 이성과 신념에 대한 최초의 연대를 구축했다.

●●●
후일 교황 실베스테르 2세가 된 오릴락의 제르베르(Gerber of Aurillac)는 다음과 같이 말한 것으로 알려졌다. '의인은 신앙으로 살지만 과학과 믿음을 결합하는 편이 좋다.' 다른 곳에서는 이렇게 말했다. '신은 사람에게 믿음이라는 위대한 선물을 주는 한편 그들이 앎을 부인하지 않도록 했다.' (토머스 E. 우즈 《How the Catholic Church Built Western Civilization》를 참고했다.)

람들에 의해 운영되는 체계이다. 자본주의를 비판하는 사람들조차 자본주의가 세계에서 여타의 정치 혹은 경제체제보다도 생산성과 부를 더욱 증진하게 했다는 사실을 부인하지 못한다.

자본주의는 특히 서구에서 뚜렷하고 두드러지게 진화했는데, 그 기원은 유럽 전역에 우후죽순으로 생겨났던 대형 기독교 수도원으로 거슬러 올라간다. 중국, 인도나 이슬람 사람들도 자본주의를 만들어 내지 못할 이유가 없었지만, 그들은 개인의 선택이나 의지에 높은 가치를 두는 기독교와 같은 신앙을 채택하지 않았다.

기독교가 자본주의를 낳았다. 자본주의는 개인주의, 근면, 개인적 보상과 실패를 강조한다. 이는 부와 경제적 기회를 창출하고, 서구의 기술적 진보를 이끌었다.

여기에서 두 가지를 더 짚고 가야 한다. 우선, 자본주의는 개인의 자유가 존재하는 곳에서만 발전할 수 있으며 이런 장소는 오로지 기독교의 서양에만 존재했다. 그 중요성은 말할 나위 없다.

둘째로, 과학과 기술의 진보를 추구하게 한 동력은 이성과 논리를 향한 기독교의 헌신이었다. 일부 문화권에서도 아주 협소한 영역에서 과학적 발견을 하는데 잠시 손을 댔을 수도 있지만, 진정한 의미에서 과학이 발전한 곳은 오직 유럽뿐이다. 예를 들어 다른 문명이 연금술과 점성술에서 걸음마 단계에 머물러있을 때 유럽에서는 이 분야의 연구를 화학과 천문학으로 진화시켰다. 다른 신앙과 문화의 근본적인 믿음 구조는 신비주의나 다신론에 집중했고 이는 신도들이 기독교처럼 과학적 지식을 개발할 수 있도록 동기를 유발하지 못했다.

기독교는 창조자의 목적을 이해하려는 시도에 몰두했다. 만약 하나님이 세상을 만들었다면 왜 만들었을까, 기독교도들은 묻는다. 하나님이 특정한 자연법에 구속받는다면 그 법은 무엇인가?

스타크는 이렇게 설명한다.

과학은 고전적 학문의 연장선상에서 발전하지 않았으며, 그보다는 기독교 교리에서 파생된 자연스러운 결과물이라 할 수 있다. 자연은 하나님이 창조했기에 존재한다. 하나님을 사랑하고 공경하기 위해서는 그분의 작품을 온전히 이해해야 한다. 하나님은 완벽하기에 그분의 창조물도 불변의 원칙에 들어맞도록 기능한다. 하나님이 주신 사고력과 관찰력을 온전히 활용할 때 이런 원칙들을 발견하는 일이 가능해진다.

그 결과 중세 가톨릭교회에서 만든 대학제도는 과학적인 탐구를 배양하고 매우 고차원에 도달할 수 있는 장소가 됐다.

역사학자들은 대학에서 일어난 지적 논쟁의 수준이 매우 자유롭고 얽매이지 않았다는 사실에 매우 놀랐다. 인간의 이성과 역량에서 오는 지극한 행복감, 활발하고 이성적인 논쟁에 대한 헌신, 지적 탐구와 학자적인 교류의 옹호를 모두 교회가 지원했다. 이는 과학혁명의 토대를 제공했으며 서구문명을 독창적으로 만들었다.

자유가 그 열매였다

개인의 자유와 해방, 평등, 자치와 법치의 개념은 또 어떠한가? 이런 개념은 어디에서 비롯됐는가?

이 역시 이성의 승리로 가능했다.

고대인들은 신만이 자기 생활과 개인의 행위를 결정할 수 있다고 믿었다. 모든 것은 운명이었다.

기독교는 선택의지(agency) 혹은 자유의지에 대해 가르쳤다. 우리는 자기 행동에 책임이 있으며 하나님은 운명이나 운, 혹은 변덕이 아니라 우리가 자유의지를 행사한 데에 근거해 상벌을 내린다는 것이다. 이처럼 세계의 다른 종교와 확연히 구분되는 독특한 개념은 기독교의 모든 신념에서 핵심을 이룬다.

이런 생각은 기독교가 모든 사람이 자유의지를 행사할 권리를 가져야 하며, 자유의지를 실천할 권리를 빼앗는 노예제도가 옳지 않다는 주장으로 이어졌다. 10세기쯤 노예제도가 유럽에서 거의 자취를 감췄던 이유도 이 때문으로, 후일에는 신세계의 식민지에서도 결국 노예제도가 종식됐다. 노예제도가 도덕적으로 옳지 않다고 가르친 것이 다른 종교에서 보편적이지 않았음에 비춰보면 주목할 만하다.

개인의 평등에 대한 생각도 기독교가 가진 독특한 개념이다. 예수 그리스도의 메시지는 단순했다. 남성이든 여성이든, 종속된 몸이든 자유인이든, 유대인이든 그리스 인이나 로마 인이든 하나님 앞에서 모두가 평등하다는 것이다. 기록된 성서 문헌을 사소한 부분까지 파고들어 연구했던 기독교 신학자들도 이렇게 가르쳤다. 예를 들어 3세기 기독교 신학자인 L. 카이칠리우스 락틴티우스(L. Caecilius Firmianus Lactantius)는 '정의의 두 번째 요소는 평등이다. 이것이 의미하는 바는 …… 자신과 동등하게 다른 사람을 대하라는 것이다 …… 내게 존재와 생명을 부여하신 하나님은 우리 모두 똑같기를 바라시기 때문이다'라고 기록했다.

서구의 정치적 사상에서 가장 중요한 기초 가운데 또 하나는 사람이 아닌 하나님이 특정 권리를 부여했다는 사실이다. 이런 '자연권'의 원칙은 미국 독립선언서에서 가장 명확하게 드러난다.

'우리는 이런 진리들이 자명하다고 믿는다. 모든 사람은 평등하게 창조됐으며 창조주로부터 생존, 자유, 행복의 추구와 같은 양도할 수 없는 권리를 부여받았다.'

어떤 이들은 존 로크(John Locke)를 선봉장으로 하는 17세기 탁월한 정치 사상가들이 이런 생각을 만들어낸 것이라고 주장한다. 하지만 자연권의 개념은 훨씬 오래된 초기 기독교 신학자들이 독창적으로 주장한 것이다. 초기 기독교 사상가들은 유럽 철학자들과 미합중국의 헌법 제정자들보다 훨씬 앞서 이런 개념을 생각하고 기록했으며 정부의 역할에 맞선 개인의 의지와 권리를 탐구했다.

평등과 자유에 관한 로크의 견해는 그가 가지고 있던 기독교 신앙의 결과물이다. 어떤 해설자는 로크의《통치 2론》에 '기독교의 가정이 스며있고' 또 '예수 그리스도(와 사도 바울)가《통치 2론》에 직접 등장만 하지 않을 뿐이지 그들의 존재를 부인하기 어렵다.'라고 지적했다.•

기독교 성서의 가르침은 사유재산권의 인정과 왕권의 제한 등 서구의 정치사상에서 핵심 기초가 된 다른 원리들도 지지한다. 군주의 권력 제한은 법치에 의한 지배를 가능케 했다. 이로써 왕 그 자신과 그 외의 모두가 법을 지켜야 했으며 법치가 최우선에 있게 됐다.

이 같은 종교적 가르침을 실행한 불후의 예는 1215년 영국의 존 왕(King John)에게 마그나 카르타(magna carta)를 도입케 한 사건이다. 이 문서를 영국 왕에게 강요한 것은 교회 지도자와 왕족의 합작품이었다. 이 문서는 개인의 권리와 사유재산, 자본주의와 자유무역, 정부와 교회의 분리, 왕권의 금지와 제한, 상원 설립의 토대를 마련했다. 상원 설립은 규모가 작더라도 의회를 탄생시키고 자치와 민주주의가 대

●
월드런은 그의 저서에서 존 던(John Dunn)의 말을 인용하여, 로크의 평등, 자유, 사유재산, 자연권 이론에서 기독교의 역할을 매우 상세하게 기술했다. (제레미 월드런《God, Locke, and Equality》을 참고했다.)

두케 한 매우 의미 있는 발걸음이었다.

제이콥 노이스너(Jacob Neusner)는 자신의 저서에서는 하나님과 그의 택한 백성 사이에 맺어진 언약의 관계가 입헌주의로 알려진 계약의 기초가 됐다고 설명한다. 신이 부여한 권리들을 보호하기 위해 헌법을 제정한 것이 바로 입헌주의의 시작인 것이다. 또한 그는 기독교가 우리의 자유를 보호하도록 고안된 서구 법체계의 기본바탕이라고 밝혔다.

죄에서 자유롭지 않은

기독교가 서구문화의 출현에 미친 영향을 논할 때 역사적으로 실망을 안겨준 사실들을 인정하지 않는다면, 어리석고 얕은 행위일 것이다.

기독교 신앙을 고백한 이들은 사실 완벽한 모범과는 거리가 멀었다. 여러 세기에 걸쳐 기독교 교회는 부패한 남자와 여자들의 온상이었고 기독교의 이름으로 죄악이 자행된 일도 매우 많았다. 정부, 교회 성직자, 신도들이 악으로밖에 볼 수 없는 역사적 사건을 기독교의 이름으로 벌인 일도 빈번했다. 기독교도라고 공언하면서 사치, 성욕, 폭음, 탐심의 행동을 저지르며 7대 죄악을 하나 걸러 하나로 자행하는 한심스러운 일도 있었다.

기독교 교회는 너무 오랫동안 신도들을 성서에서 차단하면서 통제하려고 했다. 일부 과학과 기술의 진보는 기독교라는 이름 아래 가로막혔다.

교회가 역사의 장에서 자정 노력을 한다면서 종교재판이라는 악을 자행했음은 잘 알려진 사실이다. 기독교나 특정 종파를 앞세워 전쟁도 많이 일어났고, 이 과정에서 수백만 명의 무고한 사람들이 목숨을 잃었다.

이처럼 엇갈리는 기독교의 역사는 다음과 같이 요약할 수 있다.

> 기독교는 다른 신앙과 마찬가지로 양면적인 영향을 미쳤다. 종종 이 집단은 죽이는 치료자와 치유하는 살인자들로 구성됐다. 예수의 이름으로 신도들은 겸손하게 자비와 정의를 베풀었다. 또한 그들의 고귀한 하나님의 이름으로 기독교도들은 권력과 통치의 강압적인 행동을 저지를 때도 잦았다.
>
> —마틴 마티 《The Christian World》 중에서

기독교를 내세운 신도들이 공공선을 실천하는 데 늘 앞장서지 못한 것은 사실이다. 그렇더라도 이와 같은 비극적인 사실에 눈이 멀어 기독교가 여러 분야에 미쳤던 막대한 긍정적 영향을 간과해서는 안 될 것이다.

기독교 교회가 선의 유일한 원천은 아니었다

기독교가 서구문명을 부흥시킨 유일한 원인 제공자가 아니라는 것도 물론 사실이다. 그리스 도시국가와 로마 공화정은 다양한 형태로 민주주의를 실험한 예로서, 자치의 철학적 토대 설립을 천명한 17~18세기 유럽 정치 철학자들에게 지극히 중요한 기여를 했다. 유럽 인들은 이 고전 거장들의 사상과 조직을 상당수 받아들이면서 현대 문명을 향해 커다란 도약을 했다.

또한 유대교와 이슬람이 서구의 발전에 긍정적인 방향으로의 막대한 영향을 미쳤다는 것에 주목해야 한다.

종교는 서양의 기초를 정의했다. 기독교는 유대교, 이슬람교와 고대에 서부터 오늘날에 이르기까지 특정 기간과 장소가 중첩되며, 이것들이 서구문명의 기반을 마련했다. 이슬람과 기독교의 대치는 수백 년 동안 의 갈등으로 이어졌고, 유대교와 기독교 사이의 불화는 맞대응으로 점 철된 끝없는 싸움으로 치달았다. 하지만 세 종교는 비중은 서로 다를지 라도 서양에서 인간의 상황을 정의하고, 정치와 더불어 종교적인 맥락 과도 관련이 있는 사회질서의 목표를 결정했다.

—제이콥 노이스너 《Religious Foundations of Western Civilization》 중에서

모든 우려에도 기독교와 성경적 가르침이 문명에서 파생된 모든 선

한 것들, 그리고 서구문명의 설립을 이끈 토대를 형성했다는 것은 부인할 수 없다.

그렇다면 거대한 로마 제국에서도 후미진 아시아의 작은 마을에서 시작된, 처음에는 몇몇 유대인밖에 믿지 않았던 소수 종교가 유럽의 지배적인 종교가 되고 마침내 전 세계에서 가장 영향력 있는 종교가 된 이유는 무엇인가?

이 질문에 답하려면, 다리에서 일어났던 기적을 이야기해야 한다.

이탈리아, 로마, A.D. 312년

그녀의 이름은 루스였다. 고대 성경에 드물게 등장하는 여성들 가운데 가장 권위 있는 여인의 이름(룻―옮긴이)을 딴 세례명이었다.

네가 가는 곳에 나도 가겠노라…….
네 백성은 나의 백성이며 너의 하나님이 나의 하나님이다.

그녀의 인생은 실로 말로 다 표현할 수 없었다. 문자 그대로 그녀는 자기 땅에서도 이방인 신세였다.

루스는 자신의 이름에 어떤 내막이 숨겨져있는지 한 번도 듣지 못했다. 성벽 바깥의 쓰레기 더미에서 구원받았다는 사실을 알지 못했고, 아마 앞으로도 듣지 못할 것이다. 생물학적 부모가 자신을 죽도록 버려뒀다는 사실을 몰랐다. 그날 한 소년이 자신을 어떻게 건져냈는지도 몰랐다.

요세푸스는 이 아이러니가 주는 쓴맛을 모르는 바는 아니었지만 때때로 절로 웃음이 났다. 기독교도인 그는 부유하고 규율이 엄격했던 유대인 공동체에서 쫓겨났다. 아내는 가족들이 이교도의 신앙을 매우 혐오하여 세례를 받던 날 쫓겨났다. 그리고 그들은 로마의 쓰레기장에 버려진 한 아이를 얻었다.

요세푸스와 식구들은 부랑자요, 버림받은 자들이었다. 로마의 빈민촌에서는 이런 종류의 사람들을 가장 적대시했다. 이웃에 기독교도들이 일부 거주하기는 했지만 백만 시민 가운데 몇천 명 수준에 불과했다. 그들의 앞날에 가능성이란 없었다.

양녀는 나무책상 옆에 앉아 그가 작업하는 모양을 지켜봤다. 그의 글씨는 작았지만 거의 완벽했고 머릿속에 완벽하게 암기한 단어를 끄집어내 써 내려가는 듯 보였다. 아이는 방해해서는 안 된다는 것을 알고 있었기에 미동을 하거나 말을 걸지도 않으며 한 시간을 넘게 곁에서 있었다. 마침내 요세푸스가 종이에서 눈을 떼고 팔을 뻗어 기지개를 켰다. 그러더니 필사 도구를 책상 위에 내려놨다. 잉크가 마르도록 잠시 놔둬야 했다. 이제 말할 짬이 생겼다.

루스는 아버지를 보다가 작업한 것을 구경했다. 아이는 아버지만큼

글을 잘 읽어서 작업 중인 계약서를 재빠르게 훑어 내려갔다. "다 됐나요, 아빠?" 아이가 물었다. "어렵네. 중요한 작업이거든. 정확해야 하는 일이야." 먼 곳을 바라보는 아이의 눈동자가 반쯤 감겼다가 다시 그를 쳐다봤다. "뭐 하나 물어봐도 되나요, 아빠?"

요세푸스는 녹초가 돼 고개를 끄덕였다. 해가 저물고 있었다. 오늘 밤은 양초를 켜놓고 작업해야 할 것이다. 양초가 워낙 비쌌기 때문에 그가 웬만해서는 자주 하지 않는 일이었다.

"아빠, 콘스탄티누스가 이탈리아 북부 산맥에서 싸우고 있다는데요. 우리에게 좋은 일인가요? 아니면 그의 군대가 오고 있는 것을 무서워해야 하나요?" 요세푸스는 단칸방에 유일하게 창이 있는 회반죽 벽 사이의 좁은 틈을 응시했다. 그는 아이에게 희망을 줄 만한 이유를 말해주고 싶었지만 사실 잘 떠오르지 않았다. 300년 동안, 상황이 그나마 나을 때도 증오를 받았고, 최악일 때는 죽음에 이르는 박해를 받아왔다. 그는 자신의 말이 사실이 아닐지라도 아이를 실망하게 하고 싶지 않았다.

"언제나 희망은 있는 법이란다." 그는 마침내 답을 했다. 루스는 겁먹은 눈으로 그를 봤다. "아빠, 우리한테 무서운 일인가요?"

그는 오랫동안 생각에 잠겼다.

수백 년 동안 로마 인들은 마치 지옥의 사냥개처럼 기독교도들을 박해했다. 기독교도들은 어느 때, 어느 이유로든, 한마디 설명도 없이

〈콜로세움의 순교자들〉콘스탄틴 플라비츠키 작, 1862년, 기독교가 공인되기 전까지 콜로세움은 기독
교인들을 박해했던 장소라고 알려져 있다.

도 합법적으로 끌려갈 수 있었다. 그의 조상 가운데 한 사람은 단지
근사한 볼거리를 제공한다는 명목으로 로마 콜로세움에서 사지가 찢
겨 죽었다. 그의 자녀는 늘 두려워하며 살았고 누구에게도 자신들의
정체를 밝히기를 꺼렸다. 이런 식으로 몇 세대를 살다 보니 기독교도
들은 미래에 어떤 변화가 있으리라 믿기가 거의 어려웠다.

그래도 희망은 있었다. 희망 외에는 그들이 가진 것이 무엇이 있단
말인가? 아이들에게 다른 무엇을 줄 수라도 있다는 말인가? 희망이 없
다면 어찌 살아가겠는가?

그는 군사들과 콘스탄티누스라고 하는 그들의 지도자가 진군해오

고 있는 북쪽을 가리켰다. 서쪽 갈리아(Gallia) 황제는 낯선 인물이었고 이 지역에서는 그가 어떤 이인지 잘 알지 못했다. 그는 정복할 것인가, 정복당할 것인가? 어떤 종류의 지도자일까?

"우리는 카이사르의 것을 카이사르에게 주는 것이란다." 이윽고 그는 말했다. "우리는 항상 충직한 시민이었잖니. 콘스탄티누스가 우리를 해칠 이유가 없지."

고개를 가로젓는 아이의 눈동자에 슬픔이 가득했다. 인간의 가치를 저버린 이 시대와 이 장소에서 동정심은 조롱의 대상이었고 이성은 무시당했다. 기독교도가 훌륭한 시민이라는 사실만으로는 로마의 폭정이나 박해에서 구원받을 수 없었다.

아버지는 아이의 대답을 기다렸다. 아이가 말이 없자 그는 말을 이었다. "최악의 경우, 상황이 언제나처럼 이어지겠지. 하지만 우리는 늘 희망을 품어야 하고, 아빠가 바라기로도……." 그는 교훈적인 표정을 지었다. "상황은 나아질게야. 아빠는 그렇게 믿는단다. 언젠가 그렇게 될 거야."

루스는 13세에 불과했지만 고난을 거치면서 깊은 통찰력을 가진 소녀로 자랐다. 아이라기보다는 여성에 가까웠고 그녀에게 아버지의 설명은 별로 설득력이 없었다. "우리는 희망에 대해 거의 300년 동안 이야기만 했잖아요!" 화가 난 투로 대답했다. "얼마나 많은 세대인가요! 얼마나 많은 사람이 증오와 두려움에 죽어야 하죠? 황제는 왔다가 가고 도시는 일어났다 망해요. 하지만 기독교도들이 무시당하고 박해를 받는다는 사실은 늘 변하지 않아요. 언제나 변함없는 것 같아요. 그러니, 안돼요, 아빠. 저도 아빠처럼 긍정적인 생각을 하고 싶지만 그저 새 황제가 왕위를 차지하러 로마로 오고 있다는 사실만으로 상황이 변한다고 믿지 않아요."

종교가 탄생하다

로마가 통치하던 팔레스타인 지역의 유대인들로부터 기독교가 등장했다는 사실은 두 가지 측면에서 중요하다.

첫째로, 이처럼 특별한 새 종교가 살아남을 수 있는 곳은 유대인 공동체밖에 없었다. 기독교는 유대인이었던 예수 그리스도의 가르침과 선교에 기초해 세워졌다. 그는 거의 유대인 공동체에서만 설교를 하고 가르쳤다. 그가 최초로 개종시킨 사람들도 모두 유대인들이었다. 유대인들은 늘 메시아를 기다려왔던 자들이었기에 그의 메시지에 수용적이었고, 새로운 신앙은 그렇게 유대인들 사이에 퍼져 나갔다. (이 책의 앞부분에서 유대인들이 형제인 이스라엘 왕국처럼 아시리아 제국에 뿔뿔이 흩어져 살았다면 새로운 세계 종교의 탄생은 불가능했다고 지적한 부분을 주목하라.) 그리스도는 마지막으로 제자들에게 이 신앙을 전 세계에 전파하라고 가르쳤다.

둘째로, 이 명령에 따르기 위해 새 종교를 전도하는 일은 로마 제국이 제공했던 인프라가 있었기에 가능했다.

> 로마의 정복은 적절성과 진실성 모든 부분에서 기독교의 전파를 준비케 하고 쉽게 만들었음을 확인할 수 있다 …… 공공도로는 군사적 활용을 목적으로 건설됐으나 기독교 선교사들이 다마스쿠스(Damascus)에서 코린트(Corinth)까지, 이탈리아에서 스페인이나 영국의 끝까지 손쉽게 이동하도록 길을 열어줬다 …… 디오클레티아누스와 콘스탄티누스의 치세 이전에 모든 속주와 제국 내 대도시 전체에 기독교가 전파됐다고 판단할 만한 확고한 근거들이 있다.
>
> ─에드워드 기번 《The Decline and Fall of the Roman Empire》 중에서

일각에서 주장하는 대로 초기 수십 년, 혹은 수백 년 동안은 기독교가 성장하는 데 로마 제국 전역에 흩어져 살았던 유대인들이 주축이 됐다. 하지만 2~3세기가 되면서 비유대인들이 기독교를 받아들이는 사례가 급증하기 시작했다.

아시아에서, 나중에는 아프리카에서 최초이자 가장 중요한 종교가 됐고 결국 유럽에서도 그 존재를 드러냈다. 일단 기독교가 전파되면 사회 각계각층이 신도가 됐다. 오랫동안 기독교가 주로 빈자와 탄압받는 사람들에게 호소력이 있었다고 알려졌지만, 최근에는 로마 사회

의 중상류층에서도 큰 관심을 얻었다고 주장하는 신학자들이 더 많다. 1세기 후반 로마의 귀족사회에서는 유명한 기독교도들이 나타나기도 했다. 신도의 숫자가 증가할수록 제국 안 다른 지역의 더 많은 특권층에서 기독교도의 존재감이 커졌다.

신도의 증가 속도를 보면 기독교 개종자가 A.D. 40년에 1,000명에서 1세기 말에는 7,000명가량으로 늘었던 것으로 추정된다. 다음 세기 말에는 신도의 수가 대략 21만 7,000명이었다. 콘스탄티누스의 시대인 A.D. 312년에는 로마 제국 6,000만 인구 가운데 기독교도가 600만 명 이상에 달했다. 40년이 채 지나지 않아 기독교도는 폭발적으로 늘어 3,400만 명에 육박하며 제국의 주류 종교로 올라섰다.

기독교는 각각의 개인에게 호소하는 바가 서로 달랐고 세속적인 의견도 매우 다양했다. 기독교에 그리 옹호적이지 않았던 18세기 역사학자 에드워드 기번(Edward Gibbon)은 '기독교의 편협한 열정'과 미래의 삶에 대한 호소, 초기 기독교도들이 주장했던 신비로운 권능, 기독교도들의 '순박하고 꾸밈없는 도덕성' 그리고 기독교와 그 공동체의 절제와 연합 때문에 성장할 수 있었다고 주장했다.

현대의 세속적인 관점에서는 기독교 교리가 특히 유대인 공동체와 사회 상류층, 여성에게 어필을 했을 것으로 생각한다. 또 기독교 교리는 이방 민족들에게 일반적이었던 낙태와 영아 살해를 반대했고 그 결과 기독교도들의 출생률이 이웃보다 훨씬 높아졌다. 결국 자선, 공동체, 희망의 교리는 생명을 위협하는 전염병과 전쟁 등 자연적·인위적인 재앙이 거의 끊임없이 일어나는 격변의 시대에 분명 호소력이 있었다. 로마 제국의 치세 동안 도시 인구 대부분이 견뎌야 했던 매일매일의 공포는 말할 것도 없다.

더 경건하고 기독교적인 시각에서는 기독교가 진리를 상징하기 때문에 급격히 전파됐다고 주장하기도 한다.

하지만 이런 급격한 기독교의 전파에도 반대는 물론 있었다. 최초의 순교자인 스테파노(Stephen)를 시작으로 이후 수십 년 동안 새로운 신앙에 강도 높은 반대가 이어졌다. 사실 로마는 그리스도의 죽음 이후 기독교를 정책적으로 탄압했다. 제국은 기독교와 인간의 평등, 내재적 가치를 가르치는 새 사상들을 파괴하는 데 생명과 재산을 바치다시피 했다.

다시 이탈리아, 로마, A.D. 312년

요세푸스의 작은 집 뒤편의 좁은 뜰에 얼마 안 되는 신자의 무리가 모였다. 돌로 덮은 파티오(patio, 집 뒤쪽에 만드는 테라스—옮긴이) 주위에는 낡은 벽돌과 진흙으로 쌓은 높은 벽이 있어 모임을 엿보는 시선을 차단하기에 알맞았다. 이제 막 해가 지는 시간이었고 빈민가 주위의 좁은 골목은 행상인들, 군인들, 말, 당나귀, 한두 마리 염소들, 네다섯 명의 장인들, 물건 사는 아주머니들, 소리치는 아이들로 붐볐다. 여느 때와 다름없는 저녁 풍경이었다. 로마는 광대한 도시로 전 세계에서 가장 크고 강력한 나라로 알려졌었다. 늘 붐비고 소란스러웠으며 특히 빈민가는 더더욱 시끄러웠다. 기독교도에게는 안식일의 초저녁이었지만 로마 사람들에게는 일을 해야 하는 또 다른 날에 불과했다.

작은 무리의 기독교도들은 거의 침묵 속에 모여있었다. 그들은 서로 잘 알았고 모일 때마다 긴장에 떨며 계속 망을 봐야 했지만 이렇게라도 다시 모일 수 있다는 데 행복감을 느꼈다. 외부인이 봤다면 모임에 어린이와 젊은 사람들까지 끼어있다는 데 놀랐을 것이다.

기독교도들은 동료가 아닌 가족 단위로 예배를 드렸다. 첫 번째 기도를 올리기 전에 루스와 그보다 두 살 어린 소년이 앞문에서 망을 봤다. 아이들은 작은 창문의 그림자 속에 붙어 앉아 문 바깥에서 몇 발자국 떨어진 북적이는 거리를 위아래로 흘깃거렸다.

아이들은 검은 눈을 크게 뜨고 진지하게 내다봤다. 나이는 어렸지만 맡은 임무가 막중했기에 진지하게 임무를 받아들였다. 루스는 위아래로 보면서 계속 거리를 살폈지만 마음 한구석으로는 소용없는 행동이라는 생각이 들었다. 로마 군인들이 들이닥치면 어떻게 할 것인가? 도망가야 하나? 싸워야 하나? 그들 중 누구도 무슨 일을 해야 할지 알지 못했다.

아니, 그것은 사실이 아니었다. 그들은 알고 있었다. 그들은 계속

자유의 역사— 3 다리 위의 기적

205

침묵할 것이다. 기도를 올릴 것이다. 엎드려서 굽실거리며 로마 군인들이 누구도 데려가지 않기를 바랄 것이다.

기독교도들이 낮은 목소리로 찬송을 시작한 찰나, 완전 무장을 한 로마 병사 둘이 좁은 길을 따라 가만히 내려왔다. 이 구역에 새로 배치된 병사들이었다. 루스는 시장과 공공장소에서 그들을 몇 번 밖에 마주친 적이 없었다. 군중은 군인이 다가오자 마른 낙엽처럼 흩어졌다. 몇몇은 소심하게 벽에 붙어 길을 내주려고 출입구로 뛰어들어 갔다. 말없이 나란히 걷고 있는 두 남자는 갑옷으로 감싼 어깨에 금속 방패를 걸쳐 매고 옆구리에는 칼을 차고 있었다. 무엇인가 찾고 있는 기색이었는데, 각 집과 가게마다 멈춰 서서 살펴보는 것을 보아하니 찾고 있는 바가 분명해졌다.

루스는 어둠 속으로 물러났다. 뒤에 있던 어린 소년이 다른 사람들에게 전달하러 달려갔다. 루스는 군인들이 무기를 짤랑대며 둔중한 발걸음으로 다가오는 소리를 들었다. 집안은 어두웠고 텅 비어있었다. 창틈으로 밤바람과 거리의 냄새가 들어왔다. 그녀는 귀를 기울이고 가만히 들었다.

로마 인들이 집 바로 바깥에 있었다!

뒤뜰에서 찬송을 부르던 기독교도들은 잠시 멈췄다. 쥐죽은 듯한 침묵이 공기를 감쌌다.

갑자기 금속을 두른 주먹이 문을 두드렸다!

그녀는 겁을 먹고 뒤를 돌아봤다. 아버지가 거기에 서 있었다.

한 군인이 다시 문을 두드렸다. 이번에는 좀 더 느렸다.

루스는 아버지가 단호하게 문을 향해 다가가는 모습을 두려움에 싸여 바라봤다. 아버지는 뒤로 돌아 아이에게 뒤뜰로 가라고 손짓했다. "뒤로 가 있어!" 그는 명령했다. 어린 딸은 움직이지 않았다. "뒤로 가! 숨으라고!" 아버지는 숨죽여 말했다. 그래도 아이는 움직이지 않았다. 군인이 마지막으로 문을 두드렸다. 아버지는 크게 숨을 들이쉬고 빗장을 풀어 문을 열었다.

로마 군인들이 문틀을 꽉 채웠다. 그들은 강하고 단호해 보였다.

첫 번째 군인이 방을 향해 몸을 기댔다. "우리가 듣기로는 여기에……." 그가 잠시 멈추고 목소리를 낮췄다. "우리는 기독교도들이 여기에서 모임을 한다는 보고를 받았소!"

그의 표정은 굳어있었지만 그것 말고도 무언가……, 무언가 더 있었다. 그의 눈에서 루스가 본 것은 무엇일까? 반신반의? 어쩌면 두려움? 뒤에 있던 병사는 동료의 어깨너머를 흘깃거렸는데 쓰러질 것 같았다. 거리에는 지나다니는 이가 아무도 없었다. 어둠 속에 적막이 흘렀다.

첫 번째 군인이 안으로 들어왔다. 다른 로마 군인도 따라 들어왔다. 루스의 아버지는 그들을 막아보려 했지만 헛된 시도임을 깨닫고 옆으로 물러나 길을 내줬다.

"형제여?" 첫 번째 군인이 속삭였다. "여기에 기독교도들이 모여있습니까?"

아버지는 대답하지 않았다.

다른 군인이 앞으로 나왔다. "형제여, 우리도 당신들과 예배하고 싶소. 우리 역시 기독교도입니다. 예배에 함께하고 싶습니다."

늘어나는 반대

로마 제국에서 열성적으로 기독교를 박해했다는 사실은 한편으로 고개를 갸웃거리게 한다. 우선 한 가지를 언급하자면 제국은 그 막대한 크기 때문에 상당히 많은 문화와 민족을 포괄했다. 민족마다 저마다의 종교가 있었고 각자 자기만의 신들을 섬겼다. 심지어 로마 인들은 각양각색 신들의 총집합을 숭배했다. 이 모든 다양한 신과, 신앙과 종교에 대해 다음과 같은 관용을 베풀었다.

> 종교에 관한 황제와 원로원은 피지배자들이 계몽의 반영과 미신적인 습관을 갖는 것을 정책적으로 반겼다. 로마 제국을 지배하고 있던 다양한 예배 형태가 각각의 민족에게는 모두 진리로, 철학자들에게는 모두 거짓으로, 치안판사들에겐 똑같이 유용한 것으로 여겨졌다. 이런 관용은 서로 하고 싶은 것을 하도록 허용했고, 더불어 종교적 화합까지 이

뤄냈다.

—에드워드 기번 《The Decline and Fall of the Roman Empire》 중에서

제국 전역에서 수십 종류의 종교와 문자 그대로 수백 가지의 신들이 숭배받았지만 기독교만이 박해를 받았다. 로마 제국은 '확고한 지배체제 아래 천 가지 이상의 종교가 평화롭게 유지되리라 의심치 않았다.' 게다가 기독교 신앙이 우선적인 도덕률로서 신도들을 수동적이고 순종적으로 만들다시피 했다는 사실을 생각하면 로마가 기독교를 박해한 이유는 불가사의에 가깝다.

아마도 로마 인들은 로마 인 기독교도들이 그들이 가진 것을 배반했다는 결론에 도달한 것으로 해석하는 편이 최선으로 보인다. 그러니까 이 기독교도들은 이방의 신을 섬기는 외국인이 아니었다. 아니, 그들은 '우리 중 하나'로 자신의 역사와 전통, 조상, 사회적 종교에 등을 돌린 로마 인들이었다. 그들은 배교자 집단이었다.

기독교는 공공제사나 지역사회 축제, 정성을 들이는 기념축제를 개최했던 로마의 다른 종교들과 달리 사적으로 소모임을 선호했고 이는 상황을 더 불편하게 만들었다. 그 비밀스러운 모임에서는 무슨 일이 일어날까? 이웃들은 궁금해했다. 흉측하게 인간 제물을 바치고 성적으로 난잡한 행위를 한다는 소문이 널리 퍼졌다.

기독교를 박해한 이유야 어찌 됐든, 예수 그리스도 사후 30년쯤부

터 국가는 이 초창기 종교에 대해 순교라는 도구를 썼다.

A.D. 64년, 어마어마한 화재가 로마를 휩쓸었다. 제 어미와 아내를 죽인 네로 황제(Nero)가 불을 질러 놓고, 그 끔찍한 광경을 배경으로 수금을 타고 노래를 불렀다는 소문이 돌았다.

네로는 대화재에 대한 희생양이 필요했고 이 역할을 맡을 자로 기독교도를 손쉽게 선택했다. 잔혹한 고문을 가하면 동료 기독교도의 이름이 확보됐다. 수많은 사람이 십자가형을 당했고, 일부는 야생동물의 가죽에 꿰매진 채로 개들에게 던져져 온몸이 찢어졌다. 인간 횃불로 사용된 사람들도 있었다. 네로는 자기 뜰에서 이 대량학살을 자행했다. 구전에 따르면 베드로와 바오로 모두 로마에서 네로의 기독교 박해로 처형당했다고 전해진다.

이런 끔찍한 박해가 끝나자 상황이 최소한 약간은 개선됐다. 이후 수년 동안 기독교를 박해한 카이사르들이 몇몇 있기는 했으나 황실 가족 중에 개종자들이 나오기도 했다. 정부는 더 이상 정책적으로 기독교를 탄압하지 않아서 이전 시대에선 상당히 일반적이고 체계적이던 기독교 박해가 다소 완화됐다.

결국 기독교도는 비합리적인 신앙으로 괴롭힘을 받던 소수의 변절자였으며, 거대한 로마 제국을 실질적으로 위협하지 못하는 미미한 존재에 불과했다. 그런데 왜 로마 인들은 가망 없는 부랑자 집단에 그토록 열성을 다했을까? 분명한 사실은, 그들이 체제를 유지하기 위해 그러한 시도를 했다는 것이다. 하지만 그럴 작정이었다면 모조리 순교를 시키느니 무시하는 편이 차라리 나았을 것이다.

이 인기 없는 종교가 처한 상황은 녹록지 않았다. 심지어 가장 살만했다는 시절에도 로마 시민이라면 누구나 마음대로 기독교도를 박해할 수 있었다. 갈리아, 카르타고 등 제국 전역에서 수많은 기독교 신도들이 살해됐고 어떤 지역에서는 이방 민족들이 지역 관리에게 어리석은 기독교 바보들을 괴롭혀 달라고 요청하기도 했다.

이 세대의 기독교도들은 끊임없이 두려움에 떨면서 늘 미래를 불안해했다. 카이사르가 누구냐에 따라 기독교 지도자들을 방관할 수도 있었고, 아니면 체포돼 처형당할 수도 있었기 때문이다.

동트기 직전의 어둠

그러다 3세기 즈음 상황은 급격히 나빠졌다.

A.D. 249년 데키우스(Decius)가 로마 황제의 자리에 올랐다. 그는 기독교라는 '미신'으로부터 제국을 정화해야겠다는 생각에 대도시의 주교 대부분을 죽이고 유배를 보냈다. 몇 년 후 발레리아누스(Valerianus) 황제도 선왕의 전철을 밟았다.

전환점은 A.D. 303년에 찾아왔다. 로마 지도자들은 무시무시한 현실에 직면했다. 숫자로 보나 영향력 면에서나 기독교의 세가 증가하고 있었다. 앞서 지적했듯 이 시기에 기독교도는 최대 600만 명, 비율로는 로마 인구의 10퍼센트에 달했다. 막시미아누스(Maximianus)와 갈레리우스 황제(Galerius)는 기독교를 전면적으로 공격하기 시작했다. 기독교도는 더 이상 로마법의 보호를 받지 못했다. 제국에 있는 전 기독교 교회를 파괴하라는 명령이 내려졌고 비밀 회합을 하는 자들에게는 사형을 내렸다. 성경은 모두 불태웠다. 기독교를 믿는 시민은 명예도 일자리도 빼앗겼다. 기독교 노예들은 언젠가 자유를 얻으리라는 희망마저 박탈당했다.

몇 년 후 디오클레티아누스(Diocletianus) 황제는 기독교도의 이름을 완전히 없애기 시작했다. 지역 관리들에게 모든 종교 지도자를 체포하라는 포고령이 전달됐다. 대대적인 체포가 시행됐다. 수많은 주교와 지도자들이 고문당하고 처형됐다.

로마 정부가 시민을 충동질하는 잔혹한 칙령을 내리면서 기독교에 더 광범위한 악영향을 미쳤다. 잔인하고 동시다발적인 '폭력적이고 일반적 박해'가 발생했으며 애달프게도 이는 보편적 상황으로 자리 잡았다.

300년 동안 기독교도들은 금욕적 신앙으로서 박해를 받아들였다. 그들은 저항하지 않았다. 응징이나 보복을 한 적도 전혀 없었다. 그들은 '양심이 깨끗했으며 은밀한 음모의 죄나 반란을 개시하는 일에 순수함을 지켰다. 가혹한 박해를 겪었지만 폭군을 찾아가기 위해 자기

들 구역에서 모임을 열거나, 분개해서 후미진 곳으로 도망쳐 사는 일을 한 번도 도모하지 않았다.'

이런 관대함은 그들에게 유리하게 작용했다. 기독교를 파괴하려는 황제들의 노력에도 도덕적으로 명성을 유지하고 황제를 기꺼이 섬기려는 의지를 보였으며, 법을 지키는 행동, 강인한 성품으로 상당한 호의를 얻었다.

이제 그들이 보상을 받을 차례였다.

드디어 기독교 제국의 동이 트려는 순간이 왔다.

티베르 강 북쪽, 로마 성벽의 외곽, A.D. 312년

플라비우스 발레리우스 아우렐리우스 콘스탄티누스(Flavius Valerius Aurelius Constantinus), 곧 콘스탄티누스 대제로 불리게 될 이 로마 황제는 뼈마디에서 나이를 실감했다. 올해 마흔이니 더 이상 청년이 아니었다. 말을 타면 무릎이 아팠다. 침대에서 일어나면 한 시간은 족히 엄지발가락 관절이 쑤셨다. 갈색 구레나룻은 이제 희끗희끗해져 갔다. 무엇보다 최악인 것은 칼을 들어도 20년 전만큼 힘을 싣지 못한다는 사실이었다.

그러나 그가 휘두르는 권력이라는 칼은 어느 때보다도 더 날렵하고 강해, 과거보다 더 활력에 차 있는 자신을 발견하곤 했다.

그는 제국의 재통일을 눈앞에 두고 있었다. 현실화되면 그저 카이사르가 아닌 카이사르 아우구스투스, 즉 전 로마의 최고 황제에 오르게 된다.

콘스탄티누스는 말에서 막 내리고 있는 군사 고문 바실리우스(basiliu)에게 다가갔다. 초저녁이었지만 낮게 깔린 구름이 하늘의 빛을 가로막아 벌써 어두웠다.

바실리우스가 흑마의 엉덩이를 찰싹 때린 뒤, 시종무관이 끌고 가기 위해 고삐를 당기자 짐승은 힝힝거렸다. 찬바람에 평원 저편의 이끼와 강 냄새가 실려 왔다. 두 남자는 서로 마주 보며 미소를 지었다. 이제 전쟁에 나선지도 몇 달째였다. 더위, 추위, 죽음, 고통, 흥분, 권태, 영광. 무기를 들고 로마를 향해 출정한 이후 그들이 경험하지 못한 육체적 감각과 기분이 있던가. 이제 이 모든 일도 끝을 향해 달려가고 있었다. 승리가 눈앞에 있었다. 전쟁 한 번이면 끝나고 말 것이다. 하지만 쉬운 일이 아닐 것이며 결과도 속단할 수 없었다. 로마 동포를 적이라고 부르기 어려우니 편의상 상대편이라고 부른다면, 상대는 매우 강한 자들이었다. 그들은 홈그라운드에 있었고 요새를 구축해 채비를 이미 마친 상태였다.

하지만, 결과는 그 누구도 장담할 수 없었다.

바실리우스는 늘 군사들 틈에 섞여 궂은일을 하느라 얼굴이 그을음과 먼지로 더러웠다. 고문은 황제를 향해 몸을 숙여 무릎을 꿇고 절을 했다. 콘스탄티누스는 어깨를 어루만져 일으켜 세웠다. 두 남자는 주위를 두리번거리다 아무도 없음을 확인했다. 시종들과 병사들은 보이지 않았다. 그들 뒤로는 로마의 성벽이 어둠에 휩싸여 있었고 밀비우스 다리(Milvian Bridge)를 따라 적병들이 그들과 싸우러 횃불을 든 채 행진하고 있었다. 믿을 수 없는 일이지만, 막센티우스 황제(Maxentius)는 로마로 진군하는 적을 저지하기 위해 보냈던 군사들이 모두 패했음에도 탁 트인 곳을 전장으로 선택했다.

콘스탄티누스는 성벽 바깥에 모여있는 대규모 군사를 향해 고갯짓을 했다. "막센티우스는 짐과 싸우기 위해 밖으로 나올 모양이네." 그가 말했다. 알 수 없는 일이었다. 다른 로마의 황제들이 트인 공간에서 패했던 전례들 따져본다면, 군사를 성벽 안에 두고 방어를 하는 편이 옳았다.

바실리우스는 이맛살을 찌푸리며 모여있는 군대를 눈으로 좇았다. "저쪽에서 환상을 본 것 같습니다." 그가 설명했다.

저무는 해에 반사돼 빛나는 군장을 갖춰 입은 황제는 고문이 말을 이어가기를 기다리며 육포를 질겅질겅 씹었다.

"막센티우스가 예언을 받았다는…"

콘스탄티누스의 표정이 굳어졌다. 아폴로를 오랫동안 신봉해온 그는 일을 꾀하는 데 신으로부터의 조짐과 징조, 기적이 반드시 필요했다. 또 그것에 익숙했다. 징조와 기적, 그리고 예언에 익숙했다. 적이 예언을 받았다면 이는 심각하게 받아들여야 할 문제였다.

바실리우스는 고개를 숙이며 말했다. "막센티우스는 로마의 적이 내일 이곳에서 멸망하리라는 말을 들었다 합니다." 콘스탄티누스는 강의 북쪽에서 자신과 싸우기 위해 모여있는 군사들을 흘깃 바라봤다. "막센티우스가 곧 죽을 것이라 지칭한 사람이 바로 짐이라는 생각이 드는데, 어떤가?" 고문은 희미한 미소를 보였다. "그런 것 같습니다. 폐하."

"그것이 도시의 안위를 버린 이유란 말인가? 그가 받았다는 예언 때문에?" 바실리우스는 어깨를 으쓱했다. "그는 짐을 무찌를 만한 군사를 보낸 적이 한 번도 없네." 말을 이어가는 콘스탄티누스 황제의 목소리에 노여움이 서렸다. "그런데도 짐이 목표물에 단 몇 발자국, 몇 킬로미터 근처에 와 있는 지금에 와서 이길 수 있으리라 믿는다니! 그는 짐이 그저 목적지 문 앞에서 패배하기 위해서 저 먼 브리타니아에서 북쪽의 산맥을 건너 투스카니의 평원을 가로질러 왔다고 생각한다는 말인가!"

"예언상으로는 그렇습니다, 폐하."

콘스탄티누스는 턱으로 다리를 가리켰다. "스스로 위험한 상황에 몰아넣은 것을 보면 매우 자신감에 차있는 모양이군. 그의 뒤에 강이 있다네. 아군은 그의 앞에 있을 터. 다른 탈출구는 그 자신이 이미 허물어 버렸으니 밀비우스 다리로 빠져나갈 수밖에 없지. 그의 신이 이런 행동을 취하라고 조언했다면, 짐은 그에게 다른 신을 섬기라고 이야기하고 싶네."

바실리우스는 잔인한 미소를 지었다. 사실이었다. 적들은 방어할 수 없는 군사적 상황에 있었고 저들의 지도자는 절대 해서는 안 되는 우를 범했다.

콘스탄티누스는 점점 진지해졌다. "제국은 80년이 넘게 총체적인 혼돈 가운데 있었네. 그동안 스물여섯 명의 황제들이 다스렸지만 대부분 약하고 어리석었지. 디오클레티아누스는 제국을 넷으로 분리해 우리를 해하려는 자들이 보기에 쪼그라든 것처럼 만들었지만 스스로 혼돈을 자처한 셈이네. 더 이상은 안 되네. 이 전쟁에서 이겨서 문제를 바로잡을 때야. 제국의 운명이 이 일에 달려 있네. 우리도, 내 아버지와 조상도 모두 우리가 이곳에서 하는 일에 달려 있네."

두 남자는 침묵했다. 콘스탄티누스는 생각에 깊이 빠져 먼 곳을 응시했다. 이제 완전히 어두워진 하늘을 올려보다가 그의 전우를 바라봤다. "막센티우스가 예언을 받았을 수도 있지." 그가 누그러진 목소리로 말했다. "하지만 나도 받지 않았는가."

바실리우스는 깊은숨을 들이마셨다. 황제의 눈 속에 있는 무엇인가가 가슴을 철렁하게 하였다. 침묵이 깊어졌다. 바람조차 멈춘 듯했다.

콘스탄티누스는 하늘을 응시하며 혼잣말을 했다.

"이것으로 정복하라."

하늘의 십자가

콘스탄티누스가 로마의 성벽에 다다르기 30년 전인 A.D. 284년, 보위에 오른 디오클레티아누스는 제국의 드넓은 지역을 다시금 안정시키려 했다. 당시 로마의 영토는 서쪽의 브리튼부터 동쪽으로는 시리아와 팔레스타인까지 뻗어 있었다.

전쟁, 승리, 그리고 실망이 끝도 없이 이어지자 디오클레티아누스는 이 거대한 왕국을 한 사람이 다스리기에는 능력 밖이라는 결론을 내렸다. 이에 제국을 처음에는 둘로, 나중에는 넷으로 쪼개고 네 명의 정제를 지명해 각 지역을 다스리도록 했다. 이론상으로는 훌륭한 듯 보였지만 냉엄한 현실을 무시한 처사였다. 자신감과 힘이 넘치는 자들은 더 큰 권력을 탐하기 마련이다. 사실 이런 조치는 불안정과 전쟁을 담보한 것이나 다름없었다. 몇 년 안에 여러 지역에서 여섯 명이 스스로 황제를 칭하고 나섰다. 이들과 그 이후의 후계자들은 끊임없이 전쟁을 일으켰고, 서로가 자신이 최고 황제인 아우구스투스에 오르려고 시도했다.

콘스탄티누스는 디오클레티아누스가 갈리아와 브리튼을 다스리도록 최초에 지명했던 콘스탄티우스(Constantius)의 아들이었다. 콘스탄티우스가 사망하자 그의 군대는 콘스탄티누스가 뒤를 이어야 한다고 주장했다. 제국의 최고 권력을 탐하던 사람들 가운데 로마를 다스리던 막센티우스도 있었다. 콘스탄티누스를 경계한 그는 무찔러야겠다는 결정을 내리고 전쟁을 준비했다.

막센티우스의 의도를 알아차린 콘스탄티누스는 선수를 쳤다. A.D. 312년 봄, 그는 군대를 이끌고 갈리아에서 이탈리아 북부로 진군했다.

헬레나(Saint Helena)라는 질 낮은 술집 작부의 아들이었던 콘스탄티누스는 보잘것없는 출생 신분 때문에 응당 위대한 인물의 아들에게 돌아가는 혜택에서 불이익을 당했다. (나중에는 헬레나는 합법적인 첩으로 신분이 상승했다.) 하지만 그는 타고난 군인이요, 지도자였다. 군사들은 선왕을 따르던 것처럼 그를 아꼈다. 군대가 그를 카이사르로서 지지했다는 사실을 간과해서는 안 된다. 이 때문에 술집 작부의 아들이 갈리아의 황제에 오르게 된 것이다.

콘스탄티누스가 막센티우스에 맞서기 위해 알프스를 건넜을 때 군사의 숫자는 대략 4만 명이었다. 그들은 신속하게 남쪽으로 진군했다. 막센티우스는 세 번이나 군사를 보내 콘스탄티누스를 저지했다. 그의 군대는 모두 패했다. 콘스탄티누스와 로마 사이를 유일하게 가로막고 있던 베로나(Verona)에서는 막대한 군대가 지고 말았다.

콘스탄티누스의 군대가 다가오는 가운데 막센티우스는 결정적인 실수를 저질렀다. 장기간 동안 포위에 대비해놓고선 군사들을 수비 성벽 바깥으로 내보낸 것이다.

역사는 막센티우스가 예언을 받았기 때문에 과신했다고 기록한다. 하지만 콘스탄티누스 역시 예언을 받았다. 실은 둘 다 받았던 것이다.

〈밀비우스 다리의 전투〉 라파엘로(1483~1520년), 콘스탄티누스 대제는 밀비우스 다리에서 벌인 전투에서의 승리로 로마 제국의 황제 자리에 오른다

전쟁 하루 전, 콘스탄티누스는 하늘에서 불타는 십자가와 함께 '이것으로, 정복하라.'라는 문구를 봤다고 전해진다. 이튿날 아침, 그는 그리스도의 상징인 십자가를 군사들의 방패에 그려 넣으라는 음성을 들었다. 그는 이를 실행하라는 지시를 내렸다. 기독교도 병사들은 이 명령을 대단한 기쁨으로 받아들였겠지만, 그렇지 않은 군사들은 분명 떨떠름했을 것이다.

그 후 콘스탄티누스는 자기 군사가 승리를 거둔다면 기독교로 개종하겠다는 서원을 하게 된다.

양편의 군대가 만나자 한 편은 기독교의 깃발을, 다른 한 편은 무적의 태양(Unconquerable Sun)을 내세운 깃발을 들었다. 막센티우스의 군대가 규모 면에서 두 배는 컸지만 콘스탄티누스는 전선을 넓게 펼쳐 진격하라고 명했다. 기병에게 지시를 내리자 말을 타고 있는 상대편 군사들의 전선을 뚫고 들어갔다. 막센티우스의 진지에서 일대 혼란이 빚어졌다.

콘스탄티누스는 보병에게 진격을 지시했다. 그들은 신속하게 적을 강으로 밀어붙였다. 전투는 대량살육의 국면으로 접어들었다. 공간이 없어 퇴각할 수도, 앞으로도 나아갈 수도 없었던 막센티우스의 군대는 사면초가의 상황에 놓였다. 그들 중 상당수가 익사했고 남은 자들은 창과 칼로 도살당했다. 막센티우스는 전세가 불리하게 기울었음을 깨닫고 좁은 밀비우스 다리를 건너 후퇴를 하려고 시도했다. 군사들이 그를 쫓으면서 대혼란이 빚어졌고 막센티우스는 떠밀려 강에 빠졌다. 그리고 수많은 군사와 함께 익사하고 말았다.

콘스탄티누스의 승리였다. 로마는 이제 그의 차지였다. 카이사르 아우구스투스를 향한 꿈이 눈앞에 다가왔다.

그는 서원을 지켜 기독교도가 됐다.

콘스탄티누스의 개종: 정치적이었을까, 진심이었을까?

이 전투가 '종교의 역사상 전환점'이 됐다는 사실에는 의문의 여지가 없다. 콘스탄티누스는 이제 서쪽에서 확고한 황제가 됐다. 12년 후 그의 군대는 동쪽의 카이사르인 리키니우스(Licinius)가 이끄는 대규모의 군대를 또 한 번 무찔렀다. 이로써 콘스탄티누스는 전 로마 제국의 단일 지배자 자리에 올랐다.

콘스탄티누스는 모든 사람의 종교적 자유를 선포하고, 신하들도 기독교로 개종할 것을 권했다.

그는 곧 제국의 수도를 고대의 대도시인 로마에서, 자신의 이름을 따 새로 지은 콘스탄티노플(Constantinople)로 옮겼다. 콘스탄티노플은 정치적 수도일 뿐 아니라 기독교의 중심지로서 로마에 필적하는 장소로 부상했다.

콘스탄티누스의 개종에 대한 진실성은 오랫동안 논쟁거리였다. 개

〈콘스탄티누스의 세례〉 라파엘로, 1520년, 기독교를 공인한 콘스탄티누스 대제 본인은 정작 죽기 직전에야 세례를 받았다.

종 이후 그가 온전한 삶을 살지 않았던 것은 분명하다. 그의 치세는 죽을 수밖에 없는 인간이 권력 유지에 얽매여 저지른 실수들로 가득했다. 또한 열성적으로 기독교 의식을 따랐다는 사실도 알려진 바 없으며, 숨을 거두기 직전에야 세례를 받았다.

그는 겉으로 개종한 이후로도 다스리는 몇 년 동안 다른 종교의 의식과 상징을 종종 따랐다. 40년 동안 아폴로를 숭배해온 그가 평생 뿌리내린 습관을 버리는 데 시간이 걸릴 수밖에 없었을 것이다. 그러나 황제로서 입지가 확고해질수록 점점 더 정통 기독교에 가까워졌고 옛 종교의 흔적은 거의 버렸다.

콘스탄티누스의 실족과 관계없이 그가 기독교를 받아들이고, 박해를 금지했으며 서구가 새 종교를 수용하도록 문을 열었다는 사실에는 의문의 여지가 없다. A.D. 325년 그는 니케아 공의회를 소집해 기독교 세계를 통합했다. 공의회는 삼위일체의 하나님을 만장일치로 받아들일 목적으로 열렸다. 그는 수많은 교회를 세우고 교회의 재산에 세금을 면제시켰다. (이 관습은 오늘날까지 이어지고 있다.) 또한 현지 교회의 성직자들에게 상당한 권한을 보장했다. 콘스탄티누스의 어머니는 신실한 기독교도로, 아들의 지원 아래 많은 시간과 노력을 들여 팔레스타인에 있는 성지의 위치를 확인하려고 시도했다.

그의 개종이 미친 영향은 다음과 같이 요약할 수 있다.

처음에는 정책으로 시작된 그의 기독교 신앙은 신실한 신념으로 끝을

맺은 것으로 보인다. 그는 자신의 왕국에서 가장 끈기 있는 설교자로

변신했고 이단자를 충직하게 박해했으며 모든 발걸음마다 하나님과 동

행했다 …… 이런 도움을 바탕으로 기독교와 교회는 국가를 이뤘으며

이런 모양새가 1,400년 동안 유럽 인의 생활과 사상을 지배했다.

— 윌 듀런트 《Caesar and Christ》 중에서

콘스탄티누스가 진정으로 개종했는지, 단순히 제국 통합의 도구로
기독교를 이용했는지는 중요치 않다. 그러나 '오늘날 유럽에서 기독
교가 지배적인 신앙이 되기까지 콘스탄티누스가 직접적인 영향력을
미쳤다.'는 사실만큼은 확실하다.

이탈리아, 로마, A.D. 320년

루스와 아버지는 작은 집의 출입구에 섰다. 소녀는 훨씬 더 키가 자랐
고, 한층 더 아름다워졌다. 짙은 머리칼을 뒤로 묶었고 눈은 밝게 빛
났다. 호리호리하고 우아한 모습이 흡사 로마의 공주 같았다. 아버지
는 매우 자랑스럽게 딸을 바라봤고 잠시 20년 전, 조카가 쓰레기 더미
에서 굶주린 아기를 데려온 그날을 떠올렸다.

성장한 딸을 바라보면서 생각했다. 이런 보물을 버리다니!

딸은 아버지를 바라보고 미소를 지으면서 작은 흰색물감 통을 집어 들었다. 그녀는 녹슨 금속 각으로 벌써 문밖에 있는 나무기둥에 바탕을 스케치한 뒤, 붓을 적셔 조심스럽고 신중하게 칠을 했다. 20분 후 문 오른쪽에 아름다운 하얀색 십자가가 완성됐다.

작업을 마치고 그 자리에서 미동도 않고 서 있는 아버지를 바라봤다. 오랫동안 그들은 말이 없었다. 할 말이 너무나 많았다. 형용할 수 없는 감정이 밀려왔다. 단지 말로 다 표현할 수 없어, 그렇게 침묵을 지켰다.

이제 그들은 숨길 것이 없었다. 마침내 자유를 얻은 것이다.

루스의 뺨에 눈물이 흘러내렸다. 그리고 인생에서 처음으로 기쁨의 눈물이 있음을 깨달았다.

무엇을 의미하는가?

콘스탄티누스는 A.D. 337년에 사망했다. 기독교도들은 그를 그리워했을지는 모르나 더 이상 그에게 의존하지는 않았다. 콘스탄티누스는 길을 개척했고, 다른 이들은 그 길을 따라갔다.

콘스탄티누스의 개종 이후 기독교는 로마 제국의 국교로 채택됐고 십 년 안에 주류 종교로 올라섰다. 이후로도 율리아누스(Julian the Apostate)의 박해가 한 차례 더 있었지만 기독교 십자가 아래서 다스리지 않은 황제는 그가 마지막이었다.

　기독교가 전파되면서 일어난 중요한 결과는 이 종교가 먼 훗날 맞이하게 될 잔혹한 미래에서 살아남을 힘과 깊이를 갖추게 했다는 사실이다.

　로마 제국은 곧 쇠락의 길로 접어들어 멸망했다. 이어 오늘날 우리에게도 친숙한 이름인 반달 족(Vandals), 훈 족(Hun), 고트 족(Goths), 프랑크 족(Franks) 등이 들고일어나 문명은 흔들리기 시작했다. 문명의 붕괴로 정치적인 안정성도 허물어졌지만 기독교는 살아남았다.

　후일 바이킹, 마자르 인(Magyars) 몽골 인, 모슬렘의 침략이 있었지만 기독교는 사람들이 문명화된 문화를 발전시키는 데 반드시 필요한 더 높은 이상을 향해 불을 비춰주는 역할을 했다.

　돌아보면 콘스탄티누스가 하늘에서 본 십자가는 군사적인 승리의 약속뿐 아니라 모든 사람이 비이성, 불평등, 독재에 항거하라는 간청이었다.

　로마 카이사르의 아들과 여관 주인의 딸이 아니었다면 유럽, 그리고 전 세계의 역사는 매우 다른 양상으로 전개됐을 것이다.

4

문명의 충돌
투르-푸아티에 전투

che Miracle of Freedom:
Seven Tipping Points
That Saved the World

투르-푸아티에 전투

A.D. 711년, 이베리아 반도를 정복한 옴미아드 왕조의 이슬람 세력은 그다음 차례로 서유럽 진출을 노린다. 732년 8월, 에스파냐 총독 압둘 라흐만과 이슬람 군대는 피레네산맥을 넘어 프랑크 왕국에 침입, 곧 보르도를 함락시키고 아키텐공 에우데스를 격파한 후 서프랑스의 투르 근방에 육박하였다. 에우데스의 요청으로 아우스트라시아 귀족을 주체로 하는 대군을 이끌고 내원한 카를 마르텔은 10월 투르와 푸아티에 사이에서 이슬람군에게 치명적 타격을 주었고 긴 싸움 끝에 모슬렘 기병 대부분은 군자금을 지키기 위해 철수했다. 압둘 라흐만은 부하들에게 버림받은 뒤 포위당하여 전사했으며, 이후에 이슬람 세력의 유럽 진출은 사실상 내분과 북아프리카에서 일어난 베르베르 인의 반란으로 중단되었다. 한편 투르-푸아티에 전투를 통해 영예뿐 아니라 실리도 얻은 카를 마르텔은 에우데스로부터 충성을 서약받아 아키텐 지역에 대한 권한을 확보할 수 있었다. 이는 카를 마르텔의 아들 피핀 등이 메로빙거 왕조를 무너뜨리고 카롤링거 왕조를 세우는 계기가 되었다.

오늘날 투르-푸아티에 전투 당시 이슬람 세력에게 단순한 약탈행위 이상으로 유럽에 대한 영구적 정복의 의도가 있었는지는 의문으로 남아 있다. 그러나 만일 카를 마르텔의 패배했더라면 이슬람 세력이 서유럽을 차지하는 길에는 어떤 걸림돌도 남지 않았을 것이며 후에 프랑스 혁명과 같은 민주주의로 진일보하게 한 사건들이 일어나지 못했을 것이라고 평가받는다.

피레네 산맥 동쪽 끝

프랑스 남부, A.D. 732년

푸아티에(Poitiers)는 세계 역사에서 가장 중요한 시대의 전환점이었다.

—저명한 독일 역사학자 레오폴트 폰 랑케(Leopold von Ranke)

드넓고 새파란 하늘을 배경으로 피레네가 동서쪽으로 끝이 보이지 않
도록 뻗어 있었다. 눈 사이로 검은 바위를 군데군데 드러낸 봉우리가
끝없이 굽이쳤다. 알프스보다 역사는 오래됐지만 빙하에 깎여 3,300
미터가 겨우 넘는 봉우리들이 약 500킬로미터에 걸쳐 이어졌다. 이
장벽들은 훗날 프랑스와 스페인이 된 지역을 넘나들지 못하게 가로막
는 역할을 했다. 피레네는 서쪽으로는 비스케(Biscay) 만부터 동쪽으
로는 지중해까지 이어졌는데, 완만한 언덕 위로 가파르게 솟아난 봉
우리들에 화강암과 석회암이 아름답게 어우러져 장관을 연출했다.

두 남자는 산맥의 동쪽 끝자락에 있는 초원에서 만났다. 도로는 구불구불해 차라리 산길에 가까웠는데, 목초지를 좁게 가로질러 지중해 방향의 산맥에서 주 도로 역할을 했다. 초여름이었지만 바람은 아직 매서웠고 머리 위로 솟아있는 봉우리에 눈이 덮여있어 찬 기운이 느껴졌다. 그들은 말없이 서로 응시했다. 형제였지만, 거의 한 세대에 가까운 시간을 함께하지 못했다. 이제 그들은 전혀 다른 세상에 속해 있었다. 한 사람은 어두운 겉옷, 가죽신, 양털로 짠 터번, 얼굴을 뒤덮은 검은 스카프, 긴 턱수염으로 동양의 복식을 했고 다른 편은 허벅지 길이의 튜닉(소매가 없고 무릎까지 내려오는 헐렁한 웃옷―옮긴이)에 짧은 소매, 허리를 졸라맨 가죽 허리띠, 그 속에 이방인들의 바지를 입어 유럽 여느 노동자처럼 보였다. 머리는 어깨 길이였지만 수염을 기르지 않았다.

두 남자는 마주 섰다. 긴 코와 갈색 눈이 똑같았지만 그 외에는 공통점이라고 할 만한 구석이 없었다. 둘은 서로 안지도 않았다.

한때 군주였던 그들의 아버지는 피레네 산맥 남쪽에 있는 광대한 영토를 다스렸다. 아랍군이 40년 전쯤 들이닥쳤을 때 일가는 흩어졌다. 아버지와 장자는 스페인 편에 갇혔고, 어머니는 나이 어린 동생을 데리고 산맥 너머 프랑스에 있는 친정으로 도망쳤다.

이후 형제들은 얼굴을 보지 못했다.

형제는 이제 이 모든 일을 뒤로하고 산맥 동쪽 끝에 있는 아버지의 땅에서 마주쳤다.

서로 만날 일은 이번이 마지막일 것이다.

조만간 둘 중 한 사람은 유명을 달리하게 된다.

◗

선지자 무함마드(Muhammad)가 사망한 백 년 후 유럽에서는 정신세계의 전투가 벌어졌다.

전쟁은 이슬람의 탄생지에서 약 1,600킬로미터 떨어진 갈리아에서 일어났다. 무함마드의 육신이 안식을 얻은 아라비아 반도와는 전혀 다른 지역이었다. 전쟁은 동방에서 이슬람이 대두한 이후 세계가 격변을 겪던, 매우 중요한 때에 벌어졌다. 사실 선지자가 사망한 후 투르-푸아티에 전투가 벌어지기까지는 세계 역사에서 가장 극적이고 놀랄 만한 시기다.

전쟁 자체는 유럽의 미래를 결정지은 소규모 전투 가운데 하나에 불과해 거의 주목을 받지 못했다. 투르-푸아티에 전투보다 훨씬 더 대규모의 군대가 개입하고, 역사의 흐름에 영향을 끼쳤던 위대한 전투들이 수두룩했다. 사람들은 시간이 흐르면서 전설적인 영웅들이 이름을 남긴 전투의 낭만적 이야기를 주거니 받거니 했다.

투르-푸아티에 전투는 그런 예는 아니었다.

이 전쟁을 이끈 '망치' 카를마르텔(Karl Martell, 마르텔은 망치라는 뜻이다), 압둘 라흐만(Abd al-Rahman) 같은 이름은 오늘날 우리에게 익숙하지 않다. 그 이름을 알아보는 사람들은 많지 않을 것이다. 그들은 누구인가? 무엇 때문에 싸웠는가? 전쟁은 어디에서 일어났는가? 이 전쟁의 결과가 정말로 세상을 변화시켰다는 말인가?

투르푸아티에 전투의 세부 내용은 대부분 역사 속으로 사라져 버렸지만 분명한 사실이 하나 있다. 이 전투에서 유럽은 기독교의 정체성을 거의 상실할 뻔했다는 것이다. 유럽과 기독교의 미래는 프랑스 서부의 숲과 평원에서 지켜졌다. 사실상 이슬람이 피레네 산맥 북쪽에서 유럽으로 확대될 수밖에 없는 상황이었지만, 기독교 수호자들이 저지에 성공했다.

투르푸아티에 전투의 중요도를 깨닫기에 앞서 아랍 제국의 놀라운 부흥과 이슬람의 확대를 방해한 절박했던 기독교 수호자들, 그리고 특히 유럽의 기독교가 보호받아야 하는 이유를 먼저 이해해야 한다.

기독교, 자유, 그리고 이슬람

유럽이 이슬람 국가가 되는 일이 대수인가? 결국 이슬람도 세계의 위대한 종교 가운데 하나이며, 위대한 종교라면 으레 존중할 만한 요소들을 다수 갖추고 있게 마련이다. 일부를 꼽아 보자면 가정생활의 강조와 정직, 신의의 존중이 있다. 사실, 이슬람의 다섯 기둥(Five Pillars)도 단순명쾌하며 분명 존경받을 만하다.

1. 믿음의 고백. 라 일라하 일라 알라, 무함마드 라술 알라(La ilaha illa Allah, Muhammadur rasoolu Allah). 세상에 오직 알라만이 진정한 신이며 무함마드는 그의 사자이다.

2. 매일 기도의 중요성.

3. 가난한 자는 배려하고 필요한 사람들에게 자비 베풀기.

4. 라마단 달에 금식하면서 자정하기.

5. 물리적으로, 또 금전적으로 여력이 되는 사람들은 일생에 한 번 메카를 순례하기(하지[Hajj]).

이런 경외로운 가르침을 고려해 보라. 수백만 명의 사람들이 이슬람의 규율을 따름으로써 축복을 받는 건 그리 이상한 일이 아니다.

이슬람은 종교적 가르침 외에 그 역사적 측면에서도 놀랄 만하다. 이슬람과 이슬람이 지배하던 국가들은 아라비아의 사막에서 발원한 후 100년 안에 지구 상에서 가장 진보한 곳으로 변신했다. 예외가 있다면 중국 정도뿐이다.

이슬람은 100년이 채 되지 않아 전 세계에서 가장 강력한 군사력을 갖췄다. 중국과 마주 댄 국경에서 대서양에 이르기까지, 동아시아의 경사지에서 흑해까지, 중동과 아라비아 반도에서 북아프리카를 가로질러 오늘날 스페인 대부분을 아우르는 이베리아 반도까지, 칼리프는 능력의 칼을 휘둘렀다. 지중해의 북부 해안을 따라 위치했던 비잔틴 제국은 칼리프 시대의 도래를 무기력하게 바라볼 수밖에 없었다. 비잔틴 제국의 서쪽에 있던 종족들은 분열됐고 유럽 중부, 서부의 미약한 왕국들은 칼리프의 확장을 저지할 능력이 없어 보였다.

게다가 거대한 군사력만이 아니었다. 이슬람 세계는 아시아, 유럽, 아프리카와 교역관계를 맺으면서 세계 대부분 영역의 경제적 측면에 영향력을 발휘했다. 칼리프는 이런 강력한 교역관계와 아울러 전쟁에서 취한 전리품과 노예로 점점 확장되어가는 제국의 유지비용을 충당했다.

이슬람은 예술과 과학, 문화적인 측면에서도 세계 최고 수준에 이르렀다. 한동안 기술과 문화의 진보로 세계를 이끌었고 서구는 이슬람의 발치에 겸손하게 앉은 학생의 신세로 전락했다. 그리스와 페르시아로부터 상당한 문화를 흡수한 이들은 먼 곳에 있던 당대의 위대한 문화권까지 세력을 뻗쳐 전수를 받아오는 이점을 누렸다. 가령 중국에서는 종이의 활용을, 인도에서는 십진법과 인도 숫자를 들여왔다. 이슬람 과학자들은 외부에서 받아들인 지식체계를 바탕으로 상당한 발전을 이뤄냈다.

하지만 문화와 과학의 발전은 오래 이어지지 못했다.

곧, 이슬람 세계는 서구에 뒤처지는 신세가 됐다.

서양이 과학, 기술, 문화의 진보로 빠르게 앞서 나가고 개인의 자유와 자치를 가능케 한 종교적 사상에서 진전을 보이는 동안 이슬람 세계는 그 자리에 멈춰선 듯했다. 어떤 이슬람 국가도 개인의 자유를 우선시하지 않았다. 어떤 이슬람 국가에서도 대의 정치제도가 등장하지 않았다. 전체 이슬람 국가에서 과학과 기술의 진보는 막을 내렸다. 산업화는 이슬람 국가들을 그냥 지나쳐갔다.

왜 이런 일이 일어났을까?

모래로 가득 찬 아라비아 사막에서 거대한 왕국을 일으키고, 세계 대부분에 그 영향력을 끼치며, 수많은 기술적 진보로 세계를 이끄는 제국을 형성했던 이슬람은 어떻게 이처럼 갑자기 정체에 빠졌을까?

여기에는 몇 가지 이유가 존재한다.

1 이슬람 근본주의에는 오로지 샤리아(Sharia), 즉 이슬람의 신성한 법이라는 종교법만 존재한다. 샤리아는 신에게서 온 것으로, 하나님의 말이다. 또 민간, 상업, 범죄, 종교 등 삶의 모든 면을 규제하며 전 방위적인 영향력을 행사한다. 따라서 헌신하는 모슬렘에게는 오로지 이슬람의 신성한 법만이 필요하다. 샤리아에 일점일획이라도 손대는 행위는 사람이 신보다 더 많은 것을 안다는 가정이 깔려있으므로, 누구도 그렇게 하지 않았다.

따라서 필연적으로 죽을 운명의 인간이 새 법을 제정할 생각을 하는 사실 자체가 어리석었다. 의회나 다른 어떤 심의기구도 이슬람의 신성한 법보다 우위에 있다고 여기는 것도 어리석었다. 이는 엄격한 이슬람 체계에서 자치나 대의정부가 들어설 여지를 남겨두지 않았다.

버나드 루이스가 그의 저서 《무엇이 잘못됐는가?(What Went Wrong?)》에서 설명했듯, 설명했듯 '모슬렘의 시각에서는 인간의 입법권이란 존재하지 않는다.'

2 이슬람에서 정교분리란 완전히 낯선 사상이다. 세속에서 종교를 분리해내는 것은 기독교의 작품으로 이슬람 신앙에서 완벽하게 배척된다. 이슬람 문화에서는 '카이사르의 것은 카이사르에게, 하나님의 것은 하나님에게'가 성립하지 않는다. 인간에게 직접 필요한 모든 것을 신성한 법의 범위 안에서 찾을 수 있기 때문이다.

3 이슬람에서는 자유라는 개념이 매우 한정적인 의미이다. 이를 버나드 루이스는 다음과 같이 설명했다.

서구 인들은 정부의 좋고 나쁨을 독재와 자유의 측면에서 사고하는 데 익숙하다. 중동에서는 자유 혹은 해방이 정치가 아닌 법적 용어로, 누군가가 노예가 아니라는 의미다 …… 전통적인 모슬렘들에게 독재의 반대말은 자유가 아니라 정의다. 이 맥락에서 정의의 의미는 두 가지로 볼 수 있다. 지도자가 강탈이 아닌 의(義)로 다스리고, 또 신의 법에 따라 다스린다는 것이다.

이는 자유와 정의에 대한 매우 좁은 범위의 이해로, 특히 '누군가가 노예가 아니라는 의미다.'에서 더욱 두드러진다. 이처럼 개인의 자유에 대한 한정적인 이해는 신실한 모슬렘이 더 큰 개인의 자유를 보장받기 위해 법을 제정해야 한다거나, 최소한 자유의 보장이 좋은 일이라고 생각하는 것 자체를 거의 불가능하게 만들었다. 신실한 모슬렘은 정치나 경제에서 개인의 자유를 증진할 정치기구가 좋다거나 필요하다고 생각하지 못하도록 원천봉쇄된 것이다.

정의와 관련해 서구세계에서는 모든 사람이 법의 보호를 받을 만하다고 본다. 이는 정의를 단지 신이 의도한 지도자에게서 신의 법에 따라 다스림을 받는다는 의미로 해석하는 모슬렘의 시각과 극명한 차이를 나타낸다.

4 아이러니하게도 이슬람이 처음 발원했을 때는 평등에 대한 시각이 상당히 자유로웠다. 세계가 적대적이고 잔혹하며 불평등하던 시기에는 권력과 부가 극소수의 사람들에게 집중됐다. 이슬람은 특권, 엘리트주의와 불평등을 맹비난했다. 실제로 이슬람 군

대에 정복당한 페르시아와 비잔틴 제국의 사람들은 이전보다 더 많은 자유와 기회를 누리게 됐다. 특히 유대인과 소수 기독교 집단에게는 사실이었다.

하지만 이슬람이 진화하면서 귀족주의가 다시 고개를 들었다. 몇 세대를 지나 이 사람들이 누렸던 진보들은 전부 사라져 버렸다. 좀 더 근본적으로는 이슬람법하에서는 모슬렘 남성과 절대 동등해질 수 없는 세 부류의 집단이 존재한다. 여성, 노예와 비신자다. 이슬람법에서는 단순히 이들이 영원토록 동등해질 수 없다고 본다.

여성에게 완전한 평등이란 절대로 불가능하다. 이슬람 근본주의 국가에서는 7세기나 오늘날이나 형편이 마찬가지다. 성 역할에 관한 이슬람과 서양문화의 생각이 철저하게 다르며, 앞으로도 크게 나아질 것 같지는 않다. 서양의 압력으로 비신자에 대한 처우가 일정 부분 개선된 것은 사실이나 여전히 어려운 처지이고, 오늘날에도 모슬렘 문화권에서 생활하는 비신자들은 이따금 목숨을 걸어야 할 순간을 맞이하기도 한다. 물론 노예제도는 폐지됐다. 그러나 근본주의가 깊숙이 자리 잡은 문화에서는 성 착취를 위한 여성의 매매를 여전히 용인하고 있다.

5 이슬람 신도들 사이에서는 세속적인 교육이 전혀 중요하지 않다. 정부와 사람의 일에서 모두 이슬람법이 최후의 결정권을 쥐

고 있다 보니 오로지 종교 지도자들만 교육을 받아야 한다고 본다. 이슬람의 세속적인 교육에 대한 무관심은 해를 거듭하면서 '지식은 육성하고 발전시키기보다는, 취하고 쌓으며 필요한 경우 매수할 수 있다.'라는 시각으로 발전했다.

이후 르네상스와 기술적 혁명이 유럽을 휩쓰는 동안 이슬람 세계에서는 '개인적인 탐구가 사실상 사라져 버리고 과학은 대부분 영역에서 입증된 지식의 말뭉치(언어를 연결하는 각 분야에서 필요로 하는 연구 재료—옮긴이)를 존중하는 수준으로 전락했다.'

유럽에서는 과학, 예술, 기술과 산업화에서 매우 중요한 진전이 일어나 사람들은 거의 모든 면에서 더 나은 삶을 누리게 됐다. 그러나 이슬람 세계는 이를 거부했다. 하긴 그들이 가지고 있던 감정을 생각하면 어떻게 받아들일 수 있었겠는가? 기독교는 이슬람의 철천지원수였다. 이슬람은 수백 년 동안, 그리고 수많은 갈등을 겪으면서 기독교의 유럽을 뛰어넘는 것에 집착하다시피 했다. 그리고 기독교가 적이라는 이유로 기독교로 오염된, 가령 유럽에 기원을 둔 진보는 무가치하다고 간주했다. 이 규칙에서 유일한 예외는 전쟁 수단이었다. 종교 당국은 신앙심 없는 자들이 만든 무기와 전쟁 기술을 베끼더라도 새로운 기술들을 활용해 적을 무찌를 수 있다면 허용 가능하다고 주장했다.

6 이슬람 국가들은 해방, 자유, 자치의 개념을 마주쳐도 외면하고

말았다. 수백 년이 지나면서 이 개념 중 일부는 몇몇 중동 지도자들의 사고방식에 침투하긴 했지만 오늘날조차 중동 국가들이 이런 개념을 효율적인 통치 수단으로 받아들이는 데에는 심각한 제약이 따른다.

이런 연유로 이슬람 종교가 위대한 특징에도 지녔음에도 자유, 자치, 과학, 또는 경제적 발전의 역사적 전통을 갖지 못한 것이다.

피레네 산맥의 동쪽 끝, 프랑스 남부

그들은 불편한 감정으로 서로 바라봤다. "나는 이해할 수 없어." 동생이 짧게 말했다. 남쪽에서 온 형은 입을 여는 데 뜸을 들였다.

"너희는 거의 그렇지." 마침내 그가 답했다.

동생은 화가 났다. "형은 적에게 가담했어." 그의 눈동자와 성난 목소리에서 분노가 묻어났다. "아니야, 나는 오래전에 이미 적이 되었다."

"형은 우리 가족을 배신했어. 우리의 명예. 우리 아버지의 기억……." 그러자 형이 쏘아붙였다. "너는 아버지에 대해 아무것도 몰라." 그는 아버지를 배신한 적이 전혀 없으며, 지금도 그의 마음 깊은 곳에는 선조에 대한 존경이 자리 잡고 있어 앞으로도 배신할 일이 없을 것이다. 아버지가 지금 이 세상에서 자신의 행동을 이해하지 못한다손 치더라도, 내세에서는 이해하게 될 것이다. "넌 아버지에 대해 무얼 기억하지?" 그는 말을 이었다. "너는 너무 어렸고, 너를 끌고 가는 어머니의 옷자락에 순진하게 매달려 있었어. 아버지를 마지막으로 봤을 때 이성적으로 판단하고 따지지 않았다는 말이다. 이제 와 아버지를 대변한다고 여긴다면 넌 어리석은 거야."

동생은 치밀어 오르던 말을 억눌렀다. "어떻게 그럴 수가 있지?" 그는 다시 물었다. "형제여, 무엇을 말이냐? 내가 무엇을 했기에? 내가 무엇 때문에 비난받아야 하지? 세상은 복잡한 곳이다. 악하고 교활하며 어리석을 정도로 잔혹하지. 내가 가진 신앙은 그보다 더 많은 것을, 더 나은 것을 가르친다. 내게 희망을 준다. 우리 모두에게 주지. 그것은 우리를 구원할 진리들을 가르치는 유일한……."

"우리를 구원한다! 무엇으로부터 우리를 구원하는데? 형과 형의 사람들은 다시는 석양을 보지 못하도록 땅을 파괴했어! 짓밟고 무너뜨렸다고. 노예와 재산을 가져갔지. 게다가 형은 마치 형네 신의 심부름꾼이라도 되는 양, 종교의 이름으로 이런 일을 하고 있어."

"너의 신과 나의 신은 같은 분이다, 동생아. 세상에 오직 알라만이 진정한 신이며 무함마드는 그의 사자이다."

동생은 짜증 난다는 듯 손을 저었다. 귀에 못이 박이게 들었던 말이다. 지난 20년 동안 아랍 군대는 정찰병들을 데리고 피레네로 접근해 늘 약한 곳을 살피면서 공격을 준비하고 적들의 동태를 살폈다. 그 뒤부터 북부 지역에서는 이슬람 신앙이 널리 알려졌다.

"우리를 구원한다!" 동생이 되풀이했다. "형과 형의 군대가 우리를 구원한다!" 그의 목소리에 회의와 무시가 묻어났다.

통상 무어 인(Moors)이라고 불렸던 아랍과 북아프리카 침략자들은 이베리아 반도를 정평해 알 안달루스(Al-Andalus)라는 왕국을 세웠다. 그가 알기로 그것은 '가뭄 후에 녹지가 우거진다.'라는 의미였다. 하지만 지금 많은 것들을 녹지로 볼 수 없었고 세상은 더 나아지지도 않았다. 그는 정복자들이 자기 땅의 여성들을 어떻게 대하는지 목격했고, 노예로 데리고 있던 소녀들을 어떻게 다루는지도 봐왔다. 정복한 거의 모든 것에 그들 신의 흔적을 남기는 방법도 목도했다. 만약 침입자들이 새로운 색을 입혔다고 말한다면, 그것은 녹색이 아니라 전쟁의 붉은 피색이었다.

형제는 다시 침묵에 빠져들었다.

"형은 형의 신앙을 잃었어." 동생이 마침내 매듭을 지었다. "겨우 인두세와 이 세계에서 높은 지위를 얻으려고 자신을 팔아넘긴 거야. 형은 그게 더 쉬워서 그리스도를 포기했던 거야. 형의 땅을 지키기 위해서. 형의 재산, 형의 야망. 형은 단지 팥죽만 한 그릇에 종교를 팔아먹은 거라고."

형은 슬프게 고개를 저었지만, 표정은 침착했다. 설사 화가 났더라도 드러내지 않았을 것이다. 그의 목소리는 부드럽고 평온했다. "동생아, 그런 일을 한 사람들도 있기는 하다. 전혀 없었다고 한다면 내가 어리석겠지. 하지만 나는 그런 이유로 변한 것이 아니야. 다만 더 나은 방법을 발견했을 뿐이다. 더 큰 진리, 더 큰 빛을. 너의 믿음도 그릇된 것이 아니고 나는 네게서 그 신앙을 빼앗을 생각이 없어. 결국 우리는 많은 것을 공유하고 있는 셈이지. 선지자들과 예언, 기도, 믿음, 선의와 자비의 베풂. 우리가 믿는 것은 상당 부분 같아. 나는 그저……, 어떻게 설명하면 좋을까……. 사다리에서 한 발짝 더 올라갔다고 할까. 이제 나는 네게로 닿으려고 하는 거야, 내 동생아." 이 대목에서 그는 잠시 멈췄고 갑자기 표정이 어두워졌다. "동생아, 나는 네게로 가고 있어. 하지만 내 손을 잡아야 하는 것은 바로 너야. 너는 우리에게 맞서 싸워서는 안 돼. 신의 강한 군사는 이길 수 없어. 우리가 이 땅을 휩쓴 이유는 그분의 뜻이기 때문이야. 알라가 우리와 함께 하시는 한 우리는 지지 않는다. 그래 맞아, 우리는 진리와 자비를 베풀지만 그것이 전부는 아니야. 우리 손을 붙잡는 이들과는 함께하지만 그렇지 않은 자들에게는 네 말대로 정복을 하지. 그들은 우리의 적이자 오직 한 분인 진짜 하나님의 적이란다."

동생은 형이 내민 손을 쳐다봤다. "형 정말 우리에게 이럴 셈이야? 정말 우리 땅으로 밀고 들어올 계획이야? 형이 십자가에 맞서 싸우겠다고? 형의 형제들과 가족들에 맞서서? 유럽 전체에서 싸웠듯 이슬람 군대와 함께하겠다고?" 그는 말을 멈추고 천천히 숨을 내쉬었다. 날

숨이 산의 찬 공기에 얼어붙었다. "형은 어떤 편에서 싸울 거지? 역사에서 누구의 편을 들겠느냐고?"

형은 주저하지 않았다. 그는 겉옷을 젖혀 손을 칼 위에 올려놓았다.

"동생아, 나는 이미 선택했다. 우리는 정복할 것이다. 그리고 이길 것이다. 칼리프의 손은 아시아의 정글에서 서쪽의 대해(지중해—옮긴이)까지 8,000킬로미터를 넘는 영토에 미치게 될 거야. 우리는 이제까지 진군했던 모든 영토를 정복했어. 이 땅도 차지한다는 데 의문의 여지가 있을까? 너희 영토, 너희 백성, 너희 기독교 하나님. 이들이야말로 우리에게 맞서는 마지막 존재들이지. 하지만 결코 오래가지는 못할 것이다!"

모슬렘 침입자들은 누구인가?

전설에 따르면 '무함마드'라는 남자는 A.D. 570년에 아라비아 서쪽의 오아시스 도시인 메카(Mecca)에서 태어났다.

지중해와 중동 전역에서는 기독교가 지배세력이었고 무함마드가 태어난 세계 역시 이런 역학관계에 있었다. 이 지역에서 기독교 이전에 존재했던 종교 가운데서는 유대교와 조로아스터교(Zoroastrianism, 페르시아, 또는 오늘날 이라크와 이란의 종교)를 제외하고는 거의 모두가 자취를 감췄다. 로마 제국은 부패했고 특히 서쪽은 잇달아 이민족의 침입을 받으면서 쇠약해졌다. 동로마 제국인 비잔틴 제국은 수도가 콘스탄티노플로서, 명맥은 이어갔지만 한때 강성했던 왕국의 일부분에 지나지 않았다. 또 기독교가 유력한 종교로 성장했어도 이 시점에서는 종파와 교회의 분열이 일어나기 시작했다.

세상은 평화로운 곳이 아니었다. 이 시기 동쪽에서는 강성한 페르시아 제국과 비잔틴 사이에서 끊임없이 갈등이 벌어지면서 정치와 군사적 현실을 지배했다. 두 제국은 영토와 동양과의 교역로 통제권을 놓고 계속 전쟁을 벌였다.

이 지역의 사람들 대부분은 두 거대 제국 중 어느 한 편의 지배를 받았고 아랍 인도 예외가 아니었다.

하지만 아라비아 반도의 상황은 급변하고 있었다. 비잔틴과 페르시아 사이의 힘겨루기로 수많은 난민이 양산됐다. 무역로를 통해 벌어들이는 짭짤한 수입은 외국인과 식민지 주민을 대거 모여들게 했다. 이같이 새 피를 수혈하면서 아라비아 사회는 불안정해졌고 외부세계로 노출됐다. 고대 아랍의 토속종교는 도전을 받았다. 기독교 지역과 국경을 맞댄 지역에서 특히 이런 일이 잦았고 아랍 인 중 일부는 기독교로 개종했다. 난민 중 대다수가 유대인이었는데 숫자로 보나 아랍 영토에서의 존재감으로 보나 세력이 점점 확대되고 있었다. 이들은 새로운 사상과 도구, 전통, 신념, 기술을 이 지역으로 들여왔다. (한 가지 흥미로운 점은 아랍 민족에게 소개된 주요 기술들 가운데 로마와 페르시아의 군사장비들이 포함돼 있었다는 것이다. 이는 가까운 장래에 상당히 유용하게 활용된다.)

거대한 혼돈과 변화의 시기였지만 메카에서 태어난 남자 때문에 어떤 미래가 펼쳐질지 누구도 예상치 못했다.

◀━○

무함마드가 태어난 시기에 아라비아 반도는 인구밀도가 낮았다. 사막에 거주하던 유목민들은 양, 염소나 낙타들을 몇 마리씩 키웠다. 일부는 농사를 지을 수 있는 경작지 한 뙈기로 근근이 생계를 이어갔다. 그들은 자신의 부족이라는 오로지 하나의 대상에게만 충성을 바쳤다. 그 세계에서는 부족이 유일한 주목의 대상이었다. 그들은 아랍 인으로서의 정체성은 거의 가지고 있지 않았으며 국가나 민족의 정체성은 사실상 존재하지 않다시피 했다. 생계를 제외한 대부분의 생활은 유복한 이웃들로부터 전리품과 노예를 약탈하는 데 열중했다.

하지만 무역로를 따라 소도시와 정착지가 일부 있긴 했다. 메카가 이런 장소였다. 당시 메카는 무역로를 지나가는 대상(隊商)의 숫자가 늘면서 부가 크게 늘었다. 또한 이 지역은 과거에 아무도 관심을 두지 않던 수입이 지속적으로 발생하는 특혜를 누렸다. 수천 명의 아랍 인이 검은 돌(Al-Hajura-I-Aswad)을 경배하러 메카로 향했던 것이다. (모슬렘들은 지금도 그렇게 믿는데) 그들은 이 검은 운석을 아브라함이 발견했다고 생각하며 그 기원은 아담과 이브의 시대로 거슬러 올라간다고 믿는다.

무함마드는 39세에 마지막 선지자가 되리라는 계시를 받았다. 그가 전한 메시지는 단순했다. 오로지 하나의 신인 알라가 있으며 무함마드는 신의 말을 전할 책임 있는 사자라는 것이다. 그 후 내세에서 심판이나 보상을 받게 되고, 천국의 훌륭한 거처나 지옥의 불타는 장소를 얻게 된다는 메시지였다.

그가 부름을 받은 처음 몇 년 동안에는 개종자가 얼마 없었다. 처음에는 그의 가족 중 일부가 개종했고 이후에는 다른 소도시 사람들이 신앙을 가졌다. 하지만 메카에서는 그의 메시지를 전파하기가 쉽

〈메카의 마호메트〉, 안드레아스 뮐러, 19세기 그림, 메카에 무혈입성한 무함마드는 다신교의 시대의 종말을 선언했다.

지 않았다. 이에는 여러 요인이 있었는데 특히 이 새 종교가 메카의 성지순례에 방해될 수 있다면서 그를 박해한 것이 주된 이유였다.

그는 622년 메카에서 북쪽으로 320킬로미터 가량 떨어진 메디나(Medina)로 도망쳐서 피난처를 얻었다. 그곳에

서는 환대와 인정을 받았을 뿐 아니라 강력한 지지까지 얻었다. 머지

않아 그는 도시의 지도자로 올라섰다.

이슬람이 단순히 종교가 아니며 무함마드도 그저 단순한 종교 지도

자가 아니라는 사실은 곧 드러났다. 메디나의 신도들은 메카의 불신

자들을 공격하며 전쟁을 선동했다. 무함마드는 선지자로서 전사로서

군대의 선봉장에 섰다. 전쟁은 길고 지루했다. 8년의 전투 끝에 그는

자신의 고향에서 승리를 쟁취했다. 그곳 사람들은 이슬람교로 개종해

야만 했다.

역사학자이자 중동 전문가인 버나드 루이스는 모세가 약속의 땅에

들어가지 못한 것과 달리 무함마드는 자신의 땅을 정복해냈다고 지적

했다.

무함마드는 약속의 땅을 정복하고, 평생 예언의 권한과 더불어 정치에

있어서도 이 세계의 승리와 권력을 얻었다. 그는 신의 사도로서 종교적

비밀을 알리고 전파했다. 하지만, 동시에 모슬렘 움마(Umma)의 수장

으로서 법을 공포하고 정의를 베풀었으며, 세금을 거두고 외교활동을

하고 전쟁을 일으키며 평화를 형성했다. 공동체로 시작된 움마는 국가

가 됐다. 그리고 곧 제국으로 성장했다.●

—버나드 루이스 《The Middle East》 중에서

그가 메카를 정복하고 632년 사망하기까지 2년 동안 무함마드의 종교와 정치권력은 아라비아 반도 전역에 퍼져 나갔다.

이슬람에 따르면 그는 마지막 선지자다. 무함마드가 이미 진리와 유일신 신앙을 회복시켰으니, 이를 전 세계에 전파하는 일은 신도들의 몫으로 남았다. 무함마드를 따랐던 최고 지도자인 칼리프는 이 책임을 매우 진지하게 받아들였다. 이후 수십 년 동안 이슬람 제국은 동쪽으로는 인도와 중국까지, 서쪽으로 아프리카를 거쳐 대서양까지 닿았으며 북쪽으로는 유럽까지 뻗어 나갔다.

이 이슬람의 아랍 군대가 수많은 민족과 영토를 정복한 속도는 실로 놀라웠다.

이슬람 칼리프의 대두

632년 이슬람은 시리아와 이라크의 사막 지역에 사는 아랍 유목 부족들이 대다수를 차지하는 소수 종교에 지나지 않았다. 그로부터 단 백

●
움마는 '모슬렘 공동체'를 의미한다. 무함마드는 인생에서 전쟁을 중시했던 신념과 관련해 다음과 같은 말을 한 것으로 알려졌다. '천국과 지옥의 열쇠는 칼이다. 하나님의 대의를 위해 흘리는 피 한 방울, 군장을 하고 지내는 하룻밤은 두 달의 금식이나 기도보다 더 효과가 크다. 누구든 전쟁에서 쓰러지는 자는 죄를 사함 받는다.' (에드워드 기번의 《 The History of the Decline and Fall of the Roman Empire》 919-20쪽을 참고하였다.)

년 만에 시리아, 이라크, 페르시아, 이집트, 북아프리카, 스페인, 포르
투갈, 우즈베키스탄, 투르크메니스탄, 남부 파키스탄의 종교로 확장
됐다. 이 영토는 모두 아랍 어를 구사하는 엘리트들의 지배를 받았다.
또 이슬람은 이 지역을 정복하면서 다른 종교를 모두 제압했다. 페르
시아 제국 전역에서 조로아스터교는 거의 사라졌다. 기독교와 유대교
는 스페인과 포르투갈을 제외한 정복지에서 명맥이 끊기다시피 했다.

역사상의 여타 위대한 정복과 달리 칼리프의 제국이 오랜 기간 유
지됐다는 사실에 주목해야 한다. (곧 설명하겠지만) 오늘날에도 스페인
과 포르투갈을 제외하면 이 모든 지역에서 이슬람이 지배적 종교로
남아있다. 더 나아가 아라비아 어는 상당수 국가의 주요 언어다.

무함마드가 종교를 전파하는 데 성공한 원인이 전적으로 군사적인
정복에 있다고는 할 수 없다. 많은 개종자가 두드러진 부족적 연대감
을 형성했고 무함마드의 교리가 호소하는 면에도 충성을 맹세했다.
그러나 그가 종교적인 목표를 성취하는데 군사력을 사용했다는 사실
은 분명히 신도들에게 큰 의미가 있다.

무함마드의 군사행동은 어떤 측면에서 보면 모슬렘 정복의 서막이었다.
그는 새 종교를 지키는 데는 무장한 세력이 필요하며, 그것이 종교의 확
장에 중요한 역할을 했음을 보여줬다. 이 선지자의 예는 초기 기독교가
드러냈던 평화주의적 경향과 수평적 비교가 불가능함을 의미한다.

무함마드의 군사행동과 성공은 그 인생의 초기 일화에서 상당 부분을 차지하며, 신도들은 그의 군사적인 기량을 널리 칭송했다.

무함마드가 숨을 거두자 군사적인 정복은 그 복음을 전파하는 주된 수단이 됐다. 이런 유형은 그가 사망한 후 수많은 아랍 모슬렘들이 메디나로부터의 독립을 선언했을 때 확고해졌다. 무함마드의 계승자를 자처한 이들은 신속하고 강렬하게 반응했다. 변절자들을 무찌르기 위해 대규모 군사를 파견했고 재빠르게 바로잡고 처치했다.

변절한 아랍 인과의 전투는 분수령과 같은 사건으로서 수세대에 걸쳐 굳어진 강력한 전례가 됐다.

전쟁의 부름

이슬람 군대는 일단 시동이 걸리자 멈출 줄을 몰랐다. 군사적 승리의 결과물이 달고, 또 비교적 손쉽게 강한 인상을 남길 수 있다는 것을 안 그들은 주변 세계를 둘러봤다. 그리고 로마와 페르시아 제국을 처단할 시기임을 깨달았다.

전투를 선포한 아랍 군대는 진격에 나섰다. 유목민족들은 메디나에 있는 무함마드의 계승자들에게 엄격한 복종을 해야 함에도 전쟁의 전리품을 취하기 위해 대부분 전투에 참여하기를 원했다.

군사운동은 빠르게 신병을 모을 수 있는 주요 원천이었지만 어떤 이들은 전투 소집을 불편하게 여겼다.

무력을 사용한 이슬람 전파와 관련해 경전상의 근거는 다소 불분명했다. 코란에는 비신자들에 대해 무력의 사용을 당연시하지는 않더라도 명백히 정당화한 구절들이 있다.* 하지만 다른 구절들에서는 기독교도와 유대인들을 지칭하는 '책의 민족들'이 세금을 내고 2등 시민임을 받아들이며 신도들에게 굴종한다면 그대로 두라고 언급해, 강도가 약한 접근이 가능함을 암시했다. 이방인과 다신교도에 대해서는 개종, 죽음 아니면 노예 전락이라는 비교적 매력적이지 않은 선택만이 있을 뿐이었다.**

겉보기에 비신자들에 대한 무력 사용과 관련해 경전과 일치하지 않자 결국 계시를 받았던 시대를 살펴 결정을 내리게 됐다. 더 호전적인

---

*
9장 5절의 예로는 다음을 읽어보라. '신성한 달이 지나면 이교도들을 찾아내는 대로 죽이며 사로잡고 포위하며 모든 매복 장소에 누워 기다리라. 하지만 회개를 하고 규칙적으로 기도를 하며 구호세를 지불하면 하나님은 용서하시고 자비를 베푸시니 그들을 그대로 두어라.' (휴 케네디 《The Great Arab Conquests》에서 49-50쪽을 인용하였다.)

**
군사적 정복으로 새로 파악한 영역과 관련한 논의는 다음을 참고했다. 휴 케네디 《The Great Arab Conquests》 48-51쪽, 버나드 루이스 《The Middle East》 57-58쪽과 233-34쪽. 이교도들을 개종시킬지 노예로 만들지에 대한 선택과 관련해 기번은 다음처럼 특징을 지었다. '간단한 신앙 고백이 형제와 노예를 갈랐다.' (에드워드 기번 《History of Decline and Fall of the Roman Empire》에서 946쪽)

계시들이 나중에 내려왔다는 까닭에 무력 사용이 필요하다고 결론을 내렸고, 이슬람 정복을 정당화하는 데까지 이르렀다.

노골적으로 무력을 사용해 개종시키는 것을 용납하지는 않았지만 개종하지 않으면 가혹한 세금, 열등한 지위, 심지어 노예로 전락하는 처벌을 내렸다. 그러므로 대거 개종이 발생한 것은 당연한 결과다.

빈번하게 인용되는 하디스(Hadith, 마호메트의 언행록—옮긴이)에서는 신앙심 없는 자들이 전쟁에서 패배해 노예가 되자 이슬람으로 개종하는 사례가 증가하고 있고 그 규모가 막대하며 '신은 쇠사슬에 묶여 천국으로 끌려온 사람들을 보고 놀라셨다.'라고 언급했다.●●●

아라비아 군사들은 자기 영역을 진압하고도 만족하지 못했다. 사실 그들은 이제 막 시작이라고 생각했다. 아랍군은 동쪽과 서쪽으로 파견됐는데 이 군사들은 강력했지만 그리 규모가 크지 않았다. 시리아를 정복한 군사가 3만 명에 불과했고, 이라크는 6,000~1만 2,000명, 이집트는 1만 6,000명쯤으로 추산된다. 또 그들은 가볍게 이동하기 위해 자기가 먹을 음식과 보급품 정도만 가지고 떠났다. 주요 무기는 약 1미터 길이의 넓고 곧은 칼이었지만 적의 기병이 공격해올 때를 대비해 화살과 활, 창을 보조무기로 사용했다. 말과 낙타로 기동성을 확

●●●
하디스(hadith)는 무함마드 선지자의 발언을 모은 것으로 이슬람 신앙을 지도하는 주 원천이다.(버나드 루이스 《The Middle East》 234쪽을 참고하였다.)

보했지만 대부분은 도보로 이동해서 칼 대 칼로 싸웠다.

이슬람 정복의 전문가인 휴 케네디(Hugh N. Kennedy)는 이렇게 지적했다.

초기의 이슬람 군대는 비밀무기를 가지고 있지 않았고 적들을 진압할 새로운 군사기술도 갖고 있지 않았다. 그들의 이점은 단순하게 기동성과 훌륭한 지도력, 아마도 가장 중요하게는 동기부여와 높은 도덕성에 있었다.

이슬람 전사들을 충동질한 것이 무엇인지 추측하기 어려우나 학자들은 군사 전략상의 주된 동기를 다섯 가지로 분류했다. 대부분은 초기 아랍의 원전에서도 확인된다.

1 전쟁으로 피 흘리는 것은 아랍문화 전반에서 개인의 영광과 명예를 지속시키는 가장 큰 원천이었다. 호전적인 문화와 대량학살은 무함마드 훨씬 이전부터 존재했다. 하지만 무함마드의 계승자들은 새 종교가 같은 신앙을 가진 다른 신도들을 공격하지 못하도록 하고 있음을 알고 있었다. 아랍 인들은 늘 공격과 약탈을 기반으로 번성했으니 이는 딜레마였다. 동포 모슬렘들을 공격할 여지가 사라져 버리니, 아랍의 전통을 분출하기 위해 동쪽

과 서쪽에서 전쟁을 일으킬 수밖에 없었다.•

2 지하드 즉 '성전(聖戰)'의 개념은 현실적이었다. 전사한 이슬람의 수호자들은 순교자들로서 천국으로 직행했다. 비신자들은 사망해서 끝없는 불지옥으로 보내졌다. 일부 현대 모슬렘 신학자들은 지하드에 개인적인 영혼이나 도덕적인 투쟁의 의미를 부여한다. 하지만 버나드 루이스는 이슬람 초기에는 그 의미가 명확했다고 지적했다.

그러나 초기 권력자 중 압도적인 다수는 코란의 관련 구절과 전통을 인용하면서 지하드를 군사적 용어로 사용했다. 사실상 샤리아의 모든 조항에는 지하드에 관련된 장이 포함돼 있는데 개전, 행동, 휴전, 적대적 관계의 종결, 전리품의 할당과 분배 등을 매우 구체적인 수준으로 규정했다.

또 지하드가 지리나 시기에 국한되지 않음을 주목할 필요가 있다. '모슬렘 지하드는 …… 한계가 없는 것으로 인식됐다. 전 세

<hr />

•
초기 이슬람 군사들의 동기와 함께 공격과 약탈에 대한 아랍 전통과 관련해서는 다음을 참고하였다. 휴 케네디 《The Great Arab Conquests》 55-65쪽, 버나드 루이스 《The Middle East》 57-59쪽과 233-35쪽. 루이스는 특별히 지하드의 전통적인 의미에 관심을 기울였다.

계가 모슬렘 신앙을 받아들이거나 모슬렘의 지배에 복종하기까지 계속돼야 하는 종교적 의무였다.'

3 이슬람 군대는 그들의 행위가 고결한 대의로서 악의 종교에 빠진 피정복민을 해방한다고 간주했다. 그들이 해방되면 정복된 백성은 이슬람으로 개종시킬 수 있기 때문이다. 루이스가 언급했듯, '지하드의 목표는 전 세계를 이슬람법 아래 두는 것이다. 이는 완력을 사용한 개종이 아니라 개종에 방해되는 장애물을 제거하는 것이었다.'

4 아랍 군사들은 부족의 성공에 커다란 자부심을 느꼈는데, 이런 자부심은 아랍의 정체성에 대한 충성심으로 발전했다.

5 아랍 역사학자들은 이슬람 운동의 초기 지도자들이 축적한 막대한 부를 연대순으로 잘 기록했다. 전쟁 동안 지도자들은 어마어마한 양의 금과 은, 그리고 놀랄 만큼 많은 노예를 취했다. 분명 이런 부는 정복에 나서는 또 다른 동기를 부여했을 것이다.

제국들을 향한 전쟁

아랍 변절자들 사이에서 일어난 반란이 진압되자 아랍 군사들은 첫 번째 정복지로 기독교의 고향인 시리아와 팔레스타인을 지목했다.

시리아 침공은 632년에 시작됐다. 아름다운 도시 다마스쿠스는 곧 함락됐고 마침내 전 모슬렘 세계의 중심지가 됐다. 예루살렘은 637년에 정복당했다. 640년에는 시리아와 팔레스타인 전체가 메디나 칼리프의 지배를 받았다. 그리스와 로마의 지배로부터 1,000년, 그리고 기독교의 영향을 받은 지 600년이 흐른 후 이 지역은 이슬람 영토로 들어갔고 오늘날까지 모슬렘이 주로 거주하며 아랍 어를 구사한다.

다음은 비잔틴과 페르시아 제국의 차례였다. 둘 다 계속된 전쟁으로 상당히 약해진 상태였다. 게다가 흑사병으로 떼죽음이 일어나 인구의 3분의 1이 사망했다. 어떤 지역에서는 거리가 으스스할 정도로 황폐해졌고 이런 지역은 정복이 쉬웠다.

동쪽에서는 현재의 이라크인 페르시아 제국이 공격을 당했다. 페르시아 제국은 부와 번영, 권력으로 유명세를 날렸고 조로아스터교, 기독교, 유대교 신도들이 한데 뒤섞여있었다. 침입한 아랍 군사들은 640년에 페르시아 영토를 완전히 장악했다. 페르시아는 시리아와 팔레스타인과 마찬가지로 군대가 처치되자 백성이 메디나에 조공을 바치기로 맹세를 했다. 모슬렘의 적을 돕지 않는다면 보통 그대로 살 수 있었다.●

●
휴 케네디 《The Great Arab Conquests》 98-138쪽을 참고하였다. 에드워드 기번은 페르시아 제국에 부과된 (이라크와 이란을 모두 포함하는) 전체 조공이 금 200만 조각에 달했다고 밝혔다. (에드워드 기번 《The History of Decline and Fall of the Roman Empire》 946-47쪽 참고하였다.)

다음은 이집트 차례였다. 시리아나 이라크와 달리 역사가 오래되고 덕망이 있었던 이집트 왕국은 국경이나 왕국 한복판에 아랍 인구가 없었다. 사실 모슬렘은 이집트가 막대한 부를 소유했다는 사실 외에 아는 정보가 거의 없었다.

이집트 대부분이 그랬지만, 그 가운데서도 특히 알렉산드리아 (Alexandria)는 전 로마 비잔틴 제국에서 기독교의 중심지 역할을 했다. 불운하게도 이 나라는 콘스탄티노플의 황제와 (오늘날에도 존재하는 콥트 교회라는) 독립적인 기독교도 집단 사이에 벌어진 내홍으로 산산조각이 난 상태였다.

이런 불협화음에 더해 이집트는 흑사병의 치명적 영향으로 손쉬운 먹잇감이 됐다. (전 인구는 기껏해야 300만뿐이었다.) 아랍의 침략은 639년에 시작됐다. 세계에서 가장 위대한 도시 가운데 하나였던 알렉산드리아는 잠깐의 교전에 함락돼 버렸다. 전 이집트를 2년 안에 정복했다.

아랍 인들은 이집트의 두 개 도시 이상에서 남자, 여자와 어린이들을 전부 살육했다. 그들이 적군의 군사들만 대대적으로 죽이던 관례를 왜 깼는지 그 이유는 명확하지 않다. 팔레스타인과 시리아와 마찬가지로 그리스와 로마의 천 년 지배도 결정적인 종말을 맞았다. 이집트는 모슬렘이면서 아랍 어를 사용하게 됐고 이는 오늘날까지 이어지고 있다.

아직 끝나지 않았다.

오늘날의 이란 지역은 651년 정복당했다. 아랍 인들은 북쪽과 동쪽으로 확장하면서 현재 우즈베키스탄, 타지키스탄(Tajikistan), 카자흐스탄으로 알려진 지역들을 압박해 들어갔다. 남쪽으로는 지금의 파키스탄에 승리를 거뒀다. 메디나의 중심지에서 멀리 떨어진 이 모든 동쪽 영토에서 그들의 종교와 영향력은 지금까지 이어지고 있다.

아랍군은 이집트의 서쪽에서 지중해로 진군했다. 하지만 북아프리카 전체를 정복하는 일은 절대 쉽지 않았다. 알렉산드리아에서 지브롤터 해협(Strait of Gibraltar)까지 이 3,200킬로미터가 넘는 거대한 영토를 정복하는 데 70년 이상이 걸렸다.

로마 제국의 일부로 한때 부유하고 번성했던 북아프리카는 인구밀도가 점점 낮아졌다. 도시들에는 거대한 건물과 장엄한 유적들이 일부 남아있었지만 많은 사람이 떠났다. 남은 자들은 대부분 베르베르 족(Berber)이었는데 이들은 로마 인들보다 정복하기가 어려웠다. 로마 인들의 경우 아랍 인들이 다가오기만 해도 곧장 영토를 버리고 떠나기로 유명했던 것이다. 북아프리카 전역에서 전쟁이 발발하자 자존심이 강하고 독립적이었던 베르베르 족은 자유를 위해 용맹하게 싸웠다. 이들은 장비를 잘 갖추거나 고도로 훈련받지 않았지만 동기부여가 잘되어 있어 과거에 누구도 성공하지 못했던 일을 해냈다. 이슬람 군대를 무찌른 것이다.

그러나 승리는 오래가지 못했다. 아랍 인들은 이슬람 역사상 최초로 패배한 데 분노하며 심각해졌고 곧 4만 명의 군사를 소집했다. 이는 프랑스를 공격하기 전까지 최대 규모의 이슬람 군사들이었다. 그리고 베르베르 족의 영토를 신속하게 장악했다.

북아프리카 정복에서 특히 이 두 가지 측면에 주목해야 한다.

우선, 아랍 군대는 대량의 노예들을 취했다. 나이 어린 베르베르 소녀들은 견줄 대상이 없을 정도여서 중동 도시의 시장에서 상당한 값을 받았다. 수십만 명의 노예들이 끌려갔고 수만 명은 메디나로 보내졌다.

두 번째로는 베르베르 족이 입힌 초기 손실이 모슬렘들을 각성시켰다는 사실이 중요하다. 이들은 통렬한 패배를 처음 맛보자 이런 일이 재발하지 않게 하리라 굳게 결심했다.

아랍 군대가 유럽에 입성하다

수십 년 동안의 전쟁 후 마침내 아랍 군대는 지브롤터 해협에 다다랐다. 최초로 대서양에 닿은 아랍 장교는 말을 해안의 불룩한 부분으로 몰아가 하늘을 쳐다보면서 이렇게 외쳤다고 전해진다.

"위대한 신이시여! 저의 앞길을 이 바다가 가로막지 않았다면 서쪽에 있는 저 알지 못하는 왕국들을 향해 계속 진군하여, 신성한 이름으로 연합할 것을 전하고 다른 신들을 숭배하는 반역 국가들에 칼을 들었을 것입니다."

하지만 이후의 아랍 정복자들은 이 장교처럼 바다라는 장벽을 두려워하지 않았다.

북아프리카 전체를 정복한 뒤, 탕헤르(Tangier)에 아랍 인들이 정착하자 아랍 군대는 바다 건너편을 쳐다보기 시작했다. 그들은 알라의 이름으로 수행하는 임무가 아직 완수되지 않았음을 알고 있었다. 불가피했다. 다음 차례는 스페인이었다.

711년 침략자들의 선발대가 지브롤터 해협을 손쉽게 건넜다. 미지의 땅에 닿자마자 그들은 우연하게도 반란이 진행되는 시기에 도착했음을 깨달았다.

서고트 왕국(Visigothic Kingdom)은 스페인에서 로마 인들을 몰아낸 이후 300년이 흘러 비교적 안정적인 시기였다. 하지만 바로 1년 전에 왕위 찬탈자가 등장했다. 서고트 왕이 사망하자 권력을 향한 치열한 쟁탈전이 벌어졌고 왕국은 혼돈에 빠져들었다.

모슬렘들은 이 기회를 잡았다. 이들은 선왕의 아들들의 도움을 받아 순식간에 새 지배자의 군대와 대치하는 움직임을 보였다. 이 지역의 많은 사람은 단순히 일회성의 기습공격에 그칠 것으로 생각했다.

실제로 수많은 지방 귀족은 모슬렘들이 더 이상 머무르지 않으리라는 판단 아래 신속하게 강화조약을 체결했다.

하지만 현실은 달랐다. 이후 이슬람 군대는 스페인과 포르투갈에서 장장 800년을 머물렀다!

716년에 이베리아 반도의 대부분은 이슬람의 손아귀에 들어갔다. 이후 200~300년 동안 정복지의 대다수 민족은 이슬람 신앙을 갖게 되었다.

여기에서 매우 중요한 질문에 이르게 된다. 어떻게 전 세계적으로 이슬람의 정복은 그토록 오랫동안 이어질 수 있었을까?

모슬렘들이 정복지의 민족과 문화에 오래도록 지속적인 영향을 미칠 수 있었던 원인은 어디에 있을까? 아시리아 인들은 그렇지 못했다. 바빌론 사람들도, 페르시아 인들도, 그리스 인들 혹은 로마 인들도 마찬가지다. 이 거대 제국들 가운데 누구도 정복지에서 몇백 년을 버티지 못했다. 또한 누구도 그들이 피정복자들의 가치와 종교적인 관습을 그토록 극적으로 변화시키지 못했다.

이에 대해서는 몇 가지 확실한 이유가 있다.

모든 비신자는 2등 시민으로 강등된다는 사실, 그리고 이들에게 부과됐던 인두세가 개종의 확고한 동기로 작용했다는 것이다. 지배 엘리트가 되고 싶은 욕망이 있는 사람은 신도가 돼야 했다.

또 다른 해석도 있다.

기독교, 유대교와 이슬람교 사이에는 커다란 유사점들이 있다. 이 종교들은 모두 선지자, 구약의 기록, 미리 정해진 기도, 그 밖의 교리 면에서 공통점이 있었다. 기독교나 유대교도의 신앙심이 아직 확고하지 않은 상태에서 일반인이 접근할 수 있는 성경 사본도 존재하지 않는데다가 신도가 교리에 튼튼히 뿌리를 내리지 못했다면, 또 개인적인 체험보다는 앞 세대로부터 신앙을 물려받았다면, 옛 종교를 완벽하게 보완했다고 주장하는 새 종교로 갈아타는 일이 그리 어렵지 않았을 것이다. 특히 개종으로 가혹한 세금과 사회적 불평등에서 벗어날 수 있다면 더더욱 그렇다.

새 신앙을 받아들인 동기가 어디에 있든 이슬람 군대가 정복지 주민에게 미친 영향은 다른 군대와 비할 수도 없을 정도로 영속적이었다는 사실을 부인할 수 없다.

◀◉

유럽에서 매우 중요한 발판 격인 이베리아 반도를 취했다면 다음은 누구일까? 라는 질문이 이어질 것이다.

고전 역사학자인 에드워드 기번(Edward Gibbon)은 스페인의 이슬람 군사 지도자가 이런 목표를 가졌을 것으로 추정했다.

육상과 해상에서 강력한 군대를 갖춘 그는 프랑크 족과 롬바르드 족 (Lombards)이 쇠망하던 갈리아와 이탈리아를 손에 넣고 바티칸의 제단에서 신의 연합을 설파하기 위해 다시 피레네를 넘어갈 준비를 했을 것이다. 그 후 독일의 야만인들을 진압하고, 콘스탄티노플의 그리스 혹은 로마 제국을 정복하기 위해 도나우를 따라 흑해로 진격하며, 유럽에서 아시아로 돌아가는 길에 안티오크(Antioch)와 시리아의 속주들을 통일하려 했다.

만약 기번의 추정대로 이슬람 군사들이 프랑스를 거쳐 유럽 대륙의 동쪽으로 진격하면서 지브롤터 해협에서부터 유럽을 한 바퀴 돌았다면 칼리프들은 분명 세계 전체를 장악했을 것이다.

전 유럽을 정복하려는 이 야망을 성취하는 것은 단지 시간의 문제였을까?

아랍 군대가 북쪽으로 진군하다

이베리아 반도를 취한 모슬렘들은 북쪽을 주시했다. 이들은 유럽을 가로지르는 행군을 하려면 우선 피레네 산맥을 건너야 한다는 사실을 알고 있었다.

이후 수십 년 동안 기습조가 피레네 동쪽의 산길을 공략했다. 서쪽으로는 눈 덮인 봉우리들이 많았기 때문에 현실적으로 프랑스로 가는 방법은 동쪽을 거치는 수밖에 없었다.

주공격은 732년 5월, 6월에 시작됐다. 기독교 연대기는 침략군이 수십만 명에 달했다고 기록한다. 아랍은 군대가 8만 명의 아랍 인과 베르베르 병사들로 구성됐다고 기록하고 있다. 아랍의 기록이 사실에 근접한 것으로 보이나, 어느 쪽이 됐든 침략군의 규모는 어마어마했다. 게다가 아랍 인들은 자신의 앞길을 가로막는 어리석은 자들의 성벽과 요새를 파괴할 수 있는 모든 장비를 갖추고 있었다.

또 아랍 인들이 여느 다른 정복지에서처럼 아내와 아이들, 가재도구를 다 갖추고 이동했다는 것에 주목해야 한다. 그들은 프랑스에 머물 작정이었던 셈이다.

모슬렘들은 일단 산길을 건너자 프랑스 왕정의 상황이 자신들에게 꽤 유리하다는 사실을 알아차렸다. 그들 모두 기독교도이기는 했어도 갈리아에서 다양한 게르만 족들이 로마 군대를 몰아낸 이후, 극히 드문 예외를 제외하고는 언어, 관습 혹은 정부 면에서 전혀 통일성이 없었다. 프랑스 왕국들은 분열되고 취약했으며 서로 방어를 위해 힘을 합치려는 의지가 거의 없었다. 그들은 늘 내전을 겪으면서 한편으로는 라인 강 저편에서 먹잇감을 찾아 끊임없이 넘어오는 이방인 무리를 막아내야 했다.

사실 프랑스의 정치, 군사적인 환경은 이슬람 군대가 이전의 수많은 군사작전에서 맞닥뜨렸던 환경들과 소름 끼칠 정도로 유사했다.

그들은 확실한 기회를 포착한 뒤 신속하게 진군했고 과거의 행태를 되풀이했다. 주공격의 포문을 여는 차원에서 약탈을 시작하고 적군의 최전방을 염탐하며 영토의 여기저기를 조금씩 차지했던 것이다. 적군의 군사력과 의지를 시험하기 위해 파괴하고 약탈한 뒤 방화를 하기도 했다.

모슬렘들은 과거의 전투마다 압도적인 승리를 올리게 해준 모든 장점을 가지고 있었다. 전 제국은 한 명의 칼리프 아래 통일돼 있어 침략군을 지원할 막대한 인프라를 제공했다. 그들은 압둘 라흐만이라는 명석하고 경험 많은 사령관의 지휘를 받았다. 페르시아 제국 전체와 로마 제국의 절반에 해당하는 영역에서 백 년 동안 깨지지 않는 승리를 거뒀으니 기세나 높은 사기 측면에서도 유리한 위치에 있었다. 그들의 군사는 전쟁의 잔혹함에 무뎠고 전장에서 쓰러진 전우를 위해 복수하겠다는 열망에 타올랐다. 특히 그들은 진리가 늘 자기편에 있다고 진심으로 믿었다는 사실이 가장 중요하다. 신은 갈리아와 그 너머의 신앙심 없는 자들을 지배하도록 함께하고 있음이 분명했다!

피레네 북쪽의 쇠약해진 왕국들은 이슬람 군대에 맞설 희망이 없는 듯했다.

기번은 다음과 같이 지적했다.

프랑스 왕들은 …… 전쟁 의지와 용맹한 기운이라는 유산을 상실했다. 메로빙거(Merovingian)의 마지막 왕들은 게으른데다 불운과 단점까지 두루 갖췄다. 그들은 힘없이 권좌에 올라 이름 없이 무덤에 묻혔다 …… 그리고 프랑스 남쪽에서는 가론 강(Garonne R.) 어귀에서 론 강(Rhone R.)까지 아라비아의 종교와 관습이 자리 잡았다.

—에드워드 기번 《The Decline and Fall of the Roman Empire》 중에서

압둘 라흐만의 군사들은 사방에서 달려들었다. 도시들을 파괴하고 약탈했으며 교회와 수도원을 강탈했다. 어떤 방해도 없이 휘젓다가, 가론 강까지 다다랐다. 가론 강은 피레네 산맥의 중턱에서 발원하여 서쪽의 대서양으로 빠지기 전에 프랑스의 심장부로 흘러들어 가는 강이었다.

모슬렘들도 이따금 패배를 맛본 적도 있었지만 주요 도시 전체와 갈리아의 남부와 동쪽의 광활한 지역을 장악하는 데는 오랜 시간이 걸리지 않았다.

아키텐 주(Aquitaine)의 에우데스 대공(Eudes)은 그들과 맞서기 위해 나왔다가 곧바로 패했다. 대공은 보르도 시(Bordeaux)의 거대한 항구로 퇴각했지만 순식간에 점령당하고 약탈당했다. 교회가 불타고 시민은 살해당했으며 전리품과 노예를 빼앗겼다. 한 아랍 역사학자는 위대한 승리를 이렇게 기록했다.

압둘 라흐만의 군사들은 반복되는 성공에 자신감이 하늘을 찔렀고 통치자(Emir)가 전쟁에 임하는 실전 모습과 용기에 무한한 신뢰를 보냈다. 모슬렘들은 적군을 벌하고 가론 강을 건너 나라를 초토화했으며 셀 수 없이 많은 포로를 사로잡았다. 또한 이 군대는 거친 폭풍우처럼 전 지역들을 휩쓸었다 …… 모두가 생명을 빼앗는 언월도 앞에 길을 내줬다. 프랑크 족의 모든 나라가 무시무시한 군사에게 짓밟혔다.

—에드워드 크리시 《The Fifteen Decisive Battles of the World》 중에서

전 유럽이 바람 앞의 등불 신세였다. 이슬람 군대의 손에 유럽이 떨어지는 날에는 자유와 민주주의 발전의 미래는 최악으로 치닫게 될 터였다.

하지만 이후 이어진 극적인 전환을 이해하기에 앞서 기번이 지적했듯 '영국의 우리 조상과 이웃 갈리아를 코란이라는 문화와 종교적 멍에에서 구해낸 사건'들을 따져봐야 한다.

투르-푸아티에 전투, 프랑스 서부

두 형제는 전장의 반대편에 서 있는 상대방을 알아보지 못했다. 어떻게 볼 수 있었겠는가? 그들을 둘러싼 거대한 무리는 전투복과 투구를 입었고, 얼굴은 진흙으로 범벅돼 있었다. 고통이나 죽음의 공포가 눈

앞을 가렸다. 바글바글한 전장 저편은 고사하고 바로 눈앞에 서 있는 사람도 알아보기 어려웠을 것이다.

며칠 동안 이어진 자잘한 전투 끝에 양편의 군대는 마침내 마주쳤다. 얼마나 많은 사람이 전장에 나와 있는지 아무도 알지 못했다. 수만 명. 어쩌면 수십만 명일지도 모른다. 경사진 언덕과 나무 때문에 파악할 수 없었다. 게다가 양편의 사령관들은 병력을 상대방에게 공개한 뒤, 적에게 패배의 두려움을 안겨주어 전면전을 피하는 방법도 쓸 수 없음을 알아차리고 병력 일부를 숨기기로 했다. 최소한 상대방을 놀라게 할 군사를 떼어 놓으려 한 것이다.

거의 2,000명의 군사를 데리고 전장에 나온 형은 아랍군의 사령관인 압둘 라흐만 곁의 명예로운 자리를 차지했다. 그는 거대한 군대의 선봉에 커다란 말을 타고 있었고 그 옆은 다른 충성스러운 지휘관들이 지켰다.

그가 지켜보는 사이 기독교 무리가 눈앞에 모였다. 일부는 굶주린 듯했다. 하지만 전쟁에는 준비된 것 같았다. 그는 저들의 태도를 볼 수 있었다. 전쟁 구호도 들을 수 있었다. 이들은 자기 고향과 명예와 종교를 지키는 사람들이었다.

바로 그 점이 저들을 위협적으로 만들고 있다고 그는 확신했다.

두렵지는 않았지만 우려할 만했다. 적은 동기부여가 돼 있었고 그는 이 차이가 어떤 결과로 이어질지 잘 알고 있었다. 동기는 성패를 가르는 티핑 포인트로 작용할 수 있었다. 이 전쟁터에 모인 양쪽 군대에 각각 어떤 동기가 작용하고 있는지는 비밀이 아니었다. 한쪽은 승리의 자부심과 순전히 전쟁이 주는 기쁨, 오로지 전쟁만 안겨줄 수 있는 부와 영광을 위해 싸운다.

물론, 그들이 갈리아의 주민을 굴복시키고 나면 이슬람 신앙을 저들에게 강요할 수 있을 것이다. 사실 종국에 가장 중요한 문제도 바로 이 부분이었다. 알라를 기쁘게 하고 그의 대의를 위해 순교하며 비신자들을 진압하는 일. 이런 유쾌한 상상이 늘 그의 마음속에 있었다.

하지만 이 모든 것은 아직 일어나지 않았다.

지금 닥친 것은 눈앞의 이 전투였다. 전리품이 그들을 부유하게 할 것이다. 전리품이 군사들을 먹이고 상을 내릴 것이다. 노예, 금, 은. 아랍 인들이 지금 당장 싸우는 이유는 여기에 있었다.

침입자들은 유럽의 재물이 대부분 대성당이 있는 도시에 몰려있음을 알아냈다. 성당은 거대한 교회들과 마찬가지로 도시 중심부에 있었다. 이를 파악했기에 거대한 생틸레르 교회(Church of Saint-Hilaire)를 이미 약탈했다. 다음 목적지는 투르 시의 외곽에 있는 생마르탱 교회(Church of Saint-Martin)였다. 그 이후에는 또 다른 교회, 또 다른 성당, 또 다른 도시를 목표로 삼고 승리를 거두면서 유럽을 크게 한 바퀴 돌 것이다. 그리고 중동으로 돌아갈 때까지 오랜 행군을 이어갈 것이다.

그들을 가로막는 유일한 장벽은 이 오만한 기독교도들의 조악한 무리였다. 저들을 무찔러야 한다.

해가 뜬 직후 공격신호가 떨어졌다. 거대한 함성이 울려 퍼졌다!

옛 스페인 왕의 아들로 한때 기독교도였던 형은 전장에서 군사를 지휘하면서 적진을 향해 돌진했다. 말을 몰아가며 칼을 뽑아들고, 신의 이름으로 순교할 순간을 맞이한 데 감사를 올렸다.

영웅이 나타나다

보르도가 함락돼 약탈당한 후, 패자인 에우데스 대공은 아랍군에 다시 한 번 맞섰지만 이번에는 더 크게 패하고 말았다. 절박해진 그는 북쪽으로 달아나, 쇠약하고 겁에 질린 프랑크 족 지도자들 사이에서 구원자를 찾기에 여념이 없었다.

그는 파리 어딘가에서 카를 마르텔을 마주쳤다. 오랜 숙적이었지만 같은 기독교도였다.

카를 마르텔은 프랑크 왕국 아우스트라시아(Austrasia)의 공작으로, 프랑크 족 궁재(공작)의 사생아였다. 궁재의 지위는 대략 총리와 비슷했다. 다른 프랑스 왕정과 마찬가지로 그의 군주도 끊임없는 권력 다툼에 쇠약해졌고 왕국에서는 궁재의 권력이 가장 셌다.

카를은 44년 인생에서 상당 기간을 라인 강 건너의 이방인과 대적하거나 갈리아에서 권력을 쟁탈하는 데 쏟았었기 때문에 전쟁 경험이 많았다. 732년 이전까지 최소 11차례의 주요 전투와 군사작전을 펼치면서 강하고 결단력 있는 지도자로 유명세를 얻었다. 그 명성은 대단해서 마르텔 즉 '망치'라는 별명을 얻을 정도였다. 마르텔(망치)은 쇠와 강철과 다른 금속을 이기듯 그는 적들을 무찌르고 짓밟았다.

용맹한 자, 고결한 지도자, 전쟁의 달인. 마르텔은 상비군을 확보하고 있지 않다는 사실만 제외하면, 이슬람 침략세력과 싸워 이길 수 있는 탁월한 선택이었다. 상비군의 존재라는 불편한 진실은 마르텔이 극복해야 하는 첫 번째 장애물이었다.

마르텔은 군사가 없었지만 유별나게 충성스러운 핵심 인물들을 데리고 있었다. 숫자는 얼마 되지 않았지만 매우 잘 통제됐고 동기부여도 돼 있었으며 훈련도 잘돼 있었다. 그들은 마르텔과 수년을 함께하면서 유럽 전역에서 군사작전을 펼쳤다. 마르텔은 그들이 자기편에 서줄 것임을 알고 있었다.

마르텔은 압둘 라흐만의 침략과 관련한 자세한 보고를 받은 후 곧장 전쟁을 위한 징집을 선언했다. 그의 군대엔 충성을 맹세한 전우들뿐 아니라 파괴적인 이슬람 군대의 소식에 공포심을 가지고 있던 다른 지역의 병사들도 합류했다.

마르텔은 자신이 실패하면 프랑크 왕국과 기독교를 지켜낼 다른 병력이 없음을 잘 알고 있었다. 그의 군사들도 알았다. 이는 그들에게 매우 커다란 의욕을 불어넣었다.

그는 소규모 군대를 모아 투르(Tours) 남쪽 인근에서 다가오는 이슬람 군대를 기다렸다. 그곳에서 기다리면서 절박한 상황을 최대한 이용하기로 마음먹었다. 그는 솟아오르는 지형이 가진 전략적인 이점을 활용하여 군사들을 배치하고 군대의 규모를 숨겼다. 그리고 할 수 있는 한 자신의 의도를 불분명하게 만들었다.

압둘 라흐만의 군대가 투르에 닿는 데는 시간이 걸렸다. 아랍 지도자는 약탈하고 노략질하는 데 석 달을 썼고 어떤 저항에도 부딪치지 않고 영토를 짓밟았다. 하지만 그는 큰 곰이 고기 냄새를 따라가듯 막대한 부를 가지고 있던 투르에 유혹됐다. 압둘 라흐만은 기다리고 있는 적군이 가까워지자 군사들에게 전쟁 채비를 시켰다. 프랑스 심장부의 도시들로 진격을 계속하려면 마르텔의 군사와 겨뤄야 함을 알고 있었다.

압둘 라흐만은 처음에 마르텔의 병력과 마주치고 나서 전쟁 준비를 매우 잘해놨다는 사실에 놀랐다. 보병대는 중무장을 했고 각 병사는 철 무기를 두르고 있었다.

또한 그는 전장을 살피다가 마르텔이 전투장소를 선택하게 하는 중대한 실수를 저질렀음을 깨달았다. 그의 적은 자신의 강점을 숲 속에 숨기고 상대방으로 하여금 군대의 규모가 얼마나 되는지 알 수 없게 하였다. 더 최악의 상황은 적절한 때가 되면 숲을 통해 언덕을 공격해야 한다는 사실이었다.

아마 이 때문에 그는 곧바로 전투에 임하지 않았던 것으로 보인다. 대신 시간을 가지고 흩어진 군사들을 모으고 가능한 많은 증강병력을 구축했다. 하지만 언제까지 기다릴 수만은 없었다. 현지의 수비대와 달리 그의 병사들은 유럽 지역의 겨울에 대비가 안 돼 있었다. 그들은 추운 겨울의 전쟁터에 익숙하지 않았다. 또 군사들은 계속 싸우기를 원했고 저지당하지나 않을까 늘 불안해했다.

각 사령부는 며칠 간 가벼운 전투와 정찰을 하면서 서로 떠봤다. 침략자들은 프랑크 족이 먼저 다가와 탁 트인 전장에서 마주치기를 바랐다. 마르텔 측은 아랍군이 얼마 안 되는 자기 병력을 도륙할 것을 알았기에 그럴 마음이 없었다. 또한 고지대를 점유한 것의 이점도 제대로 파악하고 있었다.

10월 25일, 토요일에 양 군대는 마침내 교전에 들어갔다.

압둘 라흐만은 군사를 넓게 펼쳐 정면 대결하도록 배치하고 공격을 명했다. 군사들은 말 등에 올라 전장으로 달려갔다가 왕국과 기독교의 수호자들을 만나자 말에서 내려 칼 대 칼로 싸우는 매서운 공격을 시작했다. 돌격을 기대한 마르텔은 방어군을 커다란 사각형 모양의 팔랑크스(밀집대—옮긴이) 형태를 띠도록 조직했다.

마르텔의 군대는 거대한 역경을 굳게 이겨냈다.

아라비아 어로 기록된 한 이야기는 의도적으로 시적 형태를 취한

〈투르의 전투〉 찰스 드 스튜벤 작, 1834년, 투르와 푸아티에에서 모슬렘 군대를 격퇴한 카를 마르텔은 이슬람의 유럽 팽창을 막았다.

것으로 보이는데, 기독교도들이 '얼음벽' 처럼 지켜냈다고 묘사했다.

이슬람 군사들은 공격을 계속했다. 기독교도들도 계속 지켜냈다. 이 공격으로 양편에서 수천 명의 전사가 전사했다. 어느 쪽도 앞으로 나아가지 못했다. 어느 한순간 압둘 라흐만은 마르텔과 그의 호위 무사들을 향해 밀고 나갔다. 방어자들은 굳게 자리를 지켰다. 온종일 전투 소리가 프랑스 영토에 울려 퍼졌다. 탈진, 피, 땅에 흐트러진 시체들, 피는 가을 먼지에 붉게 엉겨 붙어있었다.

그러다 갑자기 모슬렘들이 물러가면서 전쟁이 잠시 멈춘 듯했다.

그때 마르텔 군대의 파견대가 이슬람 진영의 후방을 공격하기 위해 주공격에서 옆으로 빠졌다. 훌륭한 시도이기는 했으나 으레 모든 군대는 적군의 측면 공격을 노리기 마련이니, 거의 예측이 가능한 작전이었다. 그런데 압둘 라흐만의 군사들은 매우 놀라 빼앗은 전리품은 말할 것도 없고 막사에 남아있던 가족들을 지키고자 물러났다.

침략자들이 뒤로 물러서기 시작하자 마르텔은 반격에 나섰다. 이슬람 군사 진영 한복판에서 맹렬한 전투가 벌어졌다. 하지만 반격은 좌절됐고 마르텔도 물러섰다. 그런데 전투가 끝났을 때 위대한 아랍 지도자인 압둘 라흐만이 시체로 발견됐다. 창이 그의 시신을 관통해있었다.

그 밤, 전혀 예기치 못하게, 진실로 불가사의한 일이 벌어졌다. 이슬람 군대가 막사를 포기했던 것이다. 그들은 막사를 버리고 떠났다. 동물들과 각종 소유물도 두고 갔다. 애지중지했던 전리품과 노예들도 남겨뒀다. 심지어 전쟁무기와 포위장비도 버렸다. 그때까지만 해도 최소한 비기기는 할 것으로 보였던 전투였는데 고귀한 지도자가 사라지니 포기를 해버린 것이다. 여전히 적군보다 숫자가 많았음에도 꼭 필요한 몇몇 가지만 챙겨서 황급히 전장을 떠났다.

이튿날 마르텔은 하루를 꼬박 싸울 것으로 기대하고 군사들에게 다시 공격을 준비시켰다. 해가 떴을 때 마르텔의 군대는 이슬람 군대의 진영이 완전히 비어있는 것을 발견하고 깜짝 놀랐다. 적은 항복했고 완벽하게 물러났다.

10월 26일 일요일이었다.

침략자들은 스페인을 향한 귀환 길에 올랐다.

퇴각로를 따라, 피레네 산맥 동쪽

그는 죽어가고 있었다. 이 세상에서 동이 트는 모습을 볼 날이 하루 밖에 남아있지 않음을 그는 알지 못했거나, 적어도 그렇게 빨리 올 줄 모르고 있었다. 마지막 눈감는 순간까지 싸우겠지만 이제는 그가 이 길 수 없는 전쟁이라는 사실을 깨닫기 시작했다.

칼에 옆구리를 찔리는 바람에 창자가 감염됐다. 박테리아는 이제 혈액을 통해 온몸으로 퍼져 폐와 심장을 향해 가고 있었다.

그는 바퀴자국이 깊이 팬 길가에 누워 있었고 전우들이 지나쳐갔 다. 전우들이 그를 위해 해줄 수 있는 일은 아무것도 없었다. 설사 무 엇인가 할 수 있다 하더라도 그럴 시도를 할 사람도 많지 않았다. 그 는 전투에서 죽어가는 여러 사람 중 하나일 뿐이었다. 길가에 누워 있 는 병사, 그리고 고향을 다시 보지 못할 것임을 깨달은 병사들은 그 말고도 많았다.

옛 스페인 왕의 장자는 폐에 물이 차있는 상황에서 숨을 쉬고자 사 투를 벌였다. 할 수 있는 한 깊게 숨을 들이마셨지만 그저 가슴에서 무겁게 꿀꺽하는 소리가 날 뿐이었다. 그는 몸을 떨었다. 오한이 들었다. 프랑스의 평원에서 전투를 치른 이후 따뜻함을 느꼈던 적이 없었다. 긴 망토로 몸을 감싸면서 길고 긴 추운 밤을 대비했다.

어둠이 내리고 적막이 흘렀다. 말이 그의 곁을 지키면서 풀을 뜯어먹었다. 전우들은 스페인으로 돌아가기 위해 동쪽 길을 따라 행군했다. 자정이 넘자 행군도 곧 끝났다. 남자는 눈을 감고 잠을 청했다.

지중해로 뻗어 있는 완만한 구릉 너머로 해가 떴다. 얼굴에 온기를 느낀 그는 천천히 일어났다. 굳은 몸으로 주위를 둘러보다 이제 자신밖에 없음을 깨달았다. 끔찍한 전투에서 도망친 그 많던 병사들이 밤새 이동해 버린 것이다.

육신 전체가 고통이었다. 발끝부터 눈까지 고통 덩어리였다. 숨을 쉴 때마다 가슴이 떨렸다. 머리는 부풀어 올라 집중이 안 됐다. 입이 몹시 말랐지만 손이 움직이지 않아 물병을 들 수도 없었다. 추위에 떨다가 땀에 흠뻑 젖기를 반복했다.

그는 고통을 느끼면서 언젠가 병사들 가운데 하나가 읊조렸던 말을 떠올렸다. '죽는다는 일은 매우 어렵습니다.'

마지막 남아있던 힘을 짜내 가지고 있던 물건들을 살폈다. 칼은 피가 엉겨 붙어 지저분했다. 물이 든 가죽 주머니, 단도, 말린 염소고기 몇 점, 빵 조각 몇 개가 전부였다.

가까스로 앉아 주위를 둘러봤다. 처음으로 자신이 어디에 있는지 자세히 살펴봤다. 아버지의 푸른 초장이 바로 산길 너머, 멀지 않은 곳에 있었다.

남아있던 힘이 소망에 불타오르듯 솟아올랐다. 그곳에 가고 싶었다. 거기에서 죽고 싶었다. 가족의 땅에 몸을 누이고 쉬고 싶었다.

몸을 일으켜 말의 나무 안장에 오르는 동안 그는 거의 죽을 지경이었다. 겨우 말에 올라 몸을 구부리고 거의 숨도 못 쉬고 그르렁댔다. 그곳에 닿기까지 거의 두 시간이 걸렸지만 마침내 초장이 눈앞에 펼쳐졌다.

숲길 옆에 멈춰 서서 초원을 구르듯 내렸다.

그는 이틀 후 동생에게 발견됐다. 동생은 그저 짧은 기도를 올린 후 시냇가에 얕은 무덤을 판 뒤, 형을 묻었다.

형은 전투를 벌이다 도망치거나 알안달루스로 돌아가는 길을 따라 뿔뿔이 흩어져 전사한 이슬람 군사들 수만 명 중 하나였다.

이후 며칠 동안 이슬람 군사 중 일부가 다시 돌아왔다. 전사자들은 초원으로 옮겨져 먼저 숨을 거둔 자들 옆에 묻혔다. 모슬렘들은 비신자들 곁에 묻히는 일이 엄격하게 금지됐다. 전우들은 형제들이 금지된 방법으로 매장될까 걱정해 적당한 매장지에 묻혔는지 확인하러 돌아온 것이었다.

시신을 묻어준 뒤, 이슬람 군사들은 산길을 따라 후퇴했고 다시는 돌아오지 않았다.

이 매장지는 다른 몇몇 곳과 더불어 오늘날까지 모슬렘의 작은 묘지와 유적으로 남아있다.

최종 결과

마르텔은 패배한 군사들이 피레네 산맥을 향해 도망치는 모습을 지켜봤다. 쫓을까 생각도 했지만 라인 강을 따라 있는 전선에서 게르만 족들이 즉각 공격해올 우려가 있어 따라가지 않는 편을 택했다.

이슬람 군사들은 퇴각하는 기회를 활용해 약탈을 했다. 하지만 도중에 에우데스 대공이 새로 모은 군대가 다른 현지 병력과 함께 공격했기에 큰 피해는 끼치지도 못했다.

한 전투 기록은 이슬람 군대가 37만 5,000명에 이르는 막대한 사상자를 낸 반면 기독교의 군대는 1,500명 사망하는 데 그쳤다고 전한다. 이 수치가 타당한지는 논란의 여지가 있다. 하지만 부인할 수 없는 사실은 그때까지 천하무적으로 보였던 이슬람 군대가 완전한 패배를 겪었다는 것이다. 이후 수년 동안 아랍 침략자들은 프랑스 남부로 습격 부대를 간혹 보냈지만 갈리아 지역을 전면 공격하는 시도는 다시 하지 않았다.

759년에는 프랑스 남동쪽에 남은 마지막 기반도 빼앗겼다.

이슬람 군대는 피레네를 다시 넘지 못했다.

카를 마르텔은 이 거대한 승리로, 자신의 왕조인 카롤링거 시대 (Carolingian dynasty)를 열었다. 그의 후계자 가운데 가장 유명한 인물은 손자인 '샤를 대제' 샤를마뉴(Charlemagne)다. 그는 신성로마 제국 아래 프랑크 족과 더불어 전쟁 중이던 다른 부족들을 통일했다. 신성로마 제국은 수천 년 동안 이런저런 모양으로 명맥을 유지해왔으며 대부분 유럽의 중부와 서부로 구성된 완전한 기독교 제국이었다. 샤를마뉴의 통치는 예술, 종교, 문화면에서 르네상스의 시기로 인식됐기에 매우 중요한 사건으로 평가된다. 또한 그는 유럽의 공통적인 정체성을 형성한 공을 인정받아 '유럽의 아버지'로 불린다.

그의 할아버지가 패했다면 무슨 일이 벌어졌을까?

카를 마르텔의 묘. 이슬람 세력의 유럽 진출을 막은 카를 마르텔은 카롤링거 왕조를 수립하는 기반을 구축했다.

이슬람 군대가 전 유럽을 정복했다면 오늘날의 세계는 어떤 모습이었을까?

페르시아의 조로아스터교가 이슬람 통치 아래서 멸망했듯 만약 로마, 기독교 교회와 서구의 유대교가 파괴됐다면?

비잔틴 제국은 조기에 멸망했을까?

칼리프들의 통치가 허용됐다면 향후 법의 발전, 인간의 권리 존중과 개인, 경제, 종교적 자유 측면에서 서구의 문화와 가치가 발전하는데 어떤 영향을 미쳤을까?

초창기의 요람에서 성숙단계에 이르기까지 이런 개념들을 보호해준 서구의 영향이 없었다면 미래에 자치와 민주주의의 발전에 어떤 일이 벌어졌을까?

아랍군이 유럽 전역을 휩쓸었을 가능성과 그것이 뜻하는 바와 관련해 에드워드 기번은 다음과 같이 주장했다.

라인은 나일 강이나 유프라테스 강보다 열려있었으므로 아라비아 함대는 해상 전투를 치르지 않고도 템즈 강 어귀까지 항해할 수 있었을 것이다. 어쩌면 오늘날 옥스퍼드의 학교에서는 코란의 해석을 가르치고, 전도사들은 할례받은 사람들에게 무함마드 계시의 진실성과 신성함을 설명하게 됐을지도 모른다.•

이슬람의 유럽 정복을 좌절시킨 투르-푸아티에 전투가 오늘날처럼 자유가 발전하는 데 절대적으로 중요한 역할을 했던 것은 바로 이 때문이다.

●
휴 케네디《The Great Arab Conquests》964쪽을 참고하였다. 또한 윌 듀런트의
《Age of Faith》461쪽을 보면, 듀런트는 카를 마르텔이 '투르에서 모슬렘들을 무찌르면
서 기독교의 유럽을 구원했다'고 말했다.

5

잠든 유럽을 깨운 초원의 부대

몽골 제국의 유럽 침공

the Miracle of Freedom:
Seven Tipping Points
That Saved the World

몽골 제국의 유럽 침공

A.D. 1229년 칭기즈 칸의 뒤를 이은 오고타이 칸은 유럽 정찰을 마치고 온수부타이와 유럽 침공을 준비한다. 우선 금나라를 멸망시킨 몽골군은 1235년, 바투와 수부타이를 필두로 서방을 향한 새로운 정복전쟁을 시작했다. 볼가·부르갈 인의 제국을 1~2년 만에 멸망시킴으로써 러시아 본토로 향하는 길을 연 몽골군은 러시아 중북부의 도시국가와 독립제후국을 차례로 함락시켰다.

이후 발트 해까지 진격한 몽골군은 폴란드 일부를 토벌하고 슐레지엔 지방에까지 손을 뻗쳤고 이를 저지하기 위해 독일과 폴란드의 기사 연합군이 헨리크 2세의 지휘 아래 공격했으나 몽골군에 엄청난 타격을 입었다. 1241년 4월 헝가리군을 격파한 몽골군은 헝가리에서의 몽골 통치의 기초를 구축했다. 이들에 앞서 출정한 몽골군도 이란·그루지야·아르메니아에서 장기간에 걸친 작전을 계속하고 있었으나 유럽과 서아시아에서의 몽골의 진격은 1241년 12월 오고타이의 죽음으로 중지되었다.

상당수의 역사가는 오고타이의 죽음으로 말미암은 몽골군의 철수가 유럽을 살렸다고 평가하지만 과연 몽골 군대가 점령에 성공했더라도 통치에도 성공할 수 있었는가에 대한 의문과 근거가 남아있다. 이 때문에 유럽 문명을 살렸다는 평가는 신중해야 한다는 의견들도 있다. 그러나 이 침공이 몽골 군대의 약탈이나 기습이 아니라 유럽을 점령하고자 하는 시도였다는 점에서 중요한 사건임은 틀림없다고 평가받는다.

쿠냐우르겐치(호레즘 왕국의 수도)

중앙아시아, A.D. 1221년

칭기즈칸은 계산적으로 대학살을 자행하는 전략을 사용하기도 했다. 그의 군대에 저항을 하는 도시를 장악할 경우 모든 주민들을 학살했다. 기록된 사망자의 숫자는 믿기 어려울 정도다. ─로버트 카울리(Robert Cowley) 《만약에》

모슬렘 군대가 프랑스 남부에서 축출된 이후 500년이 지났고 이번에는 또 다른 군대가 유럽으로 진군했다. 이 군대는 유럽 대륙이 역사상 목격했던 어떤 자들보다도 더 잔인하고 위험했다.

이 사나운 군대가 지나가면 파멸이 존재할 뿐이었다. 도시 전체가 무너졌고 모든 남자, 여자, 아이들이 참수당했으며 성벽 바깥에는 피가 낭자한 머리통들로 거대한 무덤을 이뤘다. 문화와 민족 전체가 아예 지구상에서 자취를 감춘 경우도 있었는데, 여기에는 고도로 진보한 자들도 포함돼 있었다. 그 사회와 역사는 다시는 사람들이 기억하지 못할 정도로 깨끗이 사라져 버렸다. 실상 이 잔인한 군대의 파괴력은 그 이후 700년 동안 아시아와 동유럽을 휩쓸었고 일부 현대국가들은 지금까지도 그 영향 아래 살고 있다.

이것이 바로 몽골 군단의 힘이었다.

중국과 동아시아에서 맹위를 떨친 몽골 인들은 1236년, 유럽으로 시야를 넓혔다.

세계가 전인미답의 기로에 있었으니 시기상으로는 최악이라고 할 수 있었다. 암흑시대가 저물고 과학, 기술, 예술, 농업, 법 분야에서 점진적인 발전이 이루어지면서 서광이 비치고 있었다. 더 중요한 사실은 개인의 자유와 대의정치에 대한 배아기적 사상이 이제 막 힘을 받으려는 단계였다는 것이다. 일부 유럽 지도자들은 국민들에게 자유의지에 관한 필수적인 요소들을 양도하기 시작하기도 했다.

이처럼 중요한 시기에 문명을 카오스에 빠뜨리는 위협이 다시금 부상한 것이다.

몽골의 스텝 지대에서 들고 일어난 몽골군은 유라시아 전역에서 잇달아 도시들이 함락했다. 잔인한 군대가 다가오면서 서구문명의 미래는 위태로운 상황에 놓였고 그 결과는 결코 예측할 수 없었다.

몽골군이 불러온 심각한 위협을 제대로 이해하기 위해 우선 몽골이 피정복민을 다룬 특정한 방식과 침략이 시작되던 시기의 유럽 상황을 알아보자.

아무다랴(Amu Darya) 강의 서쪽 둑을 따라 시작된 평범한 정착지는 어느새 왕국 전체에서 가장 아름다운 도시가 됐다. B.C. 4세기로 거슬러 올라가 보면 이 도시는 그저 작은 정사각형 모양의 진흙집이 몰려 있는 수준에 지나지 않았다. 그러다 남쪽으로, 그리고 서쪽으로 커져 드넓은 평야의 광범위한 지역을 뒤덮었다.

두꺼운 성벽에는 4개의 아름다운 문이 있어 도시를 지켰는데 이 가운데 거대한 평화의 문이 가장 볼만했다. 다리를 건너면 성벽 바로 바깥에 유희의 정원이 있었다. 운하는 각 문을 지나다가 끊겼다. 더 이으려 해도 북적이는 도시에 여유 공간이 없었다. 하자즈(Hajjaj) 문 옆에 있는 마문(Ma'mun)의 거대한 성에서는 푸른색 타일을 입힌 돔이 아침 햇살을 받아 빛났다. 도시는 튼튼하게 요새화돼 있었고 그 내부의 대부분은 주택지구가 차지했다. 돌과 벽돌로 만든 주택들 가운데 웅장한 모스크와 작은 규모의 궁궐들, 3개의 미나렛(Minaret, 이슬람교 사원의 뾰족탑—옮긴이), 거대한 도서관이 자리하고 있었다. 이 건축물 가운데 가장 놀라운 부분은 바로 크고 활기 넘치는 다섯 곳의 학교였다. 이런 규모의 도시에서는 거의 들어보지 못한 수준이었다.

호레즘 사람들의 신념 체계를 이 학교에서 엿볼 수 있다.

호레즘 왕국은 산맥과 완만한 스텝으로 둘러싸여 수 세대 동안 외따로 떨어져 있었다. 하지만 지난 백 년 동안 세계 교역의 중심지로 재부상했다. 위대한 페르시아 제국의 영향을 받아 다시 한 번 탁월한 수준으로 번성하고 있었다.

그런데 몽골 인들이라면 호레즘 왕국이 지난 백 년 동안 이뤄낸 이 모든 것들을 물거품으로 만들고도 남았다.

남자는 일흔에 가까운 노인이었다. 그는 세 명의 아내에게서 열네 명의 아이들을 얻었고 성벽 외곽의 작은 땅에 바위집을 갖고 있었다. 백발에 흰 수염, 호리호리한 체격에 긴 손가락을 가지고 근엄한 표정을 한 그의 이름은 알 마라지(Al-Marwazi)였다. 천문학자로서 어느 정도의 명성을 얻었지만 전사가 아닌 교사였기에 전술에 익숙지 않은 게 분명했다. 상관없었다. 성에 사는 다른 사람들과 마찬가지로 그 역시 한 가지에만 집중해야 했다. 오늘, 그리고 당장 몇 시간만큼은 그래야 했다.

도시가 살아남는 데 성공한다면 그 이유는 오로지 자신과 다른 사람들이 지금 제대로 일을 하고 있기 때문이리라.

그는 성벽 위에 올라 늘어서 있는 군사들을 바라봤다. 수천 명. 어쩌면 수만 명일지 모른다. 성곽에서 가장 가까운 곳에 자리 잡은 궁수들은 이미 채비를 마쳤다. 그 뒤로는 더 많은 궁수와 보병과 성벽 방어대가 있었다. 자신을 포함한 몇몇 사람들은 너무 나이가 많았다. 병사들 가운데 나이가 어린 아이들도 지나치게 많았다. 하지만 다시 말하건대, 스텝 지대로부터 이들을 향해 달려오는 위험에 비하면 이는 중요한 문제가 아니었다.

알 마라지는 평원을 응시하면서 몽골을 이 땅에 불러들인 사건들을 떠올렸다.

앞서 몽골의 왕은 이 도시와 교역을 원하는 양 마차들을 보냈다. 이 몽골 상인들이 최적의 공격 방법을 탐색하기 위해 파견되는 스파이라는 사실을 모두가 알고 있었다. 저들에게 정보를 노출하고 싶지 않았던 술탄은 상인들을 살해하라는 지시를 내렸다.

호레즘 사람들은 바보가 아니었다. 그들은 곧바로 전쟁을 대비하기 시작했다. 카라반(Caravan, 사막을 건너 교역하는 대상[隊商])이든 아니든 이들 대부분은 침략을 피할 수 없었으리라는 점을 알고 있었다. 몇 달 안에 칸의 군대는 왕국으로 진격해 오는 길에 거쳤던 도시와 읍을 전부 파괴했다. 규모가 큰 도시 중심지 가운데 몽골의 손아귀에 들어가지 않은 곳은 수도가 유일했다.

파괴의 끝자락에 생존해있던 호레즘 백성은 앞으로 어떤 일이 일어날 것인지를 알고 있었다. 그토록 겁에 질려있었던 것도 이 때문이었다. 앞서 벌어진 교전에서 도망친 피난민들 일부가 수도로 달려와 도시들 전체가 파괴되고 목이 잘린 수천 구의 시체가 성벽 바깥에 쌓여 있다는 이야기를 전했다. 값어치가 있는 모든 물건과 더불어 셀 수도 없는 숫자의 노예를 몰수당했다.

이 때문에 성벽에 올라선 알 마라지는 잔인한 몽골군이 가까이 오는 모습을 공포에 질려 바라볼 수밖에 없었다.

아직 수킬로미터 더 떨어져 있었지만, 말들이 땅을 박차 올라 만든 먼지구름과 함께 몽골군은 분명 이곳을 향하고 있었다. 보병은 없이 오로지 기병으로만 구성된 몽골군은 모두 전쟁을 위해 무장을 하고 있었다. 말을 탄 전사들 곁에는 여분의 말들이 같이 달렸다.

알 마라지는 저들이 생각보다는 훨씬 느린 속도로 이동한다는 느낌에 눈을 가늘게 뜨고 먼 곳을 응시했다. 천 명의 궁사들은 벽을 따라 앞으로 이동하면서 지옥의 비를 쏘아 올려 공격을 저지할 채비를 했다.

먼지구름이 부풀어 오르는 것을 본 그는 궁수들로는 감당하기 어렵겠다고 생각했다.

그는 말들이 우레와 같은 소리를 내며 달려 올 것으로 생각했지만 몽골 인들은 공격 소리를 낮추기 위해 말발굽에 천을 감았다. 한밤중이나 기습공격도 아니고 대낮에 정면 돌파를 해오는 마당에 저들이 왜 그랬는지 그는 이해할 수 없었다. 그가 몽골 인들에 대해 이해할 수 없었던 것은 이 밖에도 많았다.

"궁수!" 침략자들이 가까워져 오자 군사령관이 외쳤다.

그는 천 명의 궁수들이 활에 시위를 매기는 소리를 들으면서 평야 저쪽에서 먼지를 날리며 다가오는 군대를 응시했다.

그런데 그의 눈을 잡아 끄는 뭔가가 있었다. 말들보다 앞서서 미친 듯이 달리고 있는 거대한 무리가 있었다. 뒤따라오는 각각의 기병들이 무리를 몰아냈다. 그는 아침 햇살을 가리려고 손으로 그늘을 만들었다. 그는 자기가 본 것이 무엇인지 깨닫는 데 한참이 걸렸다.

말 탄 무리 앞에서 벌거벗은 아이들 수백 명이 달리고 있었다!

알 마라지는 극한의 공포에 숨이 턱 막혔다. 조악한 칼을 붙잡고 있던 손에 힘이 들어갔다.

몽골 인들이 아이들을 몰고 왔다!

성벽 위에서는 분노와 공포로 울부짖는 소리가 높아졌다.

군대 앞에 천 명의 아이들이라니!

그는 증오를 다스려야 했다.

저들은 아이들을 이용하고 있었다. 다른 지방에서 붙잡힌 호레즘의 아이들을 군대 앞에 세워 곧 하늘에서 비처럼 쏟아질 화살을 피하려는 속셈이었다.

궁수들을 향해 몸을 돌린 그는 두려움에 거의 무릎이 꺾일 뻔했다. 궁수들은 서서 시위를 팽팽히 잡아당겼다. 하지만 몽골 인들이 다가와도 아무도 활을 쏘지 않았다.

침이 힘겹게 넘어갔고 가슴이 방망이질했으며 눈 속으로는 땀이 들어갔다.

알 마라지도 공포의 날을 예상하지 못한 바가 아니었다.

하지만 이런 식이리라고는 전혀 상상도 못했다!

유럽의 암흑기

로마 제국 멸망 후 유럽은 불안과 암흑의 긴 밤으로 빠져들었다. 이른
바 암흑시대로 알려진 시기다.

A.D. 410년, 로마는 백만이 넘는 시민이 거주하는 번창한 도시였
다. 하지만 560년 이후로는 거의 버려지다시피 해서 수천 명 정도가
아등바등 살아갈 정도로 쪼그라들었다. 아름답던 콜로세움은 지진과
화재에 손상을 입었고 철과 돌을 약탈당했다. 한때 로마를 웅장한 도
시로 만들었던 화려한 건축물들과 거대한 포럼도 마찬가지 신세였다.

제국이 누렸던 영광의 나날들은 먼 기억 속으로 사라졌다. 국경을
지키고 국가 안보를 맡았던 로마 군단은 사라졌다. 통일된 법체계와
제국의 경제도 사라졌다. 제국이 제공했던 연합, 안보, 번영은 사라졌
다. 제국의 쇠락은 도시에만 국한되지 않았다. 시골 여기저기에서도
상당한 농토가 황량해졌고 자연의 형태로 돌아갔다. 그 유명하던 로
마의 길과 도로들은 황폐해졌다. 교통체계가 무너지면서 교역과 통신
에도 차질이 빚어졌다.

몰락한 도시는 로마만이 아니었다. 대륙 전역에서 도시의 삶은 거의
끝나다시피 했다. 유럽의 주요 도시들은 식량 공급을 충분히 확보하
지 못한데다 이민족의 침입을 막아 낼 능력을 상실하면서 존속 자체가
어려웠다. 10세기에는 전 유럽에 십여 곳의 도시밖에 남아있지 않았
다. 그나마 이들 중에서도 인구가 만 명을 넘는 곳은 없었다.

〈첫 번째 십자군을 보내는 우르바노 2세〉 얀 뤼켄 작, 1683년, 교황 우르바노 2세는 성지 탈환을 선동하며 제1차 십자군을 파병하였다.

1 대도시의 보호막이 사라진 상황에서 지역의 영주나 수도원을 중심으로 한 소규모의 고립된 공동체에서나 안전을 의탁할 수 있을 뿐이었다.

영주와 주교들은 자급자족을 해야만 했는데 공동체가 기껏해야 50~500가구로 구성된 경우가 허다해 왕국으로 보기 어려웠고 자기방어도 거의 불가능했다. 그래서 영주와 주교들은 자체적인 법과 군사를 보유했다. 이들이 전 유럽에서 교회가 가장 큰 영향력과 통합력을 가진 집단으로 부상한 것은 당연했다.

봉건제도로 알려진 계약으로 소농 혹은 농노는 지역 영주에 의지하면서 영주와 기사들의 보호를 받았다.

2 농노들은 노예가 아니었지만 보호의 대가로 자유를 박탈당했는데, 폭력이 난무하는 시대에는 어쩔 수 없는 필요악이었다.

지역의 왕들은 사회계층의 정점에 있었다. 하지만 당시에는 계층 자체가 그리 많지 않았다. 왕들에게는 상비군이 없었기 때문에 영주들에게서 말 탄 기사들과 보병인 농노들을 공급받았다. 그래서 왕들은 협상력에서 한 수 아래에 있었고 현실적인 권력이 없었다. 영주들은 수단과 방법만 있다면 다른 영지를 강탈하려 했기에 대륙 전체에서 벌집을 쑤신 듯한 갈등이 빚어졌다. 이런저런 이유로 봉건시대에는 전쟁이 끊이지 않았는데 영주마다 '사적 전쟁의 권리'를 주장하고 왕들은 '다른 지배자의 영토를 강탈할 목적으로 …… 거리낌 없이 병력을 동원해 12세기 프랑스의 한 지역에서는 전쟁이 일어나지 않는 날이 거의 없을 정도였다.

교회는 끝없는 전쟁에 개탄하면서도 특정한 군사작전은 지지했다. 앞 장에서도 논의했지만 이슬람 군대는 A.D. 637년, 기독교의 비잔틴 제국에 있는 성지를 점령했다. 예루살렘 또한 모슬렘 세력이 차지했지만 유럽 내 전체 기독교도에게 아직도 그곳은 성지였다. 1095년, 교황 우르바노 2세(Urbanus II)는 전 세계의 기독교도들이 도시를 되찾아야 한다고 촉구했다.

1년 후 은둔자 피터(Peter the Hermit)와 빈자 월터(Walter the Penniless)라는 평범한 사람들의 지도로 수십만 명의 평민들이 성지를 재탈환하기 위해 떠났다. 지리와 전쟁에 대한 그들의 지식은 일천한 수준이었다. 몇몇 유럽 도시를 예루살렘으로 착각하는 실수를 저지른 끝에 결국에는 튀르크(Turk)의 압제 하에 있던 아시아까지 찾아들어 갔다. 출발은 이토록 미약했지만 교황들이 연이어 촉구를 하면서 다른 십자군들이 길을 나섰다. 1291년까지, 유럽의 지도자들은 200년 동안 총 8회에 걸친 십자군 전쟁을 벌였지만 일부 성공을 제외하고는 대부분 실패하고 말았다. 오늘날의 악고(Akko)인 아크레(Acre) 시가 1291년에 사라센 제국(Saracens)에 재점령 당하면서 중동에 남아있던 유럽의 마지막 주요 근거지가 사라졌다.

십자군은 성지를 되찾겠다는 궁극적인 목적을 달성하지 못했으나 그래도 유럽 인들을 앞으로 나아가게 만들었다고 학자 다수가 주장한 다. 이슬람의 선진문화와 접촉하도록 포문을 열게 했다는 것이다. 일부는 어리석은 주장이라고 일축하기도 한다.●

어찌 됐든 십자군의 시대와 그 이전의 500년 동안은 유럽 인들에게 인내가 요구됐던 최악의 시기였다는 사실에는 이견이 없다. 하지만 이후에 전개되는 세기에서는 상황이 변화하기 시작했다.

모든 고통 끝에 암흑기에도 서광이 들었다.

신시대의 여명

13세기, 유럽 전역에서는 수많은 왕이 힘을 합쳐 강력하고 실제 기능을 하는 왕국으로 백성을 조직했다. 예를 들면 1250년에 프랑스 왕은 영향력 있고 권한이 있는 왕국을 세웠다. 실제로 50년 후 프랑스 왕정은 교황에게 맞설 정도로 세력이 커졌다.

여러 이유로 봉건제도는 시들해졌다. 봉건 영주는 점점 더 힘을 잃었다. 무역과 상업, 은행과 산업은 가속화됐다. 화폐가 널리 보급되면서 상업적인 활동은 활발해졌고 경제가 성장하기 시작했다.

도시도 다시 출현하기 시작했다. 1200년, 알프스 북부에서 가장 큰 도시였던 파리는 인구가 10만 명에 달했다. 북프랑스의 드웨(Douai), 오늘날의 벨기에인 겐트(Ghent) 등은 5만 명의 인구가 거주했다. 런던은 2만 명이 사는 도시였다. 이처럼 도시들이 성장하면서 봉건 영주

●
에드워드 기번은 십자군에 대해 '내 의견으로는 유럽이 성숙함으로 나아가게 하기보다 제동을 건 것으로 보인다. 동쪽에 묻힌 수백만 명의 생명과 노동자들은 본국을 발전시키는 데 더 유익하게 활용될 수 있었을 것이다. 산업의 축적된 비축물과 부는 항해와 교역으로 흘러들어 갔을 테고 라틴계 사람들은 동양과 순수하고 우호적으로 호응하면서 번성하고 계몽됐을 것이다.' 라고 말했다. (에드워드 기번 《History of Decline and Fall of the Roman Empire》 1107쪽을 참고했다.)

들의 힘은 더 약해졌고 보호자의 역할은 명분을 잃었다.

농업에서도 거대한 변화가 일어났다. 심경쟁기가 보급됐다. 삼모작이 자리 잡아 가을밀, 귀리, 완두콩, 렌즈콩 등을 번갈아 경작하자 생산량은 크게 늘면서도 토지는 비옥한 상태를 유지했다. 삼림은 개간되고 습지에서는 물이 빠졌으며 농경지의 확대로 작물의 수확은 늘었다. 그 결과 굶는 사람이 드물었으며 지역의 가뭄이나 기타 국지적인 자연재해로 기근이 찾아오는 일은 뜸해졌다. 식단이 개선되면서 젊은 층을 비롯한 사람들의 건강이 소폭이나마 증진됐다.

또 좀 더 생산적인 작물을 재배하고 통신, 해운, 도로 형편이 나아지면서 농부들의 땀의 열매를 거래할 기회가 매우 증가했다.

역사상 최초로 평민들도 일정 수준의 부를 축적할 기회가 왔다. 몇 마리의 동물과 단순 가구들 몇 점, 조리기구, 작업도구, 그 외에 몇 조각의 은도 얻었을지도 모른다. 이처럼 개인의 부가 증진되면서 상업 활동도 가속화됐다.

과학은 그동안 짓눌려있던 미신의 그늘에서 빠져나왔다. 봉건 영주들의 힘이 약해지자 그 공백을 왕실이 메웠다. 이들은 다스리는 영토에 안정을 가져올 만한 능력과 자원이 있는 자들이었다.

한 저명한 역사학자는 12, 13세기 유럽의 중요한 특성을 이렇게 기술했다.

12, 13세기에 정치권력이 중앙집권화되는 사이 유럽의 에너지와 재능은 문명의 거대한 발전을 분출시키는 데 집중됐다. 이런 분출은 상업을 기반으로 예술, 기술, 건축, 학문, 육상과 해상의 탐험, 대학, 도시, 은행과 신용 등에서 삶의 모든 영역을 풍요롭게 만들었고 시야를 넓혔다. 바로 이 200년이 고중세시대(High Middle Ages)로 나침반과 기계식 시계, 물레, 방직기, 풍차와 물레방아가 사용됐다. 마르코 폴로가 중국으로 여행을 하고 토머스 아퀴나스가 지식을 집대성하는 데 역량을 쏟았으며 대학들이 설립됐다 …… 로저 베이컨(Roger Bacon)은 실험 과학에 몰입했다 …… 성당이 창작과 기술, 신앙의 승리로 아치에 아치를 얹으며 높이 올라갔다.

—바바라 터치만 《Distant Mirror》 중에서

유럽은 중세 초기의 암흑기에서 벗어나고 있었다. 그리고 이와 같은 발전은 모두 개인의 자유 증진, 법적 권리의 인식이라는 결과로 나타났으며, 반대로 그것이 발전을 꾀하기도 했다.

독재와 폭정이 진정으로 차단된 시대였다. 개인의 자유와 해방은 이탈리아의 소도시와 유럽 북부에 자본주의를 태동시켰다.

사회가 안정을 찾으면서 유럽의 많은 지역에 안보의식이 퍼졌다. 안보가 증진되면서 신뢰가 생기자 백성은 특별한 권리를 요구했고 사상 최초로 백성에게 권리가 있다는 사상이 인정을 받았다. 1215년,

영국의 존 왕이 귀족들의 강압에 따라 승인한 마그나 카르타라는 왕에 대한 교회와 영주들의 상대적인 권리를 확립했다. 마그나카르타는 영국의 군주가 이후로도 수백 년 동안 강력한 힘을 유지하게 하였지만 동시에 헌법과 개인의 권리가 발전할 수 있는 토대를 마련했다.

이성의 시대가 다가오고 있었다. 서구를 전 세계의 나머지 지역과 극명하게 구분 지은 자유와 자치, 평등, 법치를 옹호하는 정치 철학은 아직 유아기 단계에 불과했지만 살아 꿈틀거리며 커 나갔다.

경탄할 만한 시기였다!

또 다른 저명한 역사학자는 이 시기의 중요성을 다음과 같이 기술했다.

> 13세기 경제의 혁명이 근대 유럽을 형성했다. 농업의 보호와 조직의 기능을 완성했던 봉건주의를 마침내 무너뜨렸다 …… 봉건 시대에는 전이되지 않던 부를 전 세계 경제에서 탄력적인 자원으로 탈바꿈시켰다. 경제와 산업의 점진적인 발전이 가능하도록 기계들을 보급했고 이는 유럽 인들의 권력과 편의, 지식을 크게 증진했다. 이런 번영으로 두 세기 동안 백 개의 대성당이 건축됐다 …… 확대된 시장을 대상으로 생산 활동을 하면서 근대 국가의 성장을 밑받침하는 국가 경제체제가 확립됐다. 멋대로 벌어지는 계급전쟁도 사람들의 정신과 에너지를 고무시켰다. 폭풍과 같은 변화가 진정되면서 유럽의 경제, 정치구조는 완전히

바뀌었다. 산업과 상업의 밀물은 인간의 발전을 가로막던 뿌리 깊은 장

애물들을 제거하고, 대성당에서 산발적으로 찾아볼 수 있던 영광을 르

네상스라는 세계적 열망으로 이끌었다.

—윌 듀런트 《Age of Faith》 중에서

하지만 이 중추적인 세기가 지금의 역사처럼 진행되지 못하도록 가

로막혔다면 어땠을까?

유럽 도시들의 파괴, 무능력해진 교회, 인명의 대량살상이 벌어졌

다면?

이후 700년 동안 전 세계에 강력하고 긍정적 영향을 미친 사상과

가치들이 사라졌다면?

역사상 가장 잔인하고 폭력적인 침략자들의 손에 유럽이 희생양이

됐다면 어땠을까?

칭기즈 칸과 그의 몽골 군단

유럽 인들에게 몽골 인들은 낯선 존재가 아니었다.

그들의 먼 친척뻘인 훈족이 A.D. 4, 5세기에 쳐들어와 로마 제국을

멸망으로 이끌었던 것이다. 이후 889년에는 다른 일가인 마자르 인들

이 유럽에서 주요 세력으로 급부상했다. 975년에는 이 모든 침략자가

기독교를 받아들이고 헝가리에 둥지를 틀었다.*

  하지만 12세기 말과 13세기 초의 몽골 인들은 일찍이 유럽을 찾아왔던 야만인들과 매우 다른 종류의 인간들이었다. 훨씬 더 공격적이었다. 훨씬 더 집요했다. 훨씬 더 자기 사람을 아꼈다. 그들은 전쟁과 정복으로 먹고사는 피에 굶주린 군사들이었다.

  그리고 믿을 수 없으리만치 성공적이었다. 제국을 건설할 때 지엽적인 문제에 정신을 뺏기지 않고 그저 침략, 그리고 지배하면서 한 번에 한 가지 일에만 집중했다.

  저술가인 잭 웨더포드(Jack Weatherford)는 다음과 같이 지적했다.

  몽골 군대는 로마가 400년 동안 정복했던 것보다 더 많은 영토와 민족을 25년 안에 지배했다. 칭기즈 칸은 그의 아들들, 손자들과 더불어 13세기에 가장 인구밀도가 높았던 문명들을 정복했다 …… 칭기즈 칸은 역사상 다른 정복자보다 두 배 이상 큰 영토를 정복했다 …… 제국이 다스린 영토를 이어 보면 2,800만~3,000만 제곱킬로미터 가량으로 …… 북아메리카보다 훨씬 더 크다 …… 시베리아의 눈 덮인 툰드라부터 인도의 뜨거운 평야까지, 베트남의 논부터 헝가리의 밀밭까지, 한반

●
몽골 인들은 튀르크 족, 타르타르 족과 관계가 있었고 종종 타르타르나 이를 변형한 이름
으로 불렸다.

도에서 발칸반도까지 이르렀다 …… 가장 놀라운 사실은 ……그의 군

대가 10만을 넘지 않았다는 것이다. 현대의 대형 스포츠 스타디움에 수

월하게 들어갈 만한 규모였다.

몽골을 이해하려면 그들의 시조인 칭기즈 칸을 알아야 한다.

칭기즈 칸은 A.D. 1162년 몽골의 스텝 지대에서 태어났다. 그의 몽

골 부족은 유목민들로 사냥, 양치기, 교역, 이웃을 약탈하며 생계를 이

어갔다. 그의 이름은 테무친(鐵木眞)으로, 태어나기 직전에 아비가 죽

인 전사와 이름이 같았다. 그의 민족은 오랜 세월 동안 생존을 위한

싸움을 해 이것이 천성이 돼 버린 듯했다. 그리하여 테무친은 약탈,

납치, 강간, 신속하고 잔인한 살인이 그저 생활양식에 불과한 척박한

환경에서 자라났다.

테무친의 아버지는 그가 십 대일 때 사망했다. 이복형이 가장의 역

할을 차지하려 나서자 테무친은 반기를 들어 그를 죽였다. 이 일로 그

는 부족에서 노예가 됐지만 곧 탈출하고 말았다.

청년이 된 테무친은 몽골 부족을 하나로 통일해야 한다는 사명감으

로 주변에 있는 작은 무리를 모아 인근의 집단들과 전쟁을 벌이기 시

작했다.

테무친은 처음부터 탁월한 지도자가 지녀야 할 능력을 입증했다.

집단에서 지도부에 대한 새로운 접근 방식을 채택해 급진적이고 혁명

적인 방법으로 자신을 받들게 하였다.

예를 들면, 테무친은 자신과 함께 다스릴 자를 결정할 때 모든 관습과 전통을 무시해 가족이나 부족을 우선시하지 않았다. 형제, 사촌이나 가까운 친구들도 마찬가지였다. 탁월함, 오로지 탁월함만으로 지도부의 편입 여부를 결정했다.

또한 테무친은 패배한 부족을 자기 집단의 완전한 일원으로 받아들이는 스텝 지역의 옛 관행과 전혀 다른 정책을 펼쳤다. 정복당한 부족을 해체하거나 노예로 삼지 않고 자기 집단을 키우고 증강했다. 정복된 부족을 자기 군사에 포함하는 대담함을 보이기도 했다. 그의 군사로 편입되기 위해서는 모두가 테무친에게 충성을 맹세해야 했다.

그는 자기 부족을 최우선적으로 키워주지 않았다. 대신 부족, 씨족과 가족 간 차별을 모두 철폐했다. 더 양질의, 더 부유한, 더 숫자가 많은 부족을 우선시하던 신분제도를 종식했다. 스텝 지대 부족들의 종교는 하늘과 산들을 섬기는 샤머니즘 신자, 기독교도, 모슬렘, 불자 등 각양각색이었다.

하지만 테무친이 백성을 상대적으로 평등하게 다스렸다고 해서 그가 모든 면에서 너그러운 사람이었음을 의미하지는 않는다. 실은 정반대였다. 그는 역사상 어떤 사람보다도 더 잔인하고 무자비했다.

초창기에 그는 누구라도 자신에게 대항하면 즉시, 잔인하게 죽인다는 방침을 세웠다. 자신의 칼 앞에 무릎 꿇기를 거역하는 지도자에게는 절대 자비를 베풀지 않았다.

그가 최초로 정복한 몽골 부족은 주르킨 족(Jurkins)이었다. 테무친은 신속하게 승리를 거둔 후 주르킨 문중의 일원들을 자기 부족에 흡수시켰다. 심지어 주르킨의 고아를 가족들에게 데려와 자기 모친에게 아이를 키우도록 했다. 하지만 주르킨의 지도층은 잔혹하게 살해했다. 잔인함을 본보기로 보여줄 요량으로 칭기즈 칸의 남동생을 모욕한 지도자는 척추를 부러뜨리고 야영지에서 멀지 않은 곳에 끌어다 버렸다. 그는 그곳에서 천천히, 매우 고통스럽게 죽었다.

적을 잔인하게 죽인 방법은 이 외에도 다양했다.

테무친은 주르킨의 지도자들을 몸소 제거했다. 스텝 지대에 관련 종족들에게 보낸 메시지는 명확했다. 테무친을 충직하게 따른다면 보상과 훌륭한 처우가 뒤따를 테지만 맞서는 자에게는 자비를 베풀지 않는다는 것이다.

—잭 웨더포드 《Genghis Khan and the Making of the Modern World》 중에서

🔭

1206년, 테무친은 44세에 스텝 부족들을 모두 정복하며 몽골 전체의 절대 지배자가 됐다. 그의 새 왕국의 규모는 대략 서유럽과 비슷했

고 인구는 약 100만 명이었다. 그는 통일된 국가의 이름을 대몽골 제국이라고 짓고 스스로 칭기즈 칸이라 칭했다.

그는 집단과 군대를 키워나갈 때 새로운 관례를 만들었듯 왕국을 운영하는데도 새로운 방식을 도입했다. 가령 납치를 종식하고 간통을 불법화하며 사냥의 권리에 규칙을 만드는 등 크고 작은 영역에서 새 사회를 재정비하는 법들을 잇달아 가동했다.

그가 실시한 가장 중요한 절차는 쿠릴타이(Khuriltai, 북방 유목민 사이에 옛날부터 관행으로 내려온 합의제도- 옮긴이)라는 의식으로, 원시 형태의 보통 선거라고 할 수 있다. 향후 군사작전, 지도부의 위치, 명칭, 전술 등 나라에 중요한 의사결정과 관련해 부족의회가 소집됐다. 여기에서 내리는 결정의 중요도 때문에 쿠릴타이에는 부족의 연장자와 군사 지도자들이 모두 참석해야 했다. 몽골에서는 쿠릴타이가 열릴 때 참석을 하면 의회의 결정에 찬성 의사를 나타내는 것과 같았다. 아예 모습을 드러내지 않으면 '반대'를 뜻했다.

쿠릴타이에서 가장 중요한 사건은 새로운 칸, 즉 국가 원수를 뽑는 일이었다. 실제로 40년가량 지나 보게 되겠지만 칸의 선출은 미래를 변화시킨 작지만 중요한 티핑 포인트가 됐다.

중국의 침략

칭기즈 칸은 천성이 전사인 사람들과 스텝 지역으로 구성된 나라의 지배자에 오르면서 이제 새로운 문제에 직면했다. 피 끓는 백성의 충동을 어떻게 만족하게 할 것인가? 약탈로 욕망을 성취할 것인가? 군사들은 만족할 것인가?

수년 동안 몽골은 남쪽에 있는 나라의 부를 열망하며 바라봤다. 당시에 캐세이(Cathay, 금[金]나라를 말한다)라고 부르던 곳으로 오늘날의 중국이다.

1211년, 쿠릴타이 이후 몽골은 침략을 결의했다.

> 이 양의 해 이후
>
> 칭기즈 칸은 캐세이의 백성과 싸우러 출정했다 …… 캐세이의 가장 우수하고 용맹한 군사들을 죽이고 …… 쥐융관(居庸關)의 성벽을 따라 대량살상한 시신이 썩은 나무들처럼 쌓였다.[*]
>
> —〈몽골비사〉 중에서

케세이의 지도부는 침략을 대수롭지 않게 여겼다. 어찌 됐건 그들

---

[*] 몽골비사(The Secret History of the Mongols)는 칭기즈 칸이 사망한 직후 그 가문 역사 기록을 목적으로 기록됐다. 전문은 수십 년 전에야 번역됐다. (폴 칸 《The Secret History of the Mongols: The Origin of Chinghis Khan》 146쪽을 참고했다.)

은 고도로 발전한 강력한 문화의 주인으로 인구가 5,000만에 달했다. 100만 명에 불과한 무식한 야만인들의 소규모 군대가 무슨 위협이 되겠는가?

유감스럽게도 그들은 몽골이 치명적으로 위협적인 존재들이었다는 사실을 나중에야 깨닫게 된다.

칭기즈 칸은 자기 군사들의 강점을 살린 전술을 활용해 병사들이 필요한 것들만 지니게 했다. 군대는 보병이나 진격이나 이동을 둔하게 만드는 보급대도 없이 기병으로만 구성되었기 때문에 가공할 만한 속도로 이동했다. 그들은 진격하면서 사냥이나 약탈을 할 때조차 동물들과 함께 이동했다. 이들은 신속하게 이동했을 뿐 아니라 매우 짧은 시간 안에 먼 거리를 달렸다. 각 전사는 기동성을 유지하기 위해 4~5필의 여분의 말을 데리고 다녔다. 당대의 전형적인 군대와 달리 몽골 인들은 넓게 전선을 펼쳐 여러 목표물을 동시에 공격했고 이는 전장에 두려움과 혼란을 가져왔다.

이민족들은 단순한 사고방식을 가진 존재라고 오해하기 쉽다. 이 자들은 달랐다. 칭기즈 칸은 완벽을 기하기 위해 전술과 속임수를 갈고 닦았다. 그는 대중과 적군을 두렵게 만들기 위해 정교한 선동 수단을 이용했다. 몽골 인들은 침략한 민족 간의 사회갈등과 숙적관계를 철저히 파고들어 '분할 통치'의 개념을 철저히 활용했다.

칭기즈 칸은 장벽을 접해본 경험이 없었기에 처음으로 성벽에 둘러싸인 도시들을 맞닥뜨렸을 때는 일이 뜻대로 풀리지 않았다. 하지만 중국 기술자들의 충성심을 돈으로 매수할 수 있음을 재빨리 간파했다. 일단 전문기술을 확보하자면 투석기와 포위 기계를 제작했다. 몽골 인들은 새 작전을 할 때마다 장비를 발전시켜 나갔고 이 기계들은 군대 안에서 가장 효율적인 무기가 됐다.

칭기즈 칸이 형제들과 적의 목숨을 차별적으로 대우한 것은 완전히 색다른 방식은 아니었다. 그러나 그는 이 기준을 더 정확하게 만들었다. 그에게는 모호함이나 중간 영역이란 존재하지 않았다. 몽골 인의 목숨은 값으로 매기기 어려우리만치 소중했다. 모든 사병의 목숨은 버릴 수 없고 낭비돼서도 안 됐다.

> 칭기즈 칸은 단 한 명이라도 그냥 희생시키는 법이 없었다 …… 때때로 전장에서 몽골 전사들은 죽음, 부상, 혹은 패배를 언급하는 일조차 금지됐다. 이를 떠올리는 것만으로도 현실화될 수 있기 때문이었다. 전사한 전우나 사망한 다른 전사의 이름을 입에 올리는 것도 심각한 금기에 해당했다. 모든 몽골 전사들은 자신이 불사신이라는 가정에 따라, 아무도 자신을 이기거나 해칠 수 없으며 그 누구도 죽일 수 없다는 생각을 하며 전사로 살아가야 했다.
>
> ─잭 웨더포드 《Genghis Khan and the Making of the Modern World》 중에서

약간의 가능성이라도 있으면 전사한 자들을 매장해주기 위해 거리에 얼마나 멀던, 운구에 얼마만큼의 역경이 따르든 관계없이 몽골로 실어 왔다는 사실은 몽골 전사의 목숨에 부여된 가치를 잘 보여준다.

반면 적의 목숨은 아무것도 아니었다. 민간인이든, 전사든, 여성이든, 어린이든 고려치 않았고 적의 생명은 개보다 못한 취급을 받았다. 적의 목숨은 몽골 전사의 목숨을 보호하거나 침략군을 돕는 갖가지 수단으로 활용될 때만 유일하게 가치를 가졌다.

예를 들면 몽골 인들은 스텝 지대의 광대한 동물 떼를 군사적 목적으로 활용할 수 있다는 사실을 초창기에 깨달았고 방어자들에게 혼란과 무질서를 일으키기 위해 동물들을 앞세웠다. 곧 칭기즈 칸은 적의 소작농들을 활용하는 것도 같은 효과를 낼 수 있다는 것을 깨달았다. 그는 적의 마을을 불태운 후 소작농들을 군대에 앞세워 적군을 교란하며 꼼짝 못하게 만들었다. 어떤 때에는 소작농들이 음식을 먹어 치우고 물을 고갈시키며 질병을 퍼뜨리거나 반란을 선동하게 하도록 성벽으로 둘러싸인 도시로 몰아갔다.

칭기즈 칸이 적국의 민간인들을 이용한 방법은 또 있었다. 소작농의 시체 더미가 해자(성 주위에 둘러 판 못—옮긴이)를 완벽하게 메워주는 마당에 굳이 다리를 놓을 이유가 있었겠는가? 적의 시체들을 성벽 꼭대기까지 쌓으면 디딤돌이 돼 벽에 닿을 수 있는데 흙으로 경사로를 만들 이유가 있었겠는가? 결국 적들은 인간이 아니라 이용하고, 몰아가고, 조종하고, 쌓아 올리고, 포개고, 아니면 스포츠의 목적으로 죽이는 도구일 뿐이었다.

재빠르고 잔혹한 칭기즈 칸의 군대가 엄청난 성공을 거둔 것은 당연한 일 아니었을까?

캐세이는 칭기즈 칸이 침략에 나선지 4년 만에 패하고 말았다. 몽골은 당시 캐세이의 수도인 중도(中都, 오늘날의 베이징)로 쳐들어가 약탈하고 불을 질렀다. 그리고 어마어마한 전리품을 취해 고향으로 가져갔다. 특히 장인과 전문가 집단을 집중적으로 잡아 노예로 만들었다. 공포에 사로잡힌 백성은 순종적이 됐다. 소농 무리의 귀향을 방지하고 향후 몽골의 군대가 사용하기에 충분한 목초지를 확보하기 위해 그들은 시골 지역의 농가와 성벽, 용수로를 파괴했다.

군사들은 약탈을 마치면 승리감에 젖어 말을 타고 고향으로 돌아갔다. 철저히 유린당한 속국은 조공을 바치겠다는 맹세를 했다. 몽골군은 북쪽으로 말을 몰아가면서 전 세계에서 가장 위대했던 이 나라의 부와 위신을 함께 빼앗아 갔다.

쿠냐-우르겐치(Kunya-Urgench, 호레즘 왕국의 수도), 중앙아시아, A.D. 1221년

병사들은 지치고, 굶주리고 부상을 입은데다 광분하여 의식이 혼미할

지경이었다.

성안에 갇혀 싸움을 한 지 수주일째였다. 설사 목숨을 부지하더라도 시간이 흐를수록 더 굶주리고, 더 몸이 아프고, 희망은 더 없을 게 뻔했다. 그들은 운하가 외벽을 통과하여 흐를 수 있도록 연장해놓지 않는 치명적 실수를 저질렀다. 그 때문에 밤에 몰래 나가 약간의 물을 훔쳐왔지만 그마저도 시체와 오물에 감염됐다. 부패한 시신에는 전염병이 퍼져서 성안에는 질병과 공포가 퍼졌다. 밤마다 몽골의 투석기가 쏘아 올리는 불이 도시에 비처럼 쏟아졌다. 낮에는 암석과 바위가 날아들었다.

이는 성벽 바깥에 있는 자들의 잔학성을 드러내는 몇 가지 예에 불과했다. 저들은 새로운 종류의 적이었다. 새로운 공포. 이전에 전혀 들어보지 못했던 자들이다. 성안의 사람들은 저들과 맞서 싸울 준비가 전혀 돼 있지 않았다.

곧 무너지고 말 것이다.

알 마라지는 몽골군이 도시를 향해 달려오던 장면을 기억해냈다. 그들은 아이들을 군대 앞쪽 병사의 안장 앞에 매달리게 하여 날아오는 화살로부터 전사들을 보호했다. 그 장면을 떠올리면서 몽골군의 전략은 기병을 보호하는 것이 아니라 훨씬 더 큰 것을 노린 것임을 깨달았다. 엄청난 혼란과 망설임 속에서 어떤 궁수가 실제로 시위를 당길 수 있었겠는가? 몽골 인들은 파괴적인 공격을 감행할 수 있을 만큼 코앞까지 다가왔고 문을 부수고 들어오기 직전까지 당도했다.

초기 공격은 온종일 이어졌다. 도시에 석양이 내리자 공격자들은 물러갔다. 알 마라지는 저들이 야영지를 세우는 모습을 경악하며 지켜봤다. 많은 기병이 신중한 자세로 말의 목에 있는 정맥을 길게 잘라내어 그 피를 마셨던 것이다. 날이 밝으면 시작될 전쟁에서 필요할 영양소를 충분히 섭취하기 위함이리라.

이후 도시는 매일 밤낮으로 공격을 받았다. 불, 바위와 암석, 때때로 머리통이나 시체가 성안으로 날아들었다. 이제 도시의 식량은 바닥이 났고 사상자들이 쌓여갔다. 여성들과 어린이들은 낮에는 굶주리다, 밤에는 대형 건물의 중앙에 옹송그리고 모여 앉아 시간을 보냈다.

그날 일찍, 한 첩자가 우울한 소식을 알려왔다. 중국인 기술자들이 성문을 부술 파성퇴를 거의 완성했다는 것이었다.

이제 끝이 임박했다. 모두가 알았다. 알 마라지도, 백성도, 몽골 인들도. 모두 이 도시가 박살 나기 직전에 와있음을 알고 있었다. 술탄은 여성과 어린이들의 (그리고 그 자신의) 석방을 협상하고자 했다. 그러나 이미 너무 멀리 와버렸다. 일단 공격이 시작되면 몽골 인들은 절대 자비를 베풀지 않았다.

녹초가 된 알 마라지는 차디찬 바위벽 뒤에 쪼그려 앉았다. 어둠이 내렸고 그는 지쳐서 서 있기조차 어려웠다. 그는 늙고 힘이 없었다. 이제 될 대로 되라 싶은 심정이었다. 사흘 동안 음식을 먹지 못했고 물은 악취가 심해 억지로 넘기려 애를 써도 목구멍으로 넘어가지 않았다. 그는 대초원에서 불어오는 산들바람을 느꼈다. 코를 킁킁거리다 성벽 바깥에 쌓인 썩은 시체들이 풍기는 역겨운 냄새 때문에 구역질을 했다.

몽골 인들의 긴 활은 화살을 거의 370미터 가까이 날려 보내는 매우 위협적인 무기였다. 그는 그것을 알고 있었기에 조심하면서 성벽의 좁은 틈으로 밖을 내다봤다.

몽골 인들은 나무방패로 자신들을 방어하며 시체를 계속 쌓았다. 저들이 무슨 일을 하고 있는지 호레즘 사람들이 깨닫는 데 꽤 시간이 걸렸지만, 성벽을 뚫고 들어오기 위해 시체들로 경사로를 만들고 있음을 거의 끝마칠 즈음에야 알아차렸다.

중국의 파성퇴가 성문을 부쉈다. 외부 방어벽의 꼭대기에 닿는 데는 인간의 살덩이로 만든 경사로를 활용했다.

이제 몽골 인들이 성안으로 들어오는 데 불과 몇 시간도 걸리지 않을 것이다.

문명이 휩쓸려가다

칭기즈 칸이 중국을 굴복시키고 파괴한 것은 시작에 불과했다.

잘 훈련받고 긴밀하게 조직된 몽골군은 여진 토벌을 시작으로, 고지대의 둥지를 박차고 나와 인더스 강부터 도나우까지, 태평양에서 지중해까지 모든 것을 순식간에 휩쓸었다. 30년이라는 짧은 시간 동안 몽골 전사들은 모든 군대에 승리를 거두고 모든 진지를 함락했으며 그들 앞에 닥친 모든 도시의 성벽을 무너뜨렸다. 기독교도, 모슬렘, 불교도, 힌두교도 할 것 없이 새파랗게 어린 문명에서 온 몽골 기병의 흙 묻은 신발 아래 무릎을 꿇었다.

—잭 웨더포드 《Genghis Khan and the Making of the Modern World》 중에서

그의 다음 표적은 중앙아시아에서 옛 고대 페르시아의 상당 부분을 차지하며 번성하고 있던 호레즘 왕국이었다. 막대한 부와 선진문명을 갖춘 이 모슬렘 왕국은 약 2,400년 전에 식민지가 됐으며 전 세계에서 가장 문맹률이 낮은 것으로 알려졌다. 백성의 상당수는 페르시아 문명의 잔류였지만 개방된 사회였기 때문에 왕국 안에는 이민족이나 다른 국적자들도 있었다. 실크로드를 따라 전략적이고 이익이 많이 나는 곳에 있어 국제적으로도 권력이 부상하고 있는 지역이었다. 정착지와 거대한 크기의 가공할 만한 도시들이 400곳 이상 있었다. 실제로 수도인 쿠냐우르겐치는 세계에서 가장 아름다운 도시로 평가됐다.●

이 위대한 왕국이 오늘날 거의 알려지지 않은 원인의 상당 부분은

몽골 인에 있을 것이다.

칭기즈 칸은 호레즘의 술탄과 교역관계를 맺으려는 시도가 폭력으로 무시당하자 전쟁을 결심했다. 그리고 잔인한 피의 복수를 해냈다.

호레즘의 주요 도시 전체가 파괴되는 데는 1년밖에 걸리지 않았다. 술탄은 카스피 해의 한 섬으로 쫓겨 가 그곳에서 숨을 거뒀다. 패전국 입장에서 더 큰 수치는 술탄의 모친이 몽골로 끌려가 남은 생을 공노비로 살았다는 사실이다. 그들의 문명은 전멸해 오늘날 전해지는 기록이 거의 없다.

━●

중앙아시아에서는 몽골군이 휩쓸고 지나가면서 4년 이상 전쟁이 계속됐다. 그들이 목표로 삼은 나라는 모두 위대한 칭기즈 칸 앞에 쓰러졌고, 승리는 피의 대학살로 이어졌다.

●
쿠냐-우르겐치 대한 최초의 과학적인 연구는 1928년과 1929년에 물질문화 역사 국립대학(State Academy for the History of Material Culture)이 수행했다. 1938년 V. I. 필라브스키는 이 지역을 조사하고 건축물을 측정했다. 2차 세계 대전 후 세르게이 톨스토프가 이끄는 호레즘 고고학-민족지학 탐험대가 이 지역에서 최초의 고고학적 연구에 들어갔다. 1958~1960년에 알렉산드르 비노그라도프, A. 아사노프, I. I. 놋킨은 건축물의 설계도를 그리고 외관을 기록했다. 일부 고고학 작업은 1979~1985년 우즈베크 보존기구(Uzbek Institute of Conservation)가 재개했다. 이런 총체적인 시도의 결과물은 http://karakalpak.com/agcgurganj.html에서 확인할 수 있다.

계산적인 대학살은 칭기즈 칸이 쓴 전략의 일부였다. 그의 군대에 저항하다 함락된 도시는(물론 여기에 예외란 없었지만) 모든 거주민이 살육됐다. 연대기 기록에 따르면 1220년 하랏(Harat)의 사망자는 160만 명에 달했다. 일부가 시체 더미에 숨어 목숨을 부지했다는 소문이 몽골의 툴루이(Tului) 대공의 귀에 들어가자 그는 니샤푸르(Nishapur)를 점령했을 때 모든 시체의 목을 베라고 명령했다. 동시대인의 기록에 따르면 니샤푸르에서는 174만 7,000명이 사망했다고 알려진다.

—로버트 카울리 《What if?》 중에서

약탈 대상에는 예외가 없었다. 고대의 궁궐과 사원은 훼손하고 강탈한 후 버렸다. 모든 도시가 공동화됐고 상당수는 완전히 짓밟혀 몽골 말을 먹일 목초지가 될 흙만 남았다. 이 침략자들이 자행한 파괴의 한 예를 들어 보면, 헝가리 전 인구의 절반가량과 정착지의 50~80퍼센트가 쑥대밭이 됐다. 수백 년의 문명과 농사를 가능케 했던 관계체계는 완전히 무너져 거대한 영토에서 과소현상(인구 감소로 일정 생활수준을 유지하기 어려운 상태—옮긴이)이 일어났다. 침략자들의 전략에는 적의 사기와 헌신을 약화시키는 것도 계산돼 있었다. 일단 어떤 도시를 파괴하면 몽골의 공포와 잔혹행위를 전하도록 몇몇 포로들은 풀어 줬다. 그들의 보고는 다음 도시를 두려움에 사로잡히게 할 때가 잦아 싸움 한 번 없이 예속시킬 수도 있었다.

칭기즈 칸은 아르메니아(Armenia)의 백성에게 다음과 같은 메시지를 보낸 것으로 전해진다.

'우리가 땅을 지배하고 질서를 유지하는 것은 하늘의 뜻'이므로 몽골의 법과 세금을 부과한다. 거절하는 자들이 있다면 몽골은 '그들을 살해하고 그 주거지를 파괴해, 이를 전해 듣는 다른 이들이 공포를 느끼고 같은 행위를 하지 못하도록' 할 의무가 있다.

—잭 웨더포드 《Genghis Khan and the Making of the Modern World》 중에서

그들은 무엇을 얻었나

1222년 몽골의 군사행동은 중앙아시아를 휩쓴 후 오늘날의 파키스탄에서 일단락됐다. 몇 년 안에 몽골은 전 세계에서 가장 크고 강력한 제국의 하나로 성장했다.

칭기즈 칸은 막대한 부를 몽골에 가져갔다. 카라반들이 10년이 넘는 기간 동안 전리품과 노예를 실어왔다. 실크와 금, 진주와 귀금속, 진귀한 나무와 가죽, 희귀한 금속기구와 칼 등은 약탈품의 일부에 불과했다. 특히 고귀한 가치를 지닌 노예들을 끌고 왔다는 사실이 흥미롭다. 평범하고 교육받지 못한 노예들 외에 장인, 전문가, 기타 기술자들을 길게 줄 세워 몽골의 스텝 지대로 몰아왔다.

〈오고타이의 대관식〉 라샤드 알 딘 작, 14세기 그림, 칭기즈칸의 셋째 아들인 오고타이는 1227년 칭기즈
칸 사후 제2대 황제로 즉위했다.

사리에 어두웠던 몽골 인들은 자국이 지구 상 최 강대국의 지위에 오르면서 어느 정도로 부유해졌는지 상상조차 못했을 것이다. 하지만 제국의 침략과 확장은 느닷없는 장애물에 부딪혔다.

1227년, 위대한 칭기즈 칸이 사망했다.

3년 후 칭기즈 칸의 셋째 아들인 오고타이(窩闊台)가 쿠릴타이를 통해 차기 칸으로 선출됐다. 그는 칸이 되자마자 아버지가 축적한 부를 허투루 쓰기 시작했다. 새 수도를 지었고 함부로 지출했다. 이역에 나가서도 이것저것을 요구했다. 왕국에 들여오는 것보다 나가는 것이 더 많았다. 갑자기 떼 부자가 된 몽골 인들은 엄청난 자본을 소비하는 생활양식에 젖어버렸다. 오고타이는 무역을 장려한다는 어리석은 명목으로 수도에 들여오는 제품에 두 배의 값을 쳐줬다.

5년 안에 부가 사라졌다. 아버지가 건설한 위대한 몽골 제국은 무너지기 직전이었다. 오고타이에게는 한 가지 선택밖에 없었다. 약탈할 또 다른 땅을 찾아야 했다.

몽골이 서구로 눈을 돌리다

군대에서 영향력이 큰 지도자였던 수부타이(速不台) 장군은 몽골이 유럽으로 진격해야 한다고 제안했다.

당시에는 아시아의 서쪽에 있는 영토에 대해서는 거의 알려진 정보가 없었다. 유럽은 특별히 부유하거나 문화가 번성했다고 알려져 있진 않았지만 여러 부분에서 이득이기는 했다. 중국, 혹은 이라크나 푹푹 찌는 인도 대신 유럽 침략을 옹호했던 세력은 십 년 전 유럽군과 소규모 접전을 벌였을 당시 상대편이 쉽사리 패하더라는 사실을 근거로 들었다.

몽골 장군들은 유럽의 군사작전이 5년가량 이어지리라 예상했다. 어쨌든 약탈할 만한 영토와 사람들이 방대했기 때문이다. 수부타이 장군과 위대한 칭기즈 칸의 가장 유능한 손자 두 명의 눈부신 지도력 아래 5만 명의 몽골 군사들과 동맹 혹은 속국에서 10만 병사들을 모았다. 훌륭한 지도력 아래 전리품에 대한 욕심, 수십 년 동안의 전쟁으로 습득한 공학기술과 군사적 지식이 모였으니 몽골 역사상 최강의 군대였을 것이다. 그들은 탁월한 무기를 갖췄다. 가공할 만한 기동성이 있었고 효율적인 기병을 보유했다. 전쟁 경험은 훨씬 뛰어났다. 갖추고 있는 장점이 어마어마했다.

1236년, 동유럽 침략이 시작됐다.

오늘날 러시아와 우크라이나에 위치한 소규모로 독립적 지위를 누렸던 왕국들과 도시국가들이 먼저 함락됐다. 온 힘을 다했지만 수부타이의 막강한 군사에 맞수가 되지 못했다.

몽골군은 러시아의 도시를 공격하기에 앞서 사자를 보내 그들이 가진 부의 10퍼센트에 해당하는 십일조를 바치고 몽골의 속국이 되는 계약을 맺자고 제안했다. 이 제안을 받아들인 곳은 거의 없었다. 모스크바 외곽의 라잔(Ryazan) 시는 특히 자존심이 세 결국 가장 어리석은 선택을 하고 말았다. 라잔 시의 대공은 10퍼센트의 조공 요구에 대해 "우리가 죽으면 다 당신들 차지가 될 것 아니오."라고 응대했다.

몽골 인들은 제안을 받아들여 라잔을 완전히 무너뜨렸다. 거주민들은 살해당했다. 몽골 인들은 재물을 전부 차지했다.

라잔이 멸망한 이후 모스크바와 다른 도시들이 공격을 받았다. 모두 예외 없이 함락됐다. 도시마다 부를 모조리 빼앗겼다. 사람들은 노예로 끌려가거나 학살당했다.

1240년 초겨울, 몽골은 아름다운 도시 키예프(Kiev)에 사자들을 보내 항복을 요구했다. 10만 명 정도의 인구가 거주하고 있던 이 거대한 도시는 스스로 천하무적이라고 여기고 있던 터라, 칸의 사자들을 죽이고 그 시신을 훼손했다. 몽골 인에 대한 최고의 모욕이었다.

12월에 이 도시는 완전히 궤멸당했다. 12년 후 이 지역을 거쳐 간 여행자가 기껏해야 100명이 초라하게 사는 작은 마을을 목격했을 뿐이었다. 키예프가 몽골 침략의 악영향에서 벗어나는 데에는 수세대가 지나야 했다. 대도시만 이런 꼴을 당한 것이 아니었다. 러시아 전역의 소도시와 왕국 대부분이 침략과 점령을 당했다.

몽골은 목적을 달성하자 새 수도를 만들고 제국을 금장국(金帳國)으로 개명했다. 그리고 오래도록 존속했다.

동유럽은 이제 몽골 제국이 됐고 상당 지역이 이런 지위를 수 세기 동안 이어갔다.

벼랑 끝의 서유럽

러시아를 약탈한 몽골군은 이제 서쪽 지역을 주목했다.

수부타이는 키예프를 차지한 지 몇 달 후, 다음 목표물을 공격할 최선책을 짜기 위해 정찰병을 보냈다. 그는 유럽이 완전히 무방비 상태라는 것을 알고 놀랐다. 때는 겨울이었는데 교양 있는 유럽 인들은 추울 때 싸우지 않는다는 놀라운 소식이 들어왔다.

토양과 강이 얼어붙으면 몽골군이 이동하기에 최적의 환경이 된다는 사실을 알았더라면 유럽 인들은 최소한 전쟁을 준비라도 했을 것이었다.

수부타이는 서유럽을 향해 북쪽과 남쪽으로 두 갈래의 군사를 보냈다. 대략 2만 명 정도였던 북쪽의 군사들은 폴란드를 가로질러 다수 읍과 도시들을 점령했다. 마침내 유럽 인들이 방어에 나섰다. 4월이 되자 몽골군은 독일과 프랑스, 폴란드에서 급히 끌어모은 기마부대와 마주쳤다. 여느 때와 다름없이 몽골 침략자들은 3만 명에 달하는 유럽 군사들에게 숫자 면에서 열세였다. 상관없었다. 몽골은 최대 2만 5,000명에 달하는 적군을 사로잡아 죽이고 무찔렀던 것이다.

몽골군은 남쪽에서 기다리고 있던 적병의 코앞까지 곧장 직행했다.

당시 헝가리는 유럽에서 가장 크고 강한 제국 가운데 하나였다. 벨라(Bela) 왕의 지도로 헝가리, 오스트리아의 대군이 수부타이의 5만 군사를 맞으러 나갔다. 이번에도 몽골군은 술책과 우월한 전략에 기댔다. 아군의 이점을 충분히 활용할 수 있는 지점까지 후퇴한 후 유럽군을 둘러쌌다. 그 후 마차를 연결해 만든 보호 막사로 몰아넣었고 투석기를 사용해 화약과 화염으로 공격했다.

유럽의 기사들이 전혀 경험해보지 못한 상황이었다. 극도의 공포가 찾아왔다. 그러다 몽골군의 전선에 일부 틈이 벌어졌다. 천우신조하여 그 틈은 수도인 페스트(Pest)를 향해 열려있었다. 달아날 유일한 기회라고 생각한 유럽군은 방어진을 뚫고 나가 고향으로 향했다. 물론 덫이었다. 몽골군은 겁에 질린 적군이 완전히 달아나고, 무기를 버리고 도망갈 때까지 기다렸다가 급습해 모두 살해했다.

그 장면을 묘사한 기록이 남아있다. '죽은 자들이 겨울의 낙엽처럼 이리저리 흩어졌다. 이 처량한 자들의 시신은 길 곳곳에 깔렸고 피가 내를 이뤘다.' 전사한 기사는 최대 7만에 달했는데 대부분 헝가리 왕국의 군사였던 것으로 보인다.

헝가리와 폴란드에서 거의 10만에 육박하던 군사가 패하는 일격을 당한 후 유럽의 기사는 회복되지 못했다. 유럽 인들은 기사와 귀족의 '꽃' 이

져버린 데 애통해했다. 성벽을 두른 도시와 중무장한 기사들의 시대는

끝났다. 1241년 부활절을 휘감던 연기와 화약 속에 몽골군이 올린 승

리는 유럽 봉건제도와 중세시대의 전면적인 붕괴를 예고했다.

—잭 웨더포드《Genghis Khan and the Making of the Modern World》 중에서

마지막 일격

이제 빈(Vienna)으로 향하는 드넓은 길이 열렸다. 빈 다음은 로마다.

로마를 취하면 기독교 교회가 무너진다. 그다음에는 토리노, 파리, 쾰

른, 그 끝은 런던이 되리라. 세계적으로 이름난 곳이었던 다른 지역처

럼 서유럽도 몽골의 칼에 떨어질 것이다.

몽골군이 보낸 정찰병은 아름답고도 중요한 빈을 공격할 최상의 길

을 골라냈다.

서유럽은 몽골군 앞에 속수무책이라는 사실을 깨달았다. 그들의 군

대로는 몽골군을 막을 수 없었다. 도시는 방어할 수 없을 것이다. 유

럽에서 마지막으로 남아있던 정치세력인 신성로마 제국의 황제 프레

데릭 2세(Frederick II)는 로마 교황과의 지루한 갈등으로 이미 힘이 약

해져 있었다. 전 유럽의 군주 가운데에서 몽골을 막아 주리라는 희망

을 걸어볼 사람도 없었다. 프레데릭 황제의 성공을 기대는 것도 어리

석었다.

바야흐로 봄이었다. 초장에 풀이 돋아났다. 수부타이는 이제 잠시 멈추고 말들이 풀을 뜯는 동안 전사들이 휴식을 취하게 했다.

유럽 인들은 공포에 떨면서 마냥 기다리는 수밖에 없었다. 그들은 곧 여름풀을 뜯은 몽골의 군마들이 살이 오르고 병사들이 휴식을 취하고 나면 다시 공격에 나설 것을 알았다. 또한 경험으로 미루어 볼 때 이번 공격은 1년 중 몽골 인들이 전쟁으로 가장 선호하는 시기인 초겨울에 시작될 것이 틀림없었다.

1258년 바그다드를 포위한 몽골군들, 몽케와 훌라그는 아바스왕조를 멸족시키고 수도 바그다드를 함락했다.

두 명의 죽음이 나라를 구하다

그러다 1241년 겨울이 왔다. 서유럽의 상황은 갑작스럽고 예기치 못한 방향으로 변했다.

동쪽으로 6,500킬로미터 떨어진 곳에 있던 몽골의 대 칸, 오고타이가 급사했다. 그 직후에는 유일하게 생존해있던 칭기즈 칸의 아들까지 숨을 거뒀다. 대 칸의 계승을 주장할 수 있는 명백한 후계자가 사라지자 새 지도자를 선출하기 위해 쿠릴타이가 소집됐다.

제국 전체에 흩어져 있던 몽골의 왕족들이 즉각 고향으로 향했다. 수많은 왕족이 차기 칸을 놓고 다툴 것이었다. 관료 다수와 군 지도부도 차기 지휘관을 결정하는 자리에 참여하기 위해 돌아갔다.

갑작스럽게 지도력을 상실하고, 수도로부터 명확한 지시가 사라지자 몽골군은 서유럽에서 물러났다.

그리고 다시 돌아오지 않았다.

칭기즈 칸의 손자인 귀위크(貴由)는 몽골로 돌아가 대 칸의 자리에 올랐다. 그는 18개월의 짧은 치세 후 사망했다. 또 다른 손자인 몽케(貴由)가 칸이 됐다.

새 칸은 왕실, 특히 아내들 가운데 기독교도가 존재한데다 갈취할 만한 막대한 부가 존재하는지 확신이 서지 않는다는 이유로 군대를 유럽으로 다시 보내지 않기로 했다. 대신 러시아에서의 입지를 굳히기로 했고, 그곳에서 200년 이상 머물렀다.

새 칸은 새로 정복한 북부의 영토를 안정시키자 또다시 군사를 파병했다. 하지만 이번에도 서쪽으로 가지는 않았다. 그보다는 바그다드와 다마스쿠스, 카이로의 모슬렘과 남중국의 송(宋) 왕조의 정복을 위해 군대를 나눠 보냈다.

바그다드는 모슬렘 세계의 중심지이자 칼리프의 고향이었다. 모슬렘 세계에서 가장 부유한 도시였기에 몽골 정복자들은 거대한 부를 확보한 셈이었다.

1258년 바그다드가 함락됐고 최대 8만 명이 학살당했다. 몽골 인들은 자신들에게 반항한 모슬렘 지도부를 처벌하기 위해 칼리프와 그의 남성 후계자 전부를 사로잡아 담요로 말거나 동물 가죽을 꿰매 말에 얹어 달리게 했다.

중국 정복에는 시간이 좀 더 걸렸다. 대 칸은 1276년에야 송나라의 수도를 차지했다. 바그다드와 남중국을 정복하자 몽골은 남중국해부터 서유럽까지 전 영토를 손에 넣었다.

몽골 제국 역사상 최대 규모였다.

만약에?

만약에 2대 칸 오고타이가 1241년 겨울에 숨을 거두지 않았더라면 어땠을까?

만약 수부타이의 군대가 상대적으로 손쉽게 보이는 전 유럽 점령을 현실로 만들었다면?

세계에서 가장 저명한 두 명의 역사학자들은 다음과 같은 견해를 제시했다.

월 듀런트 : 기독교와 유럽은 단순히 오고타이의 사망 때문에 구원을 얻었다 …… 태평양에서 아드리아 해와 발트 해에 이르기까지, 역사상 그토록 광범위한 파괴가 일어났던 적은 없었다.

에드워드 기번 : 무함마드의 제자들이 종교와 자유를 억압했다고 한다면, 스키타이(몽골)의 양치기들은 도시와 예술, 문명사회의 모든 기관을 끝장내버렸다고 할 수 있다.

좀 더 구체적으로 들어가면 다음과 같은 질문을 제기할 수 있다. 몽골의 침략이 일어났다면 이제 막 걸음마 단계에 있던 자유와 자본주의 사상을 비롯해 떠오르고 있던 서구문화의 가치에 어떤 영향을 미쳤을까?

몽골이 서유럽으로 말을 타고 진격했다면 이제 막 성장하려던 유럽의 도시들은 파괴됐을 것이다.

저지대(유럽 북해 연안의 벨기에, 네덜란드, 룩셈부르크 지역- 옮긴이)가 금융 중심지로 부상하지도, 모직 산업의 중심지로 커지지도 못했을 것이다. 이 두 산업은 앤트워프(Antwerp)와 겐트(Ghent)에서 자본주의가 출현하는 데 중추적인 기여를 해냈다. 서구에서 파리의 역할은 사라지고 위대한 대학들도 폐허가 됐을 것이다. 혁신과 발견의 시험 무대였던 유럽 전역의 수도원들은 살아남지 못했을 것이다. 로먀와 그리스 제국의 유물로, 태동기 단계에 있었던 대의정치의 개념은 역사의 안개 속에 사라졌을지 모른다.

이상은 자본주의, 과학, 민주주의, 교육의 붕괴에 대한 몇 가지 예에 불과하다.

무엇보다 서유럽의 위대한 자산으로서 문명사회의 토대가 된 지적인 정신과 기술력이 있는 장인들, 그리고 교사들을 강탈당했을 수도 있다는 사실이 가장 중요하다. 몽골군은 도시를 파괴한 이후 노예 가운데 기술이 가장 뛰어나고 잘 교육받은 사람들을 스텝 지대로 데려갔다. 이런 정책은 피정복지에 극도로 부정적인 영향을 남겼다. 가장 양질의 인력을 빼앗겼기 때문이다. 우수한 인력을 데려가면 곧 그들이 가진 전문기술도 사라지고 만다.

당연히 서유럽의 학식 있고 기술 있는 사람들도 같은 운명을 걷게됐을 것이다. 그랬다면 서구문화가 재건되는 데 얼마나 오랜 기간이걸렸을까?

교황은 유럽의 침략기 동안 몽골 인들을 달래고자 사자들을 보냈다. 그리고 정신이 번쩍 들 만한 답을 받았다. 몽골은 '국가를 정복하거나 제거하는 신성한 권력이 우리에게 있으니, 교황이라도 개인적으로 찾아와 왕실에 간청하지 않는다면 무차별적인 파괴의 대상이 될것'이라고 알렸다.

분명히 몽골의 권력자들은 교회를 존중할 생각이 없었다. 정복을당했던 다른 지역의 지도층과 마찬가지로 교황도 칸에게 무릎을 꿇어야 했다.

몽골군은 러시아에서 기독교 교회가 지역의 안정성을 유지하는 역할을 해낼 수 있음을 파악했다. 그래서 교회의 재산과 신도를 보호해줬다. 하지만 이 보호에는 값비싼 대가가 따랐다. 교회는 명맥을 계속유지하는 대신 사람들에게 몽골의 권력자들에게 복종하라고 권해야했던 것이다. 이 때문에 '백성에게는 굴종의 정신이 깃들었고 수 세기동안 폭정을 할 수 있는 길이 열렸다.'

일부는 러시아 백성이 굴종적인 자세를 지금까지도 벗어버리지 못했다고 주장한다. 유럽의 다른 국가들이 대의 정치를 향해 나아가고 개인의 권리와 자유를 옹호하는 동안 왜 러시아 인들은 차르(tsar)의 절대지배를 견뎌냈는지, 그 원인의 일부분을 여기에서 찾을 수 있다. 이는 또한 러시아 국민이 오랫동안 공산주의와 독재에 순종한 이유이기도 하다.

서유럽에서 수백 년 동안 몽골이 통치하고 교회가 여기에 가담했다면 유럽의 사고방식은 지금과 달라졌을까? 유럽 인들이 러시아나 모슬렘 사람들과는 달랐을 것이라고 믿을 만한 합리적인 근거가 있는가? 몽골이 침략했던 러시아와 모슬렘 제국은 서유럽의 운명을 가늠케 하는 충분한 증거를 보여준다.

몽골 인들이 국경에 출몰하기 전에 러시아와 모슬렘 제국은 부, 번영, 계몽에서 절정을 구가하고 있었다. 그러나 그 누구도 몽골이 쳐들어와 영토를 점거한 이후 회복하지 못했다.

칭기즈 칸의 후예들은 러시아, 터키, 인도, 중국, 페르시아와 같은 거대 국가들을 오랫동안, 경우에 따라서는 700년 이상 다스렸다. 무굴(Moghul)제국은 인도에서 1857년까지 지배했다. 칭기즈 칸의 마지막 후예는 우즈베키스탄을 1920년까지 다스렸다.

이 국가 중 몽골의 지배 아래 민주주의나 자유정부를 발전시킨 곳은 전혀 없다.

이런 사실들을 모두 고려할 때 유럽이 몽골의 침략을 받아 모든 것이 짓밟히고, 비참한 생존자들이 영원히 조공을 바쳐야 하는 족쇄를 찼다면 르네상스라는 황금기에 진입할 방도를 찾지 못했을 것이다.

유럽이 예술, 과학과 종교에서 활력을 되찾았으리라 믿기도 어렵다.

가장 중요한 것은 자유의 직접적인 토양이 되는 서구의 정치철학이 살아남지 못했을 것이라는 사실이다.

쿠냐우르겐치(호레즘 왕국의 수도), 중앙아시아
A.D. 1221년

한때 위대했던 이 도시에서 다른 주민은 모두 죽거나 끌려갔다. 도시를 통틀어 노예로 끌려가지 않고 살아남은 이는 그가 유일했다.

살육이 끝나자 셀 수 없이 많은 동포가 밧줄이나 사슬에 묶였다. 알 마라지가 모르는 사이 수천 명의 시민은 성벽의 틈으로 빠져나가 어둠 속에서 서쪽으로 도망쳤다. 그들은 중동 전역에 있는 여러 장소에 안착하며 지역 문화에 녹아들었다. 하지만 다시는 호레즘 사람으로서의 정체성을 갖지 못했다.

몽골군은 도시에서 가치를 지닌 모든 것을 약탈했고 건물을 불태우거나 무너뜨려 재물과 구조물, 사람이나 심지어 동물까지 어느 것 하나 남겨두지 않았다.

남겨진 이는 알 마라지뿐이었다. 혼자였다. 왕국에 남은 마지막 사람이었다. 그 가문에서 마지막 생존자였다. 이웃 가운데 마지막이었다. 동무 중 마지막 존재였다.

그는 폐허가 된 성벽에 바깥에 서서 칸이 자신을 살려둔 이유가 무엇일까 생각했다. 알 수 없었다. 하지만 감사한 생각은 들지 않았다. 그 주변의 잔해를 둘러보면서, 때로는 사는 게 죽는 일보다 나쁠 수 있음을 알았다.

알 마라지는 할 일도, 갈 곳도 없었다. 그는 몸을 지탱하기 위해 가느다란 지팡이를 땅에서 집어 올려 가장 가까운 마을은 온전하기를 바라면서 절뚝거리는 다리를 끌고 걸어갔다. 산을 향해 걸으면서 이 나라의 문화를 전부 마음에 새겼다. 사흘 후 모든 것이 끝났다. 그와 그의 문화 모두 유명을 달리한 것이다.

호레즘 왕국을 정복하는 몽골군, 14세기 그림, 거의 중앙아시아 전역을 영유했던 호레즘 샤 왕조는 몽골의 침입으로 멸망했다.

6

신세계라는 이름의 구원자

신대륙 발견과 유럽

the Miracle of Freedom:
Seven Tipping Points
That Saved the World

콜럼버스와 신대륙

A.D. 1492년, 에스파냐의 이사벨 1세에게서 신대륙 탐험에 대한 후원과 포상을 약속받은 크리스토퍼 콜럼버스는 대서양을 건너 '인도'를 향해 떠난다. 1492년 8월 3일, 제1회 항해를 출범한 콜럼버스는 두 달 뒤 오늘날 미국의 플로리다 주 남쪽의 섬들과 쿠바를 발견한다. 이곳을 인도의 일부라고 생각한 그는 원주민을 인디언이라 칭하였다. 1493년 3월, 귀국한 그가 가져온 금 때문에 1493년에는 배 17척과 1,500명의 대선단과 함께 제2 항해를 떠났다. 두 번째 항해에서 금을 찾지 못한 콜럼버스는 인디언에게 공납, 부역을 명령하고 학대, 살육하였으며 노예로 삼았다. 콜럼버스는 이후 1498년에 제3회, 1502년에 제4회 항해를 떠나지만 성과는 없었다. 그를 후원한 이사벨 1세가 사망한 2년 뒤, 그도 세상을 떠났다. 그는 죽을 때까지 신대륙을 인도라고 믿었다.

그의 서회항로 발견으로 아메리카 대륙이 비로소 유럽 인의 활동무대가 되었고, 현재의 미국이 탄생할 수 있었던 근본적인 토대가 생길 수 있었다는 점에서 중요한 의의를 지닌다. 하지만 그의 신대륙 발견 이후 유럽 인들의 침략 행위로 원주민들이 노예로 잡혀가는 등의 부정적인 결과를 낳은데다 혹자는 선사시대에 아시아 인들이 이미 베링해협을 건너 아메리카 대륙에 정착하였고 그 뒤로도 바이킹들이 발견한 바 있다는 점을 강조하기도 한다. 그러나 당시에 아메리카 대륙을 전혀 인식하지 못하고 있었던 유럽 인들의 세계관을 송두리째 바꿔놓았다는 점은 분명하다.

흑해의 서부 해안을 따라

1493년 겨울

Pabius e glandibus quercus.

'거대한 오크 나무도 작은 도토리에서 나온다.' 는 의미의 라틴 문구.

특별히 자유의 행진과 관련해 인류는 전진과 후퇴를 수없이 반복하는
고통스러운 순환을 겪으며 진보를 이뤄왔다. 때로 앞으로 향해 나아
갔지만 휘청거리기도 했고 종종 기가 막힌 실수를 저지르기도 했다.
우리는 지금에야 실수가 가져다 준 이점을 뒤늦게 알아차리기도 하고
문화의 진보라는 프리즘을 통해 해석하기도 하지만 때로는 이해하기
어려운 장애물이 있는 것도 사실이다.
유독 철저하게 비판적 평가를 받는 국가나 종교 기구는 특히나 이해
가 어렵다. 이들을 옹호하는 몇 가지 설명을 하자면, 첫째로, 국가나

기관은 이상을 추구하지만 완벽하지 않다. 모든 문화와 종교집단은 유한한 존재에 불과하기 때문에 인간의 취약함을 그대로 물려받는다. 또 아이러니하게도 그들은 이상을 추구한다는 간단한 사실 때문에 위선과 경멸의 비난을 받는다. 둘째로 이 조직들은 수세대가 아닌 수천 년을 이어간다. 그 역사가 몇 천 년을 이어가는 것이다. 그렇게 여러 세기를 지나다보면 모든 국가나 조직이 흥망성쇠를 겪기 마련이고, 도덕적 지도력의 정점에 있다가도 최악의 타락을 경험하기도 한다.

그러므로 한 국가나 기관을 역사상 한 사건이나 특정 시대만으로 판단을 하는 일은 공정하지 않을 뿐 아니라 오류가 있지 않겠는가?

아울러 이 책에서는 기독교 신앙을 가진 지도자들이나 구성원들과 기독교 교리 사이의 차이를 따져볼 것이다. 어느 한 편에 단점이 있다는 사실이 다른 한 편의 가치에 영향을 미치지 못한다. 실제로 역사를 보면 기독교의 가르침은 자유의 발전을 지지했지만 기독교 교회는 그렇지 않았던 시기들이 있다.

이 모든 문제는 유럽 문화와 발전에서 잘 드러난다.

앞서 언급했듯 암흑시대의 어둠이 물러간 후 유럽의 상당 지역에는 빛이 들기 시작했다. 하지만 진보는 직선적이고 뚜렷한 형태로 나타나지 않았다. 오히려 당시 유럽인과 문화는 완전히 고갈 상태에 빠져 폐허 직전에 있는 듯 보였다.

아메리카 대륙의 발견하기 직전이 바로 그런 상황이었다. 기독교 교회의 일부 지도자들은 부패했다. 유럽 문명으로 구현된 서구문화는 계몽이 아닌 붕괴를 향해 기울어 있었다.

신세계는 말 그대로 구세계를 구원해냈다.

신세계의 발견으로 창출된 기회와 진보가 아니었다면 기독교와 서구 문화 전체는 스스로 궤멸했을지 모를 일이다.

서로 다른 세계에서 온 두 남자는, 이질적 문화권에서 자라 상이한 행동양식을 가지고 있었다. 각자의 민족들은 이제 서로 반대 방향을 향해 나아가고 있어 한편은 부흥을, 한편은 쇠락의 길을 걷고 있었다.

눈에 보이지 않지만 진실이었다.

하지만 둘 중 한 사람만이 이를 깨닫고 있었다.

나이가 더 많은 남자는 서구에서 온 기독교도로 북부 이탈리아의 추운 산맥에서 자랐다. 눈썹은 짙고 피부는 백합같이 희었으며 눈동자가 새파랬다. 결혼에는 전혀, 어쩌면 아이를 갖는 일에도 관심이 없었을 독신 남성으로 읽고 쓸 줄을 몰랐다. (일련의 인상적인 숫자들을 암산하는 수준이었다.) 그는 여자란 악으로 향하는 문이라고 여겼고 평생 책을 단 한 권이라도 소유하거나 성서를 만져 본 일조차 없었다. 그보다는 칼이나 검이 더 익숙했다. 도적, 천치들, 거지들이 우글거리는 대륙에 살면서 몇 사람을 죽여야 하는 상황도 있었지만 이제는 나이가 들었으니 모든 것을 뒤로하고 변하고 싶었다.

다른 남자는 동방의 아랍에서 온 청년으로 시리아의 언덕에서 자라났다. 거무튀튀한 피부, 까만 눈동자, 우아한 손가락으로 아름다운 아라비아 어 경전을 기록했다. 5세에 읽고 쓰기를 배웠고 세계에서 가장 위대한 문학작품들과 친숙했다. 퇴보하고 있는 유럽 지도층을 위해 알렉산드리아의 도서관에 소장된 그리스 원문의 과학, 의학서적들을 일부 번역하기도 했다. 그는 신의 축복으로 정숙한 아내와, 까만 눈동자를 한 많은 자녀가 있었고 집에 머물기를 좋아했지만 그럴 일이 자주 없었다. 대부분의 일상을 인도에서부터 중부 유럽까지 뻗어 있는 도로에서 보냈기 때문이다. 그는 교역로, 보안 초소, 산길, 사막의 물웅덩이, 관습, 도로를 따라 있는 문화적 배열을 누구보다 더 잘 알고 있었고, 이 때문에 부자가 됐다. 무엇보다, 그가 오스만 튀르크 제국(Osman Turk Empire)의 시민이라는 사실은 가장 위험한 지역에서도 그를 안전하게 지켜줬다.

이 두 남자는 매우 다른 세계에서 왔지만 공통점이 하나 있었으니, 무엇보다도 금에 대한 욕망이나 거래의 짜릿함과 같이 권력을 가져다주는 일에 집착했다는 사실이었다.

그들은 흑해에서 몇십 미터밖에 떨어져 있지 않은 둥근 모래 언덕 위에 앉아 있었다. 소금물과 죽은 생선, 부들개지 냄새. 그들이 마주한 곳에서 해가 지고 있었다. 뒤편으로는 그들의 하인들이 언덕 바닥에서 대해로 흘러들어 가는 작은 개울을 사이에 두고 따로 야영지를 세우고 있었다. 두 야영지의 경계에는 중무장한 용병들이 보초를 섰다. 그들 사이로 40명이 넘는 사람들이 텐트를 세우고, 말에게 풀을 먹이며 불을 피워 연회를 준비하느라고 북적댔다. 모두 각 주인의 편의를 위한 장치들이었다.

두 남자는 오랫동안 말없이 앉아 있었다. 다마스쿠스에서 온 남자는 늘 지니고 다니는듯한 갈색 이파리 뭉치를 씹고 있었다. 유럽에서 온 노인은 상처 입은 손가락의 죽은 살점을 작은 칼로 베어냈다. 사흘 전 날카로운 칼에 베었는데 상처는 빨갛게 된 후에야 피가 흘렀다. (반사작용이 점점 느려지고 있다는 또 다른 증거였다.) 그의 요리사가 왕개미 열 마리를 붙잡아 더듬이로 살점을 붙게 하고는 머리를 뽑아버렸다. 상처가 지금 당장은 나을지 몰라도 한동안 작열감과 한기가 찾아올 것이다.

노인은 감염된 피부를 도려내면서 말이 없는 동지를 흘낏 봤다. 같이 일해 온 것도 7년째이지만 경계를 완전히 늦출 만큼 서로 신뢰하지 않았다. 사업과 금 때문에 둘 사이에는 신뢰의 공간이 전혀 생기지 않았다. 특히나 오늘 밤에는 뭔가가 있었다. 아랍 인은 매우 신경이 곤두서 있는 듯 보였다.

이탈리아 인은 그가 씹고 있는 모양을 바라보다가 아랍의 말들이 1,600킬로미터를 싣고 달려온 물건이 있는 쪽을 향해 몸짓했다. 향료 상자 140개였다. 자신이 살해당하거나 저 보물을 남유럽 시장으로 가져가는 길에 강도만 당하지 않는다면 1년은 넉넉하게 살 수 있는 양이었다.

먼 곳을 응시하는 아랍 인의 얼굴이 어두워졌다.

"그럼, 거래를 해볼까?" 아랍 인이 가격을 재고할까 겁이 난 노인이 재촉했다. 그런 일이 벌어지면 두 진영 사이에서 작은 전쟁이 벌어질 것이다. 노인은 전쟁이 벌어지면 자기가 이기리라 꽤 자신했지만 누가 알겠는가. (그렇게 자신이 있었으면 벌써 향료를 훔쳤을 것이다. 모험을 하느니 거래를 하는 것이 낫다고 그는 결론을 내린 터였다.)

"성가시군요." 아랍 인이 마침내 입을 열었다. 노인은 어깨를 으쓱했다. 그 말의 의미를 알아듣지 못했던 것이다.

아랍 인은 기다렸다가 다시 말했다. "골치가 아프다는 말입니다." 유럽 인은 또 한 번 어깨를 으쓱했다. 아랍 인은 차가운 밤바람을 깊게 들이쉬었다. "상황은 변할 것입니다." 유럽 인은 그저 듣기만 했다.

"수많은 사람에게 얘기해왔소. 그들 대부분은 깨닫지 못하지만, 나는 그 일이 일어나고야 말리라고 확신합니다. 그 사실이 정말로 신경을 쓰이게 합니다."

노인은 잘 포장한 향료 꾸러미를 향해 손짓했다. 그들은 모든 짐을 하나하나 살폈다. 아랍 인은 향료의 대가로 넘겨받을 금 조각들을 세고, 맛보고, 무게를 쟀다. 이제 두 사람은 모두 이전보다 부유해 질 것이다. 일이 전부 끝나자 긴 행진에 지친 일행은 시냇가에서 신선한 물을 마시고 낚시와 사냥을 하며 에일을 들이켰고, 노천 대신 텐트에서 잠을 잘 수 있다는 사실에 행복감을 느꼈다. 적어도 이 순간만큼은 그들을 죽이려 드는 자들도 없었다. 혹독한 겨울은 흑해와 산맥의 저편에 머물러 있었다. 하늘은 청명했다. 저녁 식사는 이미 준비됐다.

무슨 문제가 있겠는가?

그러나 이탈리아 남자는 아주 어릴 때 깨달은 교훈이 하나 있었다. 불운과 실패의 가능성을 절대 과소평가하지 말 것. 아랍 인의 얼굴에 떠오른 긴장감을 엿본 그는 본능적으로 신경을 곤두세웠다.

전쟁에 기력을 소진하다

유럽은 통상 콘스탄티누스와 콜럼버스 사이의 시기로 정의되는 중세시대를 그럭저럭 헤쳐나갔다. 끊임없는 전쟁과 봉건제도, 만연해 있는 가난을 견뎌내는 과정에서 지속적으로 장애물을 만나 비틀거렸다. 이 시기에 유럽은 매우 심각한 파괴를 불러올 뻔 했던 A.D. 732년의 모슬렘 침공과 1241년 몽골의 침략을 모면했다. 모두 유럽을 서양으로 구분시킨 극히 희귀하고 연약한 문화와 종교적 가치들을 영원히 바꾸어 놓을 만한 침략들이었다.

또 유럽은 모슬렘이나 몽골보다는 덜 치명적이지만 일부 성공적이었던 침략도 겪었다. 그러나 침략자들에게 파괴당하지 않았고, 오히려 침략자들을 기독교로 개종시킨 뒤, 그들이 가진 최상의 것들을 취해서 유럽의 문화를 풍요롭게 만들기까지 했다.

그러나 15세기에 유럽은 권태기에 접어들었다. 폭력, 끝없는 전쟁, 무법, 가난, 부패와 질병에 힘을 다 써버렸다.

당시 이슬람 세계는 튀르크의 지배로 오스만 튀르크 제국이라는 형태로 세를 과시하고 있었는데 유럽이 권태기에 든 시기는 매우 절묘했다. 대 오스만 튀르크 제국은 종종 터키 제국으로도 불리며 1299년 건국됐다. 절정에 달했을 때는 3개 대륙을 600년 이상을 통치했다.

14세기 후반 오스만 튀르크 제국은 발칸으로 불리는 남동 유럽 지역에 중대한 침략을 시작했다. 1402년에는 동쪽에 남아있던 로마 제국의 마지막 보루인 콘스탄티노플을 포위했다. 이슬람의 동유럽 침략에서 유일하게 남은 방어벽이었던 이 도시는 단 하나의 이유 때문에 그 명맥을 유지할 수 있었다. 몽골의 마지막 정복자 중 하나인 타메를란(Tamerlane)이 튀르크를 침략했던 것이다.

콘스탄티노플은 당장 위기는 모면했지만 매우 위태로운 지경에 와 있음을 자각했다. 스스로 방어할 수 있는 능력이 없음을 깨닫고 유럽의 다른 지역에 도움을 구했지만 아무도 와주지 않았다. 서쪽의 가톨릭교회는 왕들이 그리스의 가톨릭을 지원하는 것을 한마디로 거절했다. 로마 가톨릭교회 지도부의 변질을 가늠케 하는 사건이자 동시에 시대의 잔혹한 행보의 예였다.

이 와중에 오스만 튀르크 제국의 이슬람 지도자들은 예니체리

(janissaries)를 조직했다. 이들은 정복지인 발칸에서 붙잡힌 기독교도 로서 오스만 튀르크 제국에서 병사로 자라난 아이들이었다. 예니체리 는 탁월한 전사였다. 이제 곧 유럽에서는 상당수의 기독교와 기독교 도들이 전쟁을 벌이는 뼈아픈 현실이 연출됐다.

A.D. 1422년 튀르크는 발칸으로 돌아왔고 이번에는 더욱 손쉽게 반도를 점령했다. 1452년 콘스탄티노플은 또다시 포위당했다. 이번 에도 서유럽에 지원을 간구했지만 원군은 없었다.

결국 콘스탄티노플은 1453년 5월에 함락됐다.

서쪽의 지도부는 비록 지원군을 보낼 의사는 없었지만 함락을 불길 한 소식으로 받아들였다. 콘스탄티노플은 유럽으로 향하는 주요 관문

오스만 튀르크 지도. 오스만 튀르크 제국은 16~17세기 아시아 · 아프리카 · 유럽의 3개 대륙에 걸친 광대 한 영토를 통치했다.

이었기 때문이다. 위대한 도시가 함락되자 동쪽에서부터 침략할 수 있는 길이 열렸다.

> 콘스탄티노플의 함락은 유럽의 모든 왕권을 불안하게 만들었다. 천 년 이상 아시아가 시도한 유럽 침략을 막아냈던 방어자가 쓰러졌다. 십자군이 아시아 내륙으로 몰아내길 희망했던 모슬렘들의 힘과 신앙은 이제 비잔틴의 시체들을 넘고 발칸을 거쳐 헝가리 코앞까지 들이닥쳤다. 전 그리스 기독교를 로마의 지배에 두고자 했던 교황으로서는 남동부 유럽 인들이 이슬람으로 개종하는 속도에 경악했을 것이다. 한때 서부의 선박들이 자유롭게 활용했던 교역로는 이제 이방인의 손아귀에 들어갔다.

—윌 듀런트 《The Reformation》 중에서

튀르크 인들은 콘스탄티노플의 승리와 수세대 동안 갈구해온 포획물에 의기양양해져 다시 공격적인 군사행동을 도모했고 200년 동안 유럽과 오스만 튀르크 제국 간에 전쟁이 이어졌다. 유럽으로서는 200년에 걸친 전쟁, 정복, 패배의 역사이자 200년의 죽음과 파괴, 공포, 보복의 시간이었다. 이 기간에 전쟁과 자기방어를 하면서 유럽은 힘을 다 소진해 버렸다.

튀르크 인들은 유럽으로 더 깊숙이 들어가 이윽고 이탈리아에 당도

했고, 베니스에서 불과 수 킬로미터 떨어진 지역을 약탈했다. 그나마 베니스는 조공을 바치기로 했기 때문에 무사할 수 있었다. 당시 이탈리아의 남단 있는 오트란토(Otranto)와 함께 나폴리 공국이 공격을 받아 기독교 대주교가 둘로 분열됐다. '기독교와 일부일처제의 운명은 바람 앞의 등불 처지였다.'

1481년, 이슬람의 물결이 주춤했지만 잠시뿐이었다. 45년 후 튀르크 인들은 '전 유럽을 하나의 신앙, 즉 이슬람으로 모으려는' 시도에 다시 나섰던 것이다.

유럽 동포보다 차라리 튀르크 침략자들을 선호했던 프랑스의 프랑수아 1세(Francis I)는 튀르크 인들의 침략을 반겼고 루터 교도들도 환호하고 나서는 등 기독교 종파 사이에 자리 잡고 있던 증오가 드러났다. 결국 1526년에 튀르크 인들은 헝가리 정복에 성공했다. 3년 후에는 빈을 에워싸는 길고 격렬한 포위 작전을 수행했고 전쟁은 그 후로도 150년을 끌었다.

튀르크 인들은 한 번도 빈을 정복하지 못했지만 유럽의 다른 지역에서는 착실히 영향력을 뿌리내렸다. 발칸과 헝가리를 장악한 후에는 그곳에서 수백 년 동안 머물렀다. 오스만 튀르크 제국의 권력은 튀르크 해군이 지중해를 손아귀에 넣으면서 절정에 도달했다. 현대의 한 역사학자가 묘사했듯 '세계에서 현존하는 공포'로 부상했다.

이슬람의 대두는 이번에도 저지할 수 없어 보였다.

유럽이 자신보다 훨씬 더 강력한 오스만 튀르크 제국의 맹공격에 맞서 어떻게 견뎌냈는지에 대해서는 오늘날에도 커다란 의문으로 남아있다. 하지만 분명한 사실이 있다. 신세계의 발견이 아니었다면 이슬람에 대한 대항은 불가능했다는 것이다.

흑해의 서부 해안을 따라, 1493년 겨울

"이해가 안 갑니다." 아랍 인이 투덜댔다. 이제는 좌절감에 분노까지 치미는 듯했다. "당신은 내가 알고 있기로 가장 퇴보한 문명에서 왔습니다. 게다가 나는 세계를 여행해왔지요. 내가 말하는 곳에 대해 잘 알고 있다는 뜻입니다. 인도 평야의 이교도들도 당신들보다는 진보했어요. 아시아 황인들의 과학도 당신보다 낫지요! 당신네의 90퍼센트는 단지 농노로 평생 왕의 수발을 드는 노예에 불과합니다. 내 말을 오해하지 않기를 바랍니다. 훌륭한 주인을 받드는 일도 물론 영광되지요. 하지만 당신네 왕들 가운데 어디에 영광이 있습니까? 기껏해야 숲 하나 혹은 굶주린 작은 땅 뙈기를 다스리며 자만하는 연약한 군주들뿐입니다. 당신네 종교는 혼돈에 빠져 있고 지도부는 탐욕스러운 자들입니다. 전쟁하고, 죽이는 일 외에는 거의 이룬 것이 없지요. 공포로 벌벌 떨며 서로 꼭 붙어서 다음에 벌어질 악몽 같은 사건을 기다립니다. 예전에는 위대한, 아니 위대하다기보다는 뭐랄까, 지금의 당신들과 비교해서는 위대한 민족이었는지 모릅니다. 쇠락하는 역사가 있다면 분명 오늘날 당신네를 두고 하는 말일 겁니다."

유럽 인은 언덕 위에서 아래를 내려다봤다. 그의 부하 두 명이 오늘 밤 열릴 연회를 준비하기 위해 커다란 톱을 들고 소지육(도축된 소를 해체해 내장, 껍질 등을 제거한 상태—옮긴이)을 자르고 있었다. 그는 아랍 인을 살폈다.

아랍 인은 그를 보면서 말을 이었다. "당신의 영주들은 심지어 딸들이 결혼하는 것까지 허락을 하며 간섭하는 지경입니다. 미혼의 딸들을 수녀원에 보내 교회가 삼켜버리거나 굶어 죽도록 하지요. 영주가 땅을 한 구역 팔면 농노들도 딸려 간다더군요. 사람이 소 따위밖에 안 되는 듯이. 아니지……, 괜찮은 소는 사람보다 가치가 있으니 염소보다 못하다고 해야겠군. 중국인들이 흑사병에서 보호하기 위해 면역력을 확보할 방법을 개발했다는 것을 압니까? 면역력을 갖는다는 말이 무슨 뜻인지나 아시오? 당신들이 떼죽음을 당하는 동안 저들은 흑사병을 이겨냈습니다. 친구여, 생각해보시오! 당신네는 너무 빨리 죽어버려서 묻어줄 시간조차 없었지 않습니까."

그가 장황한 비난을 가까스로 억누르고 나니 어색한 침묵이 깃들었다.

"지금까지 자네는 좋은 거래를 해왔네." 이탈리아 노인이 조심스럽게 말했다. 화제를 돌리려는 기색이 역력했다. "내년에도 만나길 바라네.

같은 물건, 같은 조건으로."

아랍 인은 고개를 저었다. 두 사람이 거래하는 것은 이번이 마지막이리라. 세상의 변화에 대해 그가 그토록 분개하고 있는 것도 이런 이유 때문이었다.

"유럽에선 전쟁이 끝없습니다." 그의 목소리는 불만으로 격앙되더니 또다시 그 주제를 꺼냈다. "끝없는 가난, 끝없는 죽음과 질병, 당신들은 시달리다가 멸절할 거요! 그렇다 하더라도……, 그렇더라도, 걱정입니다. 이 소식은 설명할 수 없는 방법으로 힘들게 하는군요. 모든 것이 변할 것입니다. 당신도, 나도, 우리가 사는 이 세계도, 우리가 당연시했던 것들도, 미래에 대한 우리의 기대도. 우리 아이들은 당신과 내가 이해하지 못하는 세상을 보게 될 것입니다. 그런 세상을 보지 못한다면 단지 바보가 될 뿐이지요."

유럽 인은 가죽 수통을 홀짝이며 입안을 헹궈내고 뱉었다. 동의한다는 듯 시종일관 고개를 끄덕였다.

하지만 아랍 인은 사실을 간파했다. 거래하러 온 유럽 인은 그가 하는 말에 대해 아무 생각이 없는 게 틀림없었다.

기독교답지 못한 유럽

기독교가 서구에 막대한 영향을 미쳤음은 부인할 수 없다. 게다가 기

〈교황 알렉산데르 6세의 초상〉크리스토파노 델 알
티시모 작, 16세기 그림, 본명은 로드리고 보르자이
다. 성질이 교활하고 잔인하여 사상 최악의 교황으
로 불린다.

독교의 위대함과 자유, 문명의
발전에 기여한 긍정적인 역할
또한 반박할 수 없다. 이 책에
서는 반복적으로 이런 주장들
을 다뤄왔다.

아이러니하게도 중세 후반의
수백 년 동안 기독교는 마주친
부패를 견뎌내면서 이 진술이
사실임을 가장 크게 증명했다.

반복해서 강조할 만한 사실

이다. 기독교, 더 구체적으로는 가톨릭교회가 이 시기의 사제들 사이
에 퍼졌던 부패를 견뎌냈다는 사실은 기독교의 실패라기보다는 오히
려 기독교의 강함을 드러내는 증거로 볼 수 있다. 기독교는 이 국면의
부패를 이겨냈을 뿐 아니라 스스로 자정해 다시 한 번 자유의 조직을
배양하며 가치를 확인시켜 주었다.

교회는 '암흑시대의 질서와 평화의 주 원천'이 됐고 '이탈리아, 갈
리아, 브리튼과 스페인에 야만인들이 몰려든 이후에도 서양에서 문명
이 부활한 것에 대해 유럽은 어느 기관보다도 교회에 빚을 졌다.' 그럼
에도 14세기와 15세기에 교회가 악의 구렁텅이에 빠져 있었다는 사실
은 분명하다.

교회는 세계 최고의 질서, 학문, 가정, 원칙의 옹호자 가운데 하나로 위대한 도덕과 선한 영향력을 끼치는 기관이었지만 '영속 가능성과 재물을 탐하는데 여념이 없는 기득권의 이해 세력'으로 전락했다.

교회는 교황의 권력이 신에게서 나온다고 가르쳤다. 교황이 엄청난 죄인이더라도 사람들은 그에게 순종해야 했다. 이 때문에 교황은 지상의 모든 군주의 위에 군림하는 절대 통치자가 되었다. 멋대로 왕과 황제를 옹립하거나 폐위할 수 있는 권력을 주장했다. 몇몇 교황들은 자기 군대를 만들었고, 권력의 기반을 도덕적인 지도력보다는 군사적 기량에서 찾았다.

교황이 이런 정치적 권력을 취하다 보니 자연스럽게 교황을 선출할 때 조작을 하려는 경쟁적이고 파괴적인 시도들이 일어났다. 68년 동안 교황이 프랑스의 노리개로 전락해 거의 전적으로 프랑스 정치, 군사적 활동의 도구로 이용당한 일도 벌어졌다. (당시 교황의 근거지는 사실상 로마에서 프랑스 남부의 아비뇽[Avignon]이라는 도시로 옮겨졌다.)

안타깝게도 이 기간에 수많은 교황이 큰 죄인들이 되고 말았다. 요한 22세(Joannes XXII)는 교황에 오르기 전 볼로냐의 성직자 시절 매춘과 도박을 허용해주고 세금을 거두는 것으로 악명 높았다. 그의 개인 조수의 말에 따르면 200명에 달하는 처녀, 부인, 과부, 수녀들을 유혹했다고 한다. 그가 교황에 임명될 수 있었던 것은 강력한 군대를 장악했기 때문이라는 주장이 가장 설득력을 얻고 있다.

이른바 순결주의자라고 알려진 인노첸시오 8세(Innocentius VIII)
는 바티칸에서 자기 아이들의 결혼식을 축하했다. 알렉산데르 6세
(Alexander VI)는 교황이 되기 전에 자녀가 다섯이었다. 이 부정직한 스
페인 영주인 로드리고 보르지아(Rodrigo Borja, 알렉산데르 6세의 본명-
옮긴이)는 역대 교황 가운데 가장 타락한 자일 것이다. 1492년 교황이
된 그는 뇌물, 위협, 협박으로 자리를 얻었다. 보르지아는 수많은 사
생아의 아버지였는데 그는 커크패트릭 세일(Kirkpatrick Sale)의 말을
빌리면 '거의 지속적이고 파괴적으로 전쟁을 하고 …… 수익성 좋은 기
독교 건물을 가장 부유하고 부패한 자들에게 매각하는 길을 열었으며
…… (그리고) 교황의 도서관에서 음란물을 읽도록' 장려하는 정책들
을 펼쳤다.

소위 교회의 대분열(1378~1417년)의 기간에 교황은 처음 두 명에
서 세 명으로 늘었는데 모두가 위대한 베드로 사도의 권능을 자처했
다. 교회는 40년의 갈등과 불안정의 시기를 겪으면서 도덕적 권능이
약해졌으며 '교회가 둘로 분열된 것'은 다른 어떤 과오보다도 더 크게
교황권에 손상을 입혔다.

이 기간에 교회는 재물을 탐했고 이를 취하는 데 성공했다.

성직이 종종 매매됐고 최고가를 제시하는 사람에게 팔렸다. 교회는
왕과 각 도시 정부에도 추가 세금을 징수했다. 16세기 초에는 가톨릭
교회가 독일에 있는 부의 3분의 1을 장악했고, 프랑스에서는 4분의 3

을 차지하는 등 전 유럽에서 최대 지주의 위치에 있었던 것으로 추정된다.

세속 세계에서는 뇌물이 만연했고 교회도 그런 부정으로부터 자신을 분리하지 않았다. 실은 그 반대였다. 로마에서는 모든 것을 사들일 수 있어서, 돈만 있으면 못살 것이 없다는 말이 있을 정도였다. 교회 공동체에는 뇌물과 부패가 깊숙이 뿌리내려 '유럽에서 가장 탐욕적인 뇌물이 로마의 대궐에 바쳐졌다.'

아마 가장 충격적인 사실은 악질적인 정도를 떠나서 가격만 제대로 쳐준다면 모든 죄를 용서받았다는 부분일 것이다. 면죄부의 판매대금은 교회의 거대 수입원이 됐다. 면죄부는 자백하는 죄인이 유죄나 형벌로부터 사함을 받기 위해 내는 벌금이었다. 동시에 면죄부는 교회에 대한 최대의 불만 사항이기도 했다. 교회 지도부는 죄인이 죄의 대가로 치러야 하는 시간을 단축해 준다는 명목으로 종종 신도를 집단으로 모아 놓고 면죄부의 대가를 거두기까지 했다.

'15세기 말에는 교황의 패권이 정의, 이성과 도덕을 위해 행사된다고 정직하게 말할 수 있는 사람이 아무도 없었다.'

교회 상층부를 실패하게 한 원인은 부패 외에도 더 있었다. 면죄부의 판매는 지역의 사제들 사이에서도 보편적이었다. 수사들 사이에서는 만취, 간음, 과식, 태만이 만연했다. 수많은 수녀원과 수도원들이 공창(公娼)이나 다름없다는 주장이 심심치 않게 제기됐다.

지역 성직자들은 흔히 사소한 일을 가지고 씨름했다. 파리의 한 교회에서는 두 거지 간 싸움이 벌어진 적이 있었다. 이 과정에서 피가 흘렀기 때문에 교회는 부정한 일이라고 간주했다. 현지 주교는 '매우 과시적이고 탐욕적이며 자기 위치에서 요구되는 성향보다 더 세속적이어서' 돈을 받기 전까지는 다시 성별(聖別)을 하지 않겠다고 거부했다. 두 거지는 돈을 감당할 수가 없었고 교회에서는 몇 주 동안 예배가 열리지 못했다. 주교의 후계자는 자신이 요구한 세금을 거두기 전까지는 교회 경내에 매장하는 것을 금지하기도 했다.

이 모든 일로 인해 교회가 타락했다는 인식이 형성됐고, 교회는 권태감에 빠진 유럽에서 실패에 빠진 또 다른 조직이 됐다. 교회의 연약함 때문에 기독교 자체가 가파른 하락세에 있다고 비쳐졌다. 사람들은 기독교가 과거의 다른 종교들처럼 역사의 쓰레기통을 향해 가고 있고, 의식하지 못하는 사이에 서서히 사라지고 말 것이라고 생각했다.

당신네 시체들을 가지고 나오시오

14~15세기는 다른 여러 측면에서도 지독한 시기였다.

인류는 진보를 멈춘 듯 보였다. 자연과학은 14세기 이후 새로운 발전이 없었다. 학식도 대학 출석률은 하락했다. 교육은 미래를 지향하고 인류를 진전시키기보다는 그리스와 로마의 고전 시대와 유럽의 과거를 연구하는 데 집착했다.

폭력과 무법, 가난의 시대였다는 사실이 우리를 더 심각하게 만든다.

불화와 파당(派黨)의 갈등은 정점에 달했다. '13세기부터 상습적인 파당의 다툼이 거의 모든 나라에서 일어났다. 처음에는 이탈리아가, 나중에는 프랑스, 네덜란드와 잉글랜드까지 가세했다.'

갈등의 동기가 경제적 이유보다는 단지 '증오와 복수'에 따른 것이라는 사실이 흥미롭다.

모든 사람이 다른 누군가와 전쟁을 벌였다. 도시 대 도시, 지역 대지역, 국가 대 국가가 대치하면서 기근, 가난과 불행이 급증했다.

커크패트릭 세일의 표현대로 '죽음은 일상적이었고 잔혹행위가 만연했으며 생물과 무생물의 파괴가 매우 습관적으로 벌어졌다. 당시의 대량 파괴는 오늘날 우리 세대에게조차 충격적이다.'

예를 들면 1492년 8월 2일, 크리스토퍼 콜럼버스(Christopher Columbus)가 대 항해를 떠나기 바로 전날, 스페인 왕은 스페인에서 모든 유대인을 추방하겠다고 선포했다. 유대인들은 개인적인 소지품 몇 가지만 챙겨서 떠날 수 있었다. 그들이 가진 모든 부동산, 금과 은은 왕이 가로챘다. 대략 12~15만 명의 유대인이 쫓겨난 것으로 추산된다. 이들 중 상당수가 스페인에서 수백 년 동안을 머물러 온 사람들이었다.

이 시기에 교회 지도부는 악명 높은 종교 재판을 하면서 고문과 처형으로 교회를 정화하려는 피의 시도를 자행했다.

민족 국가의 권력은 미약했고 인권은 거의 존중받지 못했다. 강자는 약자의 소유를 강탈했다. 지역과 국가 수준의 약탈이 일반적이었다. 소도시들은 너무 빈곤해서 경찰력이 존재 자체를 하지 않았기 때문에 범죄가 들끓었다. 영국 제도를 비롯해 유럽에 있는 사람은 모두 무정부 상태를 피할 수 없었다. 윌 듀런트가 지적했듯 '(현재는 매우 법률을 잘 지키는) 영국인들이 역사상 그토록 무법적이었던 시기가 없었다.'

사법체계는 한심하기 짝이 없었고 잔인함이 만연했다. 15세기 후반에 영국의 에드워드 4세(Edward IV)는 재판 과정에서 피고와 증인을 고문하기도 했다. 이런 관행은 200년간 지속했다. 이 잔인함에서 가장 충격적인 대목은 대중이 이를 즐겼다는 사실이다. 예를 들어 오늘날 벨기에인 몽스(Mons) 시에서는 유죄 선고받은 남자를 단지 '4등분 당하는 모습'을 즐기기 위해서 사오기도 했는데 '사람들은 새로운 성체가 죽음에서 부활하는 것보다 이 장면에 더 열광했다.' 형을 선고받은 범죄자가 교회에서 고백할 권리를 의도적으로 박탈한 것도 잔혹함의 또 다른 예다.

가난이 들끓었다. 1422년 파리의 전체 인구가 약 30만 명이었는데 폐가가 2만 4,000호, 거지가 8,000명에 달했다. 거리마다 가난이 만연했고 기근은 일상적인 일이었다. 옥수수와 감자는 아직 전해지지도 않았다. 고기는 아주 드물게 섭취할 수 있었다. 식사라고 해봐야 그저 밀이나 보리 빵을 묽은 죽에 동동 띄운 수준에 불과했다. 프랑스와 스페인에서 기근이 광범위하게 퍼지면서 수십만 명이 사망했다.

도시들이 또다시 세워지면서 감염에 적합한 환경이 만들어졌다. 누군가가 기근으로 죽지 않는다면 대신 다른 질병으로 사망할 가능성이 충분했다. 선페스트, 즉 흑사병이 유럽을 배회했다. 잉글랜드에서는 세 사람마다 한 사람꼴로 전염병에 걸렸고 흑사병은 언제라도 재발할 것처럼 보였다. 함부르크(Hamburg)에서는 흑사병이 15세기에만 열 번이나 발병했다. 나병, 괴혈병, 천연두, 결핵과 인플루엔자와 같은 다른 재앙도 덮쳤다.

15세기 후반 플로렌스(Firenze)의 종교 · 세속의 지도자였던 지롤라모 사보나롤라(Girolamo Savonarola)는 유럽이 마주친 딜레마를 이렇게 표현했다. "장사를 지내주고 무덤을 팔 사람이 부족했다. 너무 많은 시체가 집안에 방치돼 있어, 사람들이 길을 지나가면서 '죽은 자들을 내오시오!'라고 외쳤다."

상응하는 도덕적 부패

교회의 약화, 실은 교회에 대한 경멸과 함께 이런 최악의 환경이 겹치자 보편적인 도덕성은 붕괴하였다.

사람들은 도덕성에서 공통적인 대실패를 겪었다. 잔인함, 배반, 부패가 가득 차 있었다. 서민들이나 종부나 한 모양으로 공공연하게 뇌물을 주고받았다. 신성모독이 넘쳐났다 …… 가장 신성한 절기를 카드놀이와 같은 도박을 하거나 신성모독을 하며 보냈다 …… 남색이 빈번했고 매춘은 일반적이었으며 간음은 거의 보편적이었다.

―윌 듀런트 《The Reformation》 중에서

〈신대륙에 첫 발걸음을 내딛는 크리스토퍼 콜럼버스〉 삽화, 1862년. 콜럼버스는 유럽인들에게 그들만의 신세계를 발견하고 소개했다.

다른 저명한 역사학자는 특별히 암울했던 시기를 살아내는 일을 '재앙이 임박했다는 느낌이 어디에나 존재했다. 끝없이 계속되는 위험이 곳곳에 자리 잡고 있었다.' 라고 묘사했다.

다른 곳에서는 다음과 같이 묘사하기도 했다.

사람들이 자신과 이 세계가 단지 악행을 끝없이 이어갈 운명이라고 생각했다는 사실이 놀라운가? 악한 정부, 강제징수, 탐욕과 높은 사람들의 폭력 …… 만성화된 전쟁으로 야기된 보편적인 불안감은 흔히 …… 공평성을 불신하게 했다 …… 세상 모든 생명의 배경에는 암흑이 도사리고 있는 것 같았다. 어디에서나 증오의 불꽃이 타올랐고 불의가 판을 쳤다.

—요한 하위징아 《The Waning of the Middle Ages》 중에서

이와 같은 절망이 시, 역사, 노래, 민요와 같은 당시의 기록물과 연단에서 전해지는 설교에까지 반영됐다. 궁정시인들은 희망이나 행복 대신 고통과 불행을 이야기했다. 인생은 한탄스러웠다. 사람들은 일찍 죽기를 바랐다. 계약이나 기타 형태의 법적 문서에도 회의주의가 배어들었다.

한 시인은 자식 없는 사람들을 부러워했다. '아이들은 그저 울고 냄새나는 존재에 불과하니 자식이 없는 자는 행복하다. 아이들은 골치

와 걱정만을 준다. 옷 입히고 신발을 신기고 먹여줘야 한다. 늘 떨어지고 다칠 위험이 있다. 질병에 걸려 죽기도 한다.'

사람들은 사탄이 지구를 장악했다고 받아들였다. 사탄의 마귀와 마법사, 마녀들이 곳곳에 널려 있었다. 1378년의 교회 대분열 이후 죽은 자들은 천국에 들어가지 못한다는 통념이 형성돼 어떤 이들에게는 죽음조차 안식이 되지 못했다.

종말이 가까웠다는 생각도 이상한 일이 아니었다.

15세기 후반 유럽에서는 세상의 끝에 와있다는 생각을 심각하게 받아들였다. 그저 비유가 아닌 …… 성경의 예언이라는 신성한 지식의 확고한 근거가 있었고, 일상의 경험으로도 느낄 수 있는 침울하고 두려운 예상이었다.

—커크패트릭 세일 《Conquest of Paradise》 중에서

뉘른베르크 연대기에도 이 시대의 생활상이 잘 드러나 있다. 1493년에 출간된 연대기는 서양 역사상 최초로 인쇄된 서적으로 당대에 이르기까지 세계의 역사를 살펴보는 데 편찬의 목적이 있었다. 이런 획기적인 성취에 대해 누군가는 연대기가 역사에서 해당 시대의 중요성을 부각했을 것으로 생각할지 모르겠다. 하지만 실제로는 더 큰 좌절과 절망을 예견했다.

'부당함과 악이 절정에 도달했다.' …… 오로지 악한 자들만 번성하고 선한 사람들은 경멸을 받으며 극빈한 지경에 처했다. 신앙도, 법도, 정의도, 평화도, 인간미도, 수치도, 진리도 없다 …… 전쟁과 민간의 소동이 전 세계로 퍼져 나가고, 인접한 도시들은 서로 싸우며 상황은 너무 끔찍해 누구도 선한 삶을 살 수 없다. 이제 계시록에서 길게 나열한 홍수, 지진, 역병, 기근이 닥칠 것이다. 작물은 자라지 않거나 열매를 맺지 않으며 샘은 마르고 바다는 피와 쓴 물로 변할 것이다.

—사무엘 엘리엇 모리슨 《Admiral of the Ocean Sea》 중에서

연대기는 시종일관 주장한 바의 연장선에서 종말이 임박했다는 결론을 맺었다.

하지만 사실이 아니었다. 불과 수개월 후 세상은 기절할 만한 소식을 얻었다. 지금껏 무명의 선장이었던 크리스토퍼 콜럼버스라는 뱃사람이 대서양을 건너는 항해에서 돌아와 육지를 발견했다고 주장한 것이다!

이후 유럽의 역사는 완전히 달라졌다.

흑해의 서부 해안을 따라, 1493년 12월

노인은 솔직하게 말했다. "나에게는 보이지 않네." 그는 인정했다. 아

랍 인은 그를 응시했다. "함께 걸읍시다." 그는 말하면서 먼저 발걸음을 뗐다.

노인이 주저하자 아랍 인이 손을 뻗었다. 유럽 인은 그 손을 잡고 삐걱대는 무릎을 힘겹게 짚고 일어났다. 아랍 인은 몸을 돌려 북쪽을 향해 걸었다.

"어디 가시오?" 노인이 물었다. "나를 따라오시오." 아랍 인이 조용히 말했다.

북쪽으로는 흑해의 강둑을 향해 부벽이 솟아있었다. 하늘로 우뚝 솟은 회색의 바위벽에는 풀들이 군데군데 돋아있었다. 암석의 노두를 따라 길이 여기저기 나 있었다. 아랍 인은 손과 발을 모두 사용해 오르기 시작했다. 노인은 바위 아래에서 망설였다. 그는 몇 사람이 쳐다보고 있는 모양을 어깨너머로 흘깃거리다가 가파른 길을 기어오르기 시작했다. 20분 후 그들은 꼭대기에 올랐다. 노인은 숨이 차 허리를 구푸리고 호흡을 가다듬다가 몸을 펴고 주위를 둘러봤다. 눈앞에 장관이 펼쳐졌다. 등 뒤로는 꺼져가는 불빛을 빨아들인 듯 깊이를 알 수 없을 정도로 시커먼 바다가 있었다. 앞으로는 완만한 언덕과 평야였다. 야생지대로 사실상 사람이 살지 않는 곳이다. 북쪽 멀리 드문드문 사람이 사는 지대를 발칸 산맥이 지나갔는데 경계가 거의 보이지 않았다. 남쪽으로는 맨눈으로 볼 수 없는 거리에 동양과 서양의 관문 역할을 하는 콘스탄티노플이라는 위대한 도시가 있었다.

아랍 인은 저무는 해를 마주 보고 섰다. 손을 들어 서쪽 지평선을 가리켰다. "지극히 작은 것들에서 가장 큰 것들이 나오겠지요."

그의 옆으로 다가온 유럽 인은 아직도 괴로운 숨을 내쉬며 헐떡였다. 호흡이 진정되는 데 다소 시간이 걸렸다. 바위를 오르느라 힘이 든 것도 있었지만 무슨 일이 벌어지고 있는지 모른다는 사실이 그를 더 힘들게 했다. 뭔가 가르칠 것이 있다면 나이가 든 자신이 하는 편이 옳았다. 하지만 나이나 재산에서 볼 수 있듯 노인은 완전한 바보가 아니었기에 입을 다물고 있었다.

아랍 인은 다시 손을 들어 보였다. "서쪽으로 320킬로미터 떨어진 곳에 무엇이 있는지 아십니까? 나와 함께 보십시오. 안 보입니까?" 그는 이제 막 해가 저물어 어둑어둑해진 지평선을 가리켰다.

유럽 인은 보다가 고개를 저었다. 그에게는 언덕과 나무의 그림자, 막 떠오른 별들밖에 보이지 않았다.

"그리스라고 부르는 땅 너머를 보십시오. 마음속으로 상상을 하라는 말입니다. 아드리아 해 건너 당신의 고향을, 그리고 지중해를 가로지릅니다. 오늘날 역사의 중심지가 바로 그곳이며 우리 시대의 전환점입니다."

노인은 마침내 알아들었다.

"크리스토파 코롬보" 그는 조용히 중얼거렸다.

아랍 인이 고개를 돌려 끄덕였다. "맞습니다. 크리스토퍼 콜럼버스.

그리고 그가 발견한 것은 그야말로 모든 것을 변화시킬 것입니다."

신세계

아메리카의 발견은 구세계에 엄청나게 중요한 방식으로 영향을 미쳤
지만 많은 부분이 알려지지 않거나 과소평가되곤 한다.

구세계는 금과 은, 새로운 식량, 목재와 모피의 공급, 기타 부의 원
천과 경제적 활력면에서 가장 큰 수혜자였다. 하지만 이후 일어난 가
장 중요한 변화는 물질적인 부분에만 있지 않았다. 콜럼버스가 그 어
떤 경제적 효용도 뛰어넘는 발견을 해낸 후 낙관주의와 에너지가 폭
발하고 열정이 분출됐으며 사람들의 도덕과 같은 심리적 측면에 큰
영향을 미쳤다.

역사적인 시각으로 보면 1493년 기독교 국가들은 절박했다. 어디에서
나 사람들은 미래에 대해 백지 상태에 있었다 …… 인간 정신에 대재앙
이 닥쳤다. 그런데 불과 몇 년 후 이런 환멸은 사라지고 세계에는 이상,
도덕, 철학, 문화, 사회, 정교가 충만했다. 변화는 완전하고도 놀라웠다
…… 세계는 새로운 상상을 시작했고 사람들은 더 이상 먼 과거 속에
묻힌 상상의 황금기를 갈구하지 않았다. 대신 다가올 미래에 놓여 있는
황금기를 추구했다……하지만 변화는 완전하고도 놀라웠으며 근대적

인 사고방식의 토대를 마련했다.

—찰스 오만 《On the Writing of History》 중에서

다른 위대한 역사학자는 다음과 같이 밝혔다.

우리는 몇 년 안에 정신의 지형이 철저히 변화된 사실을 발견하게 된
다. 강력한 군주들은 은밀한 음모와 반동을 몰아냈다. 교회는 종교개혁
으로 숙청당하고 훈계받았으며 내부를 정돈했다. 이탈리아, 프랑스, 독
일과 북부 유럽의 국가에서는 새로운 사상들이 타올랐다. 하나님에 대
한 신앙이 부흥하고 인간의 정신이 새로워졌다. 변화는 완전하고도 놀
라웠다.

—사무엘 엘리엇 모리슨 《Admiral of the Ocean Sea》 중에서

그런데 상황은 왜 변화했는가? 신세계의 발견이 그토록 극적인 많
은 변화를 일으킨 이유는 무엇인가?

첫째, 종교개혁이 시작되면서 교회의 종교적인 폐단이 시정됐다.

신앙의 가장 고차원적 문제들을 놓고 가톨릭과 청교도가 벌인 충돌은
양편에게 열의를 불러일으키면서 유럽의 도덕적 조직을 놀랄 만한 수

준으로 탄탄하게 만들었다 …… 사람들은 양심과 정신적 의무감에 의
한 고난을 정면으로 직시할 기운을 얻었으며 어떤 측면에서는 고난을
겪을 일이 중세시대보다 훨씬 드물기도 했다.

—찰스 오만 《On the Writing of History》 중에서

둘째, 이제까지 알고 있던 세계의 규모가 순식간에 배로 커지면서
역사상 최대 규모의 산업혁명이 시작됐다.

대서양 국가들은 신세계에서 잉여 인구와 비축된 자원, 범죄자들을 배
출할 수단을 찾았다. 또한 신세계를 유럽의 상품들을 열망하는 시장으
로 개척했다. 서유럽에서는 산업이 발전했고 기계의 발명, 발전된 동
력기관에 힘입어 산업혁명이 일어났다. 아메리카에서 들여온 감자, 토
마토, 아티초크, 호박, 옥수수 등 새 작물들은 유럽의 농업을 풍요롭게
만들었다. 금과 은의 유입으로 물가가 상승하면서 제조업이 장려됐다.
그러나 노동자, 채권자와 봉건 영주들의 괴로움은 커졌다. 아울러 스페
인은 세계 지배의 꿈을 키웠다가 짓밟혔다.

탐험이 미친 도덕적, 정신적 효과도 경제적, 정치적 결과와 필적할 만했
다 …… 모든 장벽이 허물어졌다. 모든 세계가 열렸다. 모든 것이 가능해
보였다. 이제 대담함과 낙관론이 대두되면서 근대 역사의 서막이 올랐다.

—윌 듀런트 《The Reformation》 중에서

신세계에서 발견된 막대한 양의 금과 은으로 거대한 부가 창출됐다. 또한 금은의 유입은 화폐의 유동성을 키웠다. 유럽 내에서뿐만 아니라 유럽과 신세계, 아시아 사이에서의 교역도 활성화됐다. 국제 시장이 폭발적으로 커지면서 중동과, 심지어 동양과 교역도 매우 증가했다. 인도는 서유럽에 잘 알려진 교역 상대였다. 무역의 증가는 유럽 전체의 부를 크게 증진했다. 그리고 이런 중요한 교역로와 관계를 수백 년 동안 틀어쥐고 있던 오스만 튀르크 제국은 심각하게 약해졌다.

셋째, 아메리카 대륙에서 온 새로운 식량이 식단에 추가되면서 유럽 인들의 건강이 개선되고 수명이 늘었다. 기근의 가능성은 줄었다. 가뭄이 생명을 위협하는 일도 줄었다.

마지막으로 유럽 인들은 과거에 오스만 튀르크 제국에서 사들일 수밖에 없었던 커피와 설탕 등 환금성 작물의 원산지와 곧장 연결됐다. 곧 유럽 인들은 이런 주요 상품들을 수입하는 대신 자급자족하게 됐다. 얼마 후에는 이 작물들을 중동에 수출하기 시작했다.

오스만 튀르크 제국은 재정의 부실과 고립, 침략 행위의 좌절을 겪으면서 서서히 유럽에 대한 위협에서 멀어져갔다.

만약에?

만약 거의 모든 게 고갈되어 쇠락의 길을 걷던 유럽이 신세계의 발견으로 희망의 불꽃을 일으키지 못했다면 어땠을까? 깊고 우울한 불만에 머물러 있었다면 어땠을 것인가?

오스만 튀르크 제국은 유럽 전체를 차지했을까? 그랬다면 신세계는 모슬렘 선원들과 튀르크 선원들이 탄 오스만의 배에게 발견됐을까? 그리고 서반구와 유럽 전체는 오늘날 모슬렘 지역이 됐을까?

오늘날 기독교의 입지는 어떻게 됐을 것인가? 세계의 작고 고립된 지역들을 제외하면 존재하기나 했을까? 서구의 발전 가운데 특히 자유, 개인의 권리, 평등이라는 독특한 신념을 탄생시킨 정치적 · 철학적인 진화에서 기독교가 중추적 역할을 담당하지 못했다면?

유럽이 계속 가파른 하락세를 걸었다면 유럽 인들은 종교개혁을 시작하려는 도덕적 용기를 얻을 수 있었을까? 르네상스는 오늘날 우리에게 함의하는 바와 같은 의미가 있을까? 유럽은 우리가 서양이라고 지칭하는 정치적, 도덕적 철학을 발전시키는 데 필수적이었던 이성의 힘을 발휘할 수 있었을까? 아니면 우리가 물려받은 고대 그리스의 민주주의 사상과 로마의 정부 철학이 완전히 사라져 버렸을까?

서구가 개인의 자유를 인정하고 평등을 추구하며 법치가 인치를 대신하고 자치의 근본적인 사상을 발전시킨 장소가 될 수 있었을까?

그렇다면 없었다면 오늘날 우리가 사는 세상의 모습은 어떠했을까?

우리는 이런 질문들에 굳이 답을 찾을 필요가 없다. 신세계는 이미 발견됐으니 말이다. 그리고 모든 것이 변화했다.

유럽은 희망으로 다시 생기를 얻었다. 신앙심과 자신감을 회복했다. 튀르크와 맞서 싸울 불굴의 용기도 얻었다. 신세계의 발견으로 창출된 경제와 혁명의 기회는 유럽이 무역, 과학, 철학, 기술의 폭넓은 영역에서 앞을 향해 진일보하게 하였으며 부와 발견의 새 시대를 열었다. 새 활력을 얻은 유럽은 정부, 법, 윤리, 철학과 자유에서 인간이 이전에 경험하지 못했던 가장 중요한 발전을 해냈다.

즉, 이 재생의 기간에 유럽은 서양의 사상과 철학의 고향으로 진화했다. 또 시기가 맞아떨어지고 여건이 마련되자 이상의 요인을 바탕으로 미국이 탄생했다.

흑해의 서부 해안을 따라, 1493년 겨울

그들은 암석 꼭대기에 섰다. 태양은 이제 완전히 사라져 어둠이 세상을 덮었다. 머리 위에는 헤아리거나 알아보기 어려울 정도로 많은 별이 있었다. 아랍 인은 별자리를 바라보다 북극성을 향해 고개를 끄덕였다. 자신과 부하들이 그랬듯, 선원 크리스토퍼 콜럼버스도 분명 항해에 저 별을 활용했을 것이다.

"세계는 열렸습니다." 그는 말했다. "아마 두 배가 됐겠지요. 조금 전까지 우리가 세계에 존재한다고 생각했던 금과 은의 매장량은 순식간에 세 배, 어쩌면 네 배로 늘었을 것입니다. 게다가 이제 시작입니다. 느낄 수 있어요. 당신도 느껴지십니까? 뭔가가 벌어지고 있습니다. 새로운 시작, 새로운 문, 하늘이 열리고 신의 손이 보이는 것 같은 형국입니다. 저 바깥에 무엇이 있는지 모르지만 모두 알고 싶어 하지요. 탐험해야 할 완전히 새로운 세계가 있을 것입니다. 영감, 동기, 희망, 부. 그리고 이 모든 것이 유럽을 통해 일어날 것입니다. 당신들, 심지어 바보 같은 자들까지도 일으켜 세우고 부양하겠지요. 당신들이 세우고 변화시키는 사이 우리는 뒤처지겠지요. 나도 다른 답을 얻기를 바라지만 그것이 진실입니다. 당신들은 일어설 것입니다. 그리고 우리는 주저앉고요. 세상은 늘 그래 왔습니다."

노인은 고개를 저었다. 설사 사실이래도 그는 개의치 않았다. 지금 그는 고향에서 시작된 혼돈에서 어떻게 안위를 얻을 지에만 관심이 갔다.

아랍 인이 그 마음을 읽은 듯 했다. "긍정적인 희망을 가지십시오, 유럽에서 온 친구여. 당신 인생 최고의 날은 아직 오지 않았습니다. 다시 태어나십시오. 잿더미에서 일어나십시오. 좋은 것들이 많이 일어날 것이니."

7

태양이 비추는 곳

브리튼 전투

che Miracle of Freedom:
Seven Tipping Points
That Saved the World

브리튼 전투

제2차 세계 대전 당시 독일은 영국 점령 계획인 바다사전 작전에 앞서 영국의 제공권을 장악하고자 독일 공군인 루프트바페를 선두로 영국을 침공했다. 이 항공전은 제공권 장악 외에 다른 목적도 있었는데, 그것은 항공기 생산시설과 지상시설을 파괴하여 영국인들을 공포에 빠뜨려 휴전이나 항복을 받아낸다는 것이었다. 1940년 7월 10일 루프트바페가 첫 출격을 했다. 영국은 레이더기지를 이용해 독일의 공습을 막고 폭격기들을 물리쳤지만 독일이 야간 공습을 시작하자 야간전투 경험이 없던 영국군은 효과적인 대응을 하지 못했다. 1940년 8월 24일, 실수로 런던 시내에 가해진 독일 폭격기의 공격으로 전투의 양상이 바뀌기 시작했다. 히틀러는 영국의 항복을 받아내기 위해 런던 공습을 피해왔으나 런던 공습을 경험한 영국군이 베를린을 공격하자 마음을 바꿨다. 지속적인 독일의 런던 공습에도 영국 공군은 침략을 저지하면서 독일의 폭격기를 막아냈다. 이때 다우딩의 작전과 괴링의 망상으로 과소평가된 영국 전투기의 숫자를 계속해서 유지했던 것이 전투를 승리로 이끄는 데 큰 역할을 했다. 9월 21일, 히틀러가 바다사자 작전 연기 선언을 하고 이듬해 5월, 대대적인 런던 공습이 실패로 끝나면서 독일은 더 이상의 공습을 중지하였다. 이 전투의 실패로 히틀러는 서부전선 점령에 실패하고 동부전선으로 눈을 돌렸다. 브리튼 전투는 연합군의 제2차 세계 대전 승리에 견인차 역할을 했다고 평가받는다. 초기에 연속적인 패배로 실의에 잠겼던 유럽인들은 이 전투를 통해 다시 자신감을 얻게 되었고 독일에 대해 강력한 저항 의지를 갖추게 되었다.

RAF 비긴 힐(Biggin Hill)
런던에서 남동쪽으로 20킬로미터

"……어떤 대가를 지불하더라도 승리, 어떤 폭력을 무릅쓰더라도 승리, 그곳에 이르는 길이 아무리 길고 험할지라도 승리, 승리 없이는 생존도 없기 때문입니다." —윈스턴 처칠

그는 열일곱 정도로 보인다. 비행을 하고 전투에 참여했더라도 비행중대 다른 병사들은 그의 이름조차 모를 것이다. 그의 인생에서 전투경험은 단지 한나절에 불과했다. 어느 날 아침에 보고를 하고 막사에 가방을 던져 넣은 그는 곧바로 출격 경보 소리에 단발 전투기에 뛰어올랐다. 그리고 하늘로 날아올랐다.

15분 후, 그는 아마 사망했을 것이다.

그는 1940년 여름 영국에서 벌어진 공중전에서 독일의 루프트바페

(Luftwaffe)와 싸워 무찌른 RAF(Royal Air Force, 영국 공군)의 '소수정예 (The Few)'의 일원이었다. 천하무적으로 보이는 적에 호기롭게 맞선 젊은 청년들 중 하나였던 그는 세계 역사에 변화의 단초를 제공했다. 브리튼 전투는 역사상 최초로 철저히 공군에 한정된 군사작전으로, 현대 군사전술에 새 장을 마련했다. 또한 세계의 미래를 형성한 2차 세계 대전에서 여러 의미 있는 방향으로 티핑 포인트 역할을 했던 것 으로 드러났다.

한 저명한 학자는 브리튼 전투를 '세계 정치 역사상 단일 이벤트로 는 최대 규모'•라고 묘사했다.

혹은 윈스턴 처칠이 남긴 기억할 만한 명구처럼 '인간의 전투가 벌 어졌던 현장에서 이처럼 소수에게 그토록 많은 사람이 빚을 진 경우 는 없었다.'

시간은 처칠이 그의 영웅들을 제대로 선별했다는 사실을 증명했다. 조종석에 앉아 있는 그의 앞에 있는 1,175마력의 거대한 롤스로이스 엔진은 배기가스와 압축공기를 뒤로 내뿜으며 12개 실린더로 값비싼 연료를 잡아먹고 있었다. 그의 본명은 길버트 맨슨이지만 모두가 스

•
그렉 이스터브룩의 《The Progress Paradox: How Life Gets Better While People Feel Worse》 329쪽을 참고했다. 역사의 이 시점에서 영국은 전 유럽에서 히틀러의 전 체주의에 항거한 유일한 자유국가였다. 전 세계적으로는 십여 개의 자유국가만이 독일, 일본의 압제와 이탈리아의 파시즘에 맞서 싸웠다.

냅(Snap)이라고 불렀다. 몇 초 전 활주로 끝까지 달려왔지만 편대의 대장기체가 이륙할 때까지 대기하게 됐다. 그는 출격신호를 기다리며 미적대는 이 마지막 몇 초가 정말로 싫었다. 그가 진정한 공포를 느끼는 유일한 순간이었던 것이다. 맨슨은 금속 바닥에 신경질적으로 다리를 떨었으며 장은 꼬여서 매듭이 생긴 것 같은 느낌이 들었다. 왼쪽 눈으로 땀이 한 방울 흘러들어 갔다. 조종석 덮개를 닫아 내부가 점점 더워졌는데 아침나절의 태양이 방탄유리를 통해 내리쬐고 있었다. 그는 보지도 않고 아래로 손을 뻗어 가죽 수통을 꺼냈다. 빨리 한 모금 머금고는 바짝 마른 입안을 물로 휙 헹궈낸 후 삼켰다.

조종사의 나이는 열여덟, 아니 몇 주 후면 열여덟이 된다. (그가 처한 상황을 생각해보면 반올림을 하는 편이 나았다.) 금발에 녹색 눈동자, 그를 유혹하는 젊은 여성들이 있다는 것을 고려하면 잘생긴, 혹은 여동생이 지적해준 몇 가지 흠에도 잘생긴 것에 가까운 외모의 소유자였다. 스핏파이어(Spit Fire, 2차 대전 당시 영국의 전투기─옮긴이)도 신선한 녀석으로, 전투 경험이 전혀 없었다. 그는 공장을 막 나온 새 의자의 냄새, 깨끗한 엔진오일, 금속 접합부에서 풍겨오는 황의 냄새를 아직 맡을 수 있었다. 그 밖에 다른 냄새들도 섞여 있었다. 깊게 숨을 들이쉬면 진한 향수 냄새가 났다. 불과 몇 시간 전에 공장에서 전투기를 가져다준 공군여자보조부대(WAAF) 소속의 한 여성이 특별히 선물해준 진한 향수였다.

조종사들은 의심이 많은 집단이었기에 장미향은 고사하고 이 갓 태어난 전투기를 깔고 앉은 일이 좋은 징조이기를 바랐다. 분명 전투의 신들은 오늘 그를 향해 미소 지어줄 것이다.

물론 그들만 아니라면…….

그는 의자를 바짝 당겨 앉으면서 기체의 매끄러운 선을 훑어봤다. 스핏파이어는 진실로 아름다운 물건이었다. 유연함, 빠르기, 힘, 단단한 근육과 입김. 위력을 보면 야생마라기보다 황소에 가까웠다. 날아오르는 모양은 박쥐와 같아 강하게 덤벼들다가 하강했으며 전투에서는 8문의 기관총을 발사했다. 하지만 완벽한 기계는 아니었다. 회전할 때 바위처럼 흔들려서 사력을 다해 조종간과 추력조절장치를 밀어야 했다. 일단 회전이 끝나면 또 부드럽게 날아 흔들림이 전혀 없었다. 항공기는 소총과 비슷해서 발사 전에는 진정을 시켜야 했다. 스핏파이어는 매우 부드러워서 총을 정확하게 겨누는 일이 더 쉬웠다.

훌륭했다. 정말로 탁월한 기계였다. 특히나 지금처럼 독일의 폭격기와 전투기 250대가 그를 향해 날아오는 때라면 더더욱. 그는 땀이 흥건한 조종석에 앉아 독일 놈들에게 타격을 입힐 준비를 했다.

앞에 있는 전투기들이 마력을 올리는 소리를 확인한 젊은 조종사는 다시 활주로로 향했다. 대형 앞에 있던 두 대의 전투기가 회전을 시작하며 나란히 날아올랐다. 그는 조종석을 재빨리 둘러보고 기관계기를 마지막으로 점검했다. 그의 뒤편에는 스핏파이어 14대가 이륙을 준비하고 있었다. 다른 조종사들도 적어도 맨슨만큼 겁을 내고 있을 것이다. 일부는 벌써 속을 게워냈다는 사실을 그는 알고 있었다. 맨슨은 아직 토하지 않았고 앞으로 그럴 일도 없을 것이다. 두려움에 맞서는 모양새는 저마다 조금씩 다른 법이다. 어떤 이는 토를 한다. 다른 이들은 다리를 떤다. 이가 누렇게 변색할 때까지 담배를 피우는 사람들도 있다. 그가 가장 두려워한 것은 전투의 화염으로 전사할 위험이 아니었다. 그보다는 영국 해협의 차디찬 바다에서 탈출해 누군가에게 발견되기 전에 얼어 죽을까 봐 두려웠다. 하지만 오늘은 걱정이 없다. 독일의 모든 폭격기가 표적을 포기하고 돌아가지 않는 이상 남쪽 멀리 갈 일이 없을 것이다.

설사 해협에서 마지막을 맞이하더라도 괜찮을 것 같았다. 공포감을 가슴속 깊이 받아들였기 때문이다. 그는 자신을 무너뜨릴 것 같은 피로감도 뼛속까지 수용했다.

그를 둘러싸고 뭔가 중요한 일이 진행되고 있었다. 영광의 순간일지도 모르겠다. 그는 자신이 그 영광에 참여하고 있음을 알았기에 모든 일을 감내할 수 있었다.

전쟁을 하지 않을 백만 가지 이유

아이러니하게도 '대전' 혹은 '모든 전쟁을 끝내기 위한 전쟁'이라고 불리던 1

차 세계 대전이 끝난 지 불과 20년 만에 브리튼 전투가 벌어졌다. 대영제국은 유혈이 낭자한 대전에서 승자의 편에 있었고 1918년에 전쟁이 끝난 후 10년 동안은 승리감에 젖어있었다. 하지만 1929년쯤부터는 막대한 비용을 치렀다는 사실을 깨달았고 그때부터 양상이 급변했다. 영국은 씁쓸한 현실을 직시한 후에는 승자처럼 구는 행동을 그만뒀다.

이처럼 180도로 상황이 변한 데는 몇 가지 이유가 있었다. 최초로 반전을 주제로 한 연극 「여로의 끝(Journey's End)」이 런던에서 큰 인기를 끌면서 관객들은 전쟁과 죽음에 대한 공포, 향수 대해 인식하고 충격을 받았다. 그뿐만 아니라 많은 서적이 1차 세계 대전에서 복무한 자들의 개인적인 기억을 끄집어내 전쟁의 참상을 알렸다. 신문과 잡지는 솜므(Somme)에서 벌어진 첫 전투에서 영국의 청년 6만 명이 사망했다는 소식 등 과거에는 입에 오르내리지 않거나 믿지 않았던 내용을 조명했다.

6만 명이 전사했다니! 한 뼘의 땅도 얻지 못했는데!

암울한 진실이 반전의 염원을 돋우었다. 1차 세계 대전으로 영국의 최정예 전사 100만 명이 사망했고 부상자는 그보다 두 배가 더 많았다. 전체 인구가 3,000만 명에 불과했던 시기였다. 또한 전쟁으로 미망인이 50만 명, 아비 없는 자식들은 넘쳐났다.

간단히 무시하고 넘어갈 수준이 아닌, 충격적인 수치들이었다.

반전을 향한 열기의 강도는 상당해서 영국뿐 아니라 전 유럽에 걸쳐 반전주의가 들끓었다. 1933년에는 옥스퍼드 학생회가 '우리 학교 학생은 어떤 상황에서도 왕과 국가를 위해 싸우지 않겠다.'는 결의안을 승인했고 이 드문 사건은 널리 알려지게 됐다. 같은 해 승리를 거둔 노동당 후보는 모든 징병소를 폐쇄하고 육군과 공군을 없애겠다고 약속했다. 그는 영국이 범세계적 군비축소를 요구하며 모범을 보이라고 요구했다. 다른 반전주의자들도 선거에서 좋은 성적을 거뒀다.

앞서 벌어진 전쟁에서 치른 끔찍한 인적 희생 외에도 반전주의자들의 물결이 영국을 뒤덮게 한 요인들은 더 있었다. 시간이 흐르면서 한때 위대했던 대영제국은 걷잡을 수 없는 쇠락의 길을 걷고 있었다. 수세대 동안 세계 최강의 대국에 속해있던 영국인들은 받아들이기 어려운 슬픈 현실을 깨달았다. 전 세계적 대공황의 시기에 고투하는 사이 전통적인 경제원리들은 파괴됐다. 거의 4분의 1에 해당하는 노동인구가 실직 상태에 빠졌다. 어떤 지역에서는 실업률이 70퍼센트까지 치솟았다. 영국의 수출산업은 궤멸하고 있었다. 굶주림에 폭동이 일어났다. 배신과 분개의 감정들이 들끓어 부와 특권의 상징들이 공격의 대상이 됐다. 나라가 급격한 쇠망의 길에 접어들었다는 당혹스러운 징후들이 나타났고 덕망 있는 영국 해군에서조차 해병들이 임금삭감에 반대하는 일들이 벌어졌다.

지배 엘리트는 여전히 제국주의에 매료됐지만 노동자들은 더 이상

돈과 사람을 희생해야 할 필요성을 느끼지 못했다. 이들 사이가 벌어지면서 정치적인 진공상태가 발생했다.

정치적 불확실성의 한복판에서 대안으로 공산당이 부상했고 영국의 수많은 지식층이 입당했다. 공산당은 소련에서는 매우 성공적이었는데, 스탈린의 가학적인 제국을 방문한 사람들은 소련의 선동가들이 꾸며낸 조화와 번영이 사실이라고 세뇌당했다.

동유럽에서 러시안 베어(Russian Bear)가 부상하자 공산당 혁명의 희생양이 될지 모른다는 두려움이 당시 영국의 정치적 사고를 지배하기 시작했다.

하지만 이 거대한 공포 가운데 한 줄기 희망의 빛이 비쳤다.

예기치 않게, 이 소련 공산당에 대한 맞수로 독일이 빠른 속도로 부상한 것이다. 독재자 베니토 무솔리니(Benito Mussolini)가 안정과 경제성장을 창출해냈다고 인식되면서 이탈리아에서는 파시스트 지도부가 성공을 거뒀다. 이에 힘입어 대공황으로 말미암은 황폐, 패전의 수치, 그에 이은 억압적인 평화조약에 신음하던 절박한 독일에서도 파시즘이 인기를 끌었다.

파시즘이 대두하면서 아돌프 히틀러(Adolf Hitler)라는 남자가 국제적 무대에 부상했다.

일부 영국인들은 이 같은 새로운 움직임이 유럽을 사로잡은 공산주의 물결을 저지할 것이라며 환영했다. 프랑스와 영국의 지도부는 어떤 비용을 지급해서라도 평화를 이루려고 희망했고, 또 공산주의에 대한 두려움이 뇌리를 떠나지 않았기에 독일에서 두드러지는 반공산주의 정부와 우호적 관계를 맺으려 했다.

아돌프 히틀러는 매우 기꺼이 그들을 도왔다.

라이히(Reich)의 부상

1차 세계 대전이 끝나자 승리를 거둔 연합국은 독일에 바이마르 공화국이라는, 독일 인들의 사고방식에 매우 이질적인 형태의 새 정부를 세웠다. 최적의 환경에서라면 성공할 가능성도 없지 않았다. 그러나 1918년 이후 독일이 직면한 절망적인 환경에서는 실패할 가능성이 컸다.

무엇보다도 독일은 세계 대전에서 명예가 실추됐다. 국민정서의 핵심에 자신감이 자리 잡고 있었기 때문에 이는 사소한 문제가 아니었다. 다시 전쟁을 한다는 생각에 대해 프랑스와 영국은 흠칫 놀란 반면 독일은 국가적 명예를 되찾을 수 있는 유일한 방법으로 여겼다.

제1차 세계 대전을 종식한 베르사유 조약이 독일에 징수한 배상금은 단지 가혹한 정도가 아니었다. 총 3,100만 달러가 넘는 배상금은 독일 인들이 낼 수 없는 규모였다. 독일 군대에는 엄격한 제약이 가해져 비행기, 탱크, 잠수함, 징용, 또는 작전 참모가 허용되지 않았다. 전체 군대는 10만 명을 넘을 수 없었다. 독일의 국경은 쪼그라들었고 서쪽 국경은 요새화할 수 없었다. 국외의 사유재산은 몰수당했다. 5대강은 국제화돼 독일은 국내 수로에 대한 통제권조차 상실했다.

승리를 거둔 연합국은 독일 국민을 철저히 모욕하기로 작정한 듯 보였다.

독일이 패전국이기는 했지만 여전히 유럽 전체에서 강대국의 지위를 유지하고 있었기 때문에 이는 위험한 발상이었다. 독일은 지리적 위치 덕분에 막대한 전략적 이점을 누리고 있었고 인구만 해도 프랑스나 영국보다 3,000만 명 이상 많았다.

독일 국민이 압제적인 조건으로 휘둘리는 사이 갑작스럽게 극적인 변화의 환경이 조성됐다.

아돌프 히틀러는 인상적으로 국가사회당(나치스)의 당수로 부상했다. 1928년 선거에서 나치당의 지지율은 2.6퍼센트에 불과했다. 당시에는 소수정당으로 인식됐고 누구도 진지하게 주목하지 않았다. 하지만 대공황과 바이마르 공화국의 타락은 나치의 신념을 극적으로 수용하게 하는 계기로 작용했다. 바이마르 공화국 대통령은 히틀러를 총리로 세울 수밖에 없었다. 몇 달 후 이 사악한 천재는 제국의회에서 독재적인 권력을 부여받는 책략을 썼다. 히틀러의 권력은 법을 제정하고 예산을 통제하며 조약을 협상하는 등 전권을 틀어쥐는 데까지 이르렀다.

바이마르 공화국은 개국 14년 만에 단명하고 말았다. 곧바로 히틀러는 베르사유 조약이 정한 제약을 무시하기 시작했다. 독일은 재무장에 나섰다. 처음에는 은밀하게 움직였지만 1935년에는 대놓고 전쟁 준비를 시작했다.

헛고생

1933년에서 1939년까지 베를린과 런던에서는 거대한 멜로드라마가 한바탕 펼쳐졌다. 독일이 재무장하는 사이 영국은 머리를 모래밭에 쑤셔 박은 양 문제를 회피하며, 의도적인 무시로 볼 수밖에 없는 행동을 취했다. 히틀러가 독일 육군, 해군, 공군의 재무장을 요구했을 때 영국의 맥도날드(Ramsay MacDonald), 볼드윈(Stanley Baldwin), 챔벌레인(Neville Chamberlain) 등 세 총리는 히틀러의 요구사항이 충족돼야만 평화가 가능할 것이라며 히틀러에 가담했다.

영국의 다른 지도부와 엘리트 대부분도 히틀러를 찬양하기에 여념이 없었다. 데이비드 로이드 조지(David Lloyd George) 전 총리는 짧은 방문 이후 히틀러가 다른 마음을 품지 않고 오로지 평화를 지키는 사람이라고 주장했다. 그는 히틀러가 독일을 이끄는 한 독일이 다른 영토를 침략하는 일은 절대 없을 것이라고 국민을 설득했다. 한 유명한 영국 언론인은 히틀러의 '갈색의 큰 눈동자는, 진실로 크고 진실로 갈

루프트바페 장교들의 모습, 1941년, 루프트바페의 사령관 헤르만 괴링은 영국 공군을 섬멸할 수 있다고 호언장담했다.

색이어서 여자라면 서정적으로 빠져들 수밖에 없을 것*이라고 기록했다. 영국의 성직자들은 나치가 종교와 기독교에 헌신적이라고 밝혔다.

그런데 아돌프 히틀러는 기독교도가 아니었다. 종교적이지도 않았다. 그는 그저 마음에 살인과 악이 가득 찬 남자일 뿐이었다.

다행스럽게도, 부상하는 라이히(나치 시대의 독일—옮긴이)에 대해 반전주의자들과 다른 의견을 가진 이가 있었다. 윈스턴 처칠은 실제

---

*
실제로 히틀러의 눈동자는 파란색이었다. (윌리엄 맨체스터의 《The Last Lion》, 82쪽을 참고했다.)

로 히틀러가 얼마나 악한 자인지 알고 있었다. 그는 독일의 부상이 유럽과 나머지 세계에 진정한 위협이 될 것을 깨달았다. 처칠이 유일한 반대론자는 아니었지만 그때까지는 가장 능변하고 가장 완고한 사람이었다.

유감스럽게도 처칠은 사람들이 히틀러에게 보낸 것과 같은 관심과 환호를 받지 못했다. 처칠이 히틀러의 원색적인 연설을 헛소리로 치부하자 '독일이 평화를 위협하며 영국이 국경을 수비하기 위해 무장해야 한다는 주장에 의견을 달리하는 사람들은 불신에 비호감, 심지어 증오까지 드러냈다.' 그가 드높인 분노의 목소리는 조롱당하기까지 했다. 언젠가 그는 옥스퍼드 대학에서 학생들에게 연설하면서 영국이 섬나라로써 안전을 지키려면 무장해야 한다고 발표했다. 비웃음과 야유가 점점 더 심해져 그는 발표를 포기해야 했다.

독일에서는 히틀러가 육군과 해군을 재무장시키고 루프트바페라는 강력한 공군을 창설했다. 그는 전문적이고 능력이 뛰어난 장교들을 모으는 한편 징병제를 개편했다. 독일은 이웃 나라들의 의심을 잠재우기 위해 누구에게도 절대 위협이 되지 않을 것이라고 계속해서 선언했다.

런던에서는 유화책이 공식적인 정부 방침이 됐다. 독일은 군사력을 다시 키울 권리가 있다는 주장도 나왔다. 수많은 사람은 평화의 시기에 신념의 순수성을 드러내기 위해 영국이 완전히 군비를 축소해야 한다고 주장했다. 처칠은 의원석 대부분이 비어있는 국회의사당에서 그런 정책은 미친 짓이라고 목소리를 높였다. 그가 1930년대 후반에 위대한 나라를 보호하기 위해 재무장해야 한다고 발언하자 정적들은 어리석다고 응수했다. 그들은 자신들이 현실주의자이기 때문에 군비 축소를 선호한다고 밝혔다. '우리는 영국 공군의 증강이 세계의 평화를 이끌 것이라는 명제를 부인합니다.'라고 말한 사람도 있었다.

히틀러의 권력 부상, 군대의 재구축, 그리고 상승하는 위험에 직면한 영국 반전주의자들의 입장은 기록에서도 잘 확인된다.

1935년: 히틀러가 베르사유 조약을 폐기하고 반유대주의 법을 적용하며 영국에 대한 제공권(공군력으로 공중을 지배하는 능력-옮긴이)을 갖추다.

1936년: 독일이 라인 지방(Rhine land)에서 프랑스를 몰아내다. 이탈리아는 독일과 동맹을 맺다.

1937년: 네빌 챔벌레인이 총리에 오르고 강화협정을 공식적인 정부 방침으로 채택하다.

1938년: 히틀러가 오스트리아를 장악하다. 처칠은 연합국이 히틀러에게 응전해야 한다고 제안하다. 챔벌레인은 독일 원수를 자극할 수 있다면서 거절하다. 챔벌레인이 뮌헨에서 체코를 저버리다.

1939년: 히틀러가 체코슬로바키아를 점령하다. 히틀러가 폴란드를 침략하다. (영국과 프랑스를 주축으로 한) 연합국은 독일에 대한 전쟁을 선포하다.

마침내 1940년, 문명이 충돌할 분위기가 무르익었다.

5월 10일 독일은 네덜란드, 벨기에와 프랑스에 대한 전면 공격을 감행했다. 같은 날 윈스턴 처칠은 영국의 총리에 올랐다.

한 남자와 한 나라가 홀로 서다

조지 6세(George VI)는 처칠이 총리가 되는 것을 원치 않았다. 정부와 영국의 지도층 대부분도 처칠만 아니라면 괜찮다는 견해였다. 같은 당에서조차 처칠에 대한 지지가 미온적이었다. 많은 사람은 처칠이 곧 실패하고 챔벌레인이 총리직을 회복하리라 믿었다.

하지만 처칠에게는 다른 사람이 갖고 있지 않은 두 가지 재능이 있었다. 우선 자유세계가 직면한 거대한 위협에 대한 분명한 혜안을 가졌고, 둘째로 언변이 있었다.

그는 총리로서 의회에서 처음 한 연설에서 새 정부의 목표를 매우 명쾌하게 밝혔다.

저는 내각에 참여한 장관들에게 이야기했던 그대로 하원에서 다시 말
하겠습니다. '저는 피와 수고, 눈물, 그리고 땀밖에는 드릴 것이 없습니
다.' …… 우리의 정책이 무엇이냐고 물으신다면 바다, 육지, 하늘에서
하나님이 우리에게 주신 모든 힘과 능력을 총동원해 전쟁을 수행하는
것이라고 말하겠습니다 …… 그것이 우리의 정책입니다. 우리의 목표
가 무엇이냐고 물으신다면 한마디로 답하겠습니다. 승리입니다. 어떤
대가를 내야 할지라도 승리, 어떤 폭력을 무릅쓰더라도 승리, 그곳에 이
르는 길이 아무리 멀고 험할지라도 승리, 승리 없이는 생존도 없기 때
문입니다.

―윌리엄 맨체스터 《The Last Lion》 중에서

그가 자기 입으로 분명히 밝혔듯 처칠은 승리가 생존에 필수명제임을
잘 알고 있었다. 하지만 알고 있다는 사실만으로는 대륙에서 열세의
전쟁이 벌어지고 있는 현실을 바꾸지는 못했다. 이 연설을 한 지 불과
5주 만에 프랑스는 항복하고 말았다.

영국은 이제 독일의 나치와 이탈리아의 파시스트들과 맞설 수 있는
유럽의 유일한 세력이었다. 프랑스가 항복한 다음 날 처칠은 다시 한
번 국민에게 연설했다. 그는 영국이 홀로 남았지만 전쟁을 계속 해나
갈 것이라고 맹세했다.

이 전쟁에 기독교 문명의 존폐가 달려있습니다. 이 전쟁에 우리 영국인의 생명이, 우리 제도와 제국의 영속성이 달려있습니다 …… 히틀러는 이 땅에서 우리를 무찌르지 못하면 전쟁에서 패배한다는 것을 알고 있습니다. 우리가 굳게 서서 그에 맞선다면 전 유럽은 자유로워지며 세계의 사람들은 드넓고 태양이 비추는 높은 곳으로 나아갈 수 있을 것입니다. 하지만 우리가, 그래서 전 세계가 패한다면 미국과 우리가 잘 알고 아껴왔던 모두가 신 암흑시대의 나락으로 빠져들 것입니다 …… 그러므로 우리 모두 자기에게 맡은 소임을 감당하고 견뎌냅시다. 대영제국과 영연방이 존속한다면 사람들은 말할 것입니다. '이때가 가장 영광스러운 시간이었다.'

—윌리엄 맨체스터 《The Last Lion》 중에서

영국 공군

세계 역사상 가장 중요한 이 시기에 '역사의 흐름을 바꾸어 놓은' 발걸음을 떼는 남성과 여성들이 있었다. 물론 윈스턴 처칠도 그중 하나였다.

하지만 브리튼 전투는 단 한 사람의 이야기가 아니다. 윈스턴 처칠이 국가의 존립에 혁혁한 기여를 한 것은 사실이나, 브리튼 전투가 그 혼자만의 공이 아닌 영국 공군 전투기 사령부의 모든 남성과 여성의

휴 다우딩과 조지 6세, 엘리자베스 여왕의 모습, 1940년, 영국 공군 대장이었던 휴 다우딩은 독일을 막아
내고 브리튼 전투를 승리로 이끌었다.

성취라는 것을 누구보다도 처칠 자신이 잘 알고 있었다.

1930년대에 독일의 군사력이 부상하고 있음에도 완전 군비축소에
대한 요구가 끝없이 계속됐지만 다행히 영국군은 전면 해체되지 않았
다. 그러나 잠깐이기는 해도 공군은 명백히 오류가 있는 군사이론에
빠졌다. 그 자체만으로도 영국이 전체 전쟁에서 질 수도 있는 위험한
이론이었다.

이 위험한 군사이론의 핵심은 더 이상 전투기가 필요 없다는 것이
주 내용이었다.

1932년 영국의 스탠리 볼드윈 총리는 전투기가 거대한 폭격기를

막아낼 재간이 없다는 당대의 전형적인 군사이론을 지지했다. 이 이론은 '폭격기는 항상 뚫고 만다'는 말로 가장 잘 요약된다. 유일하게 신뢰할 만한 방어책은 적군의 공격을 훼방을 놓을 만큼 거대한 폭격기 부대를 갖추는 것이었다. 하원에서 볼드윈은 '유일한 방어는 공격이며, 이는 목숨을 부지하기를 원한다면 적보다 더 빨리 더 많은 여성과 아이들을 죽여야 한다는 것을 뜻합니다.'라고 주장했다.

전쟁 계획상 끔찍한 이론이었다.* 그럼에도 영국은 이런 원칙에 따라 (대부분 허술하다고 지적한) 방어에 나섰다.

이 시기에 항공기 지출 중 상당 부분은 공격무기 체계, 즉 폭격기에 들어갔다. 전투기에 대한 지출은 돈 낭비라는 믿음이 광범위하게 퍼졌다.

하지만 전투기에 가치가 없다는 생각에 동의하지 않는 한 남자가 있었다. 그의 이름은 휴 다우딩(Hugh Dowding)으로 1936년, RAF 전투기 사령부가 창설됐을 때 공군 대장 최고사령관 자리에 올랐다.

---

* 이는 2차 세계 대전 후 수십 년 동안 지배적 사고였던 '상호확증파괴(MAD)'의 핵무기개발 이전 시대 버전이었다.

1940년 독일군이 빛의 속도로 프랑스를 점령하자 다음 문제는 이제 '만약'이 아니라 '언제' 대영제국에 대한 침략이 일어날까가 됐다.

어떤 독일 장교는 독일이 이미 최상의 기회를 놓쳤다고 주장했다. 침략을 하려면 25만 명의 영국군이 됭케르크(Dunkirk)의 해변에서 하릴없이 머물고 있던 5월 말에 감행했어야 한다는 주장이었다.[**]

처음에 히틀러는 영국과의 전쟁을 주저했다. 로이드 조지 전 총리와 그 외 다른 타협자들을 만난 후 영국이 무엇보다 평화를 원한다고 믿었기 때문이다. 과거에 주영대사를 지냈던 독일 외무부 장관은 영국 사회의 지도층과 친분이 있어 이런 시각에 힘을 실어줬다.

영국과 타협을 하려는 히틀러 희망은 5월 말에 처칠 내각의 할리팩스(Lord Halifax) 외무부 장관이 비공식 질의를 해오면서 더 굳어졌다. 할리팩스는 히틀러가 영국에 제시할 강화협정의 조건을 파악할 특사 역할을 무솔리니가 하는 게 어떤지를 물었다. 처칠은 5월 26일에야 할리팩스의 개인행동을 알아차렸다. 담백하게 상황을 전한다면, 총리는 기뻐하지 않았다! 하지만 히틀러는 흡족해했고 질의를 진지하게

[**]
독일이 벨기에, 네덜란드, 프랑스로 진격하면서 연합국은 프랑스 북부의 됭케르크 해안에 갇히게 됐다. 5월 마지막 주와 6월 첫째 주에 펼쳐진 영웅적인 시도로 독일 항공기의 거친 공격이 계속되는 가운데서도 800척의 민간의 선박과 군함이 33만 8,000명 이상의 사람들을 구출했다. (I. C. B 디어의 《The Oxford Companion to World War II》 312-13쪽을 참고하였다.) 후송이 시행되기 전, 독일의 밀히 장군은 루프트바페의 사령관인 헤르만 괴링에게 대규모 군대가 프랑스에 발이 묶여 있는 동안 영국을 침공해야 한다고 주장했다. 운 좋게도 그의 제안은 받아들여지지 않았다. (마이클 코다의 《With Wings Like Eagles》 134-35를 참고하였다.)

받아들인 직후 히틀러는 자신이 유럽의 지배권을 유지하는 데 대영제국이 동의만 해준다면 공격하지 않겠다는 계획을 발표했다.

히틀러의 제안은 솔깃할 만한 것이었을까? 할리팩스 경이 총리가 되고 히틀러와 강화협정을 추진했다면 영국은 그를 지지했을까? 영국의 상당수가 이런 상황을 지지했을 것으로 믿을 만한 근거가 있다.

하지만 처칠은 그 제안은 위험하며 후에 화를 키울 가능성이 있다며 거부했다. 그는 자신이 총리를 지내는 한 영국의 항복은 없다는 사실을 분명히 했다.

그래도 히틀러는 확신하지 못했다. 그는 영국을 충분히 괴롭혀 주고 공포심을 준다면 처칠보다 이성적인 사람이 총리직을 대신할 것이라고 계속 믿었다. 그렇다면 히틀러식의 강화를 협상해볼 여지가 있었다. 그의 뒤이은 결정 가운데 상당수는 분명히 이런 신념에 기초한 것이다. 사실 히틀러는 영국이 화평을 추구하리라고 굳게 믿어서, 브리튼 전투가 벌어지는 와중에까지 강화협상을 타진하는 자들을 계속 보냈다.●

●
히틀러가 협상이나 지도자의 교체를 통해 영국의 위협을 제거할 수 있을 것으로 믿었다는 논의에 대해서는 스티븐 번게이의 《The Most Dangerous Enemy》 9–13쪽을 참고했다. 저자는 할리팩스 경이 총리에 올라 히틀러와 강화협정을 맺었다면 국민이 그를 따르지 않았을 것으로 볼 근거가 없다고 밝혔다. 또한 마이클 코다의 《With Wings Like Eagles》 5–6, 78, 135, 153–54, 198–99, 248–49쪽을 보면 독일의 밀히 장군이 제안한 5월 침략 제안에 따라 독일군이 영국에 주둔해 있었다면 영국의 전투의지가 마찬가지로 강했을지라는 질문은 흥미롭다.

침략일의 결정

히틀러는 대영제국이 조건부 항복을 할 것으로 계속 믿었지만 7월 16

일, 결국 총통지령 16호로서 영국 상륙 작전을 지시했다.

총통지령 16호의 일부는 다음과 같다.

영국은 가망 없는 상황에 놓여있음에도 타협의 의사를 보이지 않음에

따라, 상륙 작전을 준비하고 필요하다면 실행키로 한다. 이 작전의 목

표는 영국 본토가 독일에 대한 전쟁이 이어질 수 있는 전초기지로 작용

하지 못하게 하고 불가피하다면 완전히 점령하는 데 있다.

히틀러는 영국 본토에서 전쟁할 시간이라고 판단하고 1940년 8월

15일을 침략일로 정했다.

하지만 침략을 실행할지는 두 가지의 중요하지만 별개의 사항에 달

려있었다. 우선, 상륙이 녹록치 않을 것으로 예상되니 거대한 무기들

을 끌어내리려면 해가 짧아지거나 영국 해협의 기상이 악화되기 전에

침략을 수행해야 했다. 9월 말이나 10월 초에는 영국 해협의 기상악

화가 종종 발생했다. 두 번째 조건은 더 중요한 것으로, 독일 공군은

RAF에 대한 제공권을 확보해야 했다.

특히 총통지령 16호는 상륙에 앞서 '독일군이 건너가는 데 언급할

가치가 있을 만한 공격력을 회복하지 못하도록 영국 공군을 도의적으

로나 실질적으로 무너뜨려야 한다.'고 밝혔다.

독일 지도부의 이 같은 결의는 단호했다. 헤르만 괴링(Hermann Wilhelm Göring)이 이끄는 루프트바페가 RAF를 궤멸시키고 침략조가 영국 해협을 건너 영국의 해안에 교두보를 마련할 때 방해되지 않는 수준이 되기 전까지 침략을 강행할 수 없었다.[●]

괴링은 독일 총사령부의 다른 사람들에게 RAF가 곧 벌어질 침략에서 위협이 되지 않도록 루프트바페가 역할을 해낼 것이라고 장담했다. 이런 확신과 함께 히틀러의 총통지령 16호를 바탕으로 '바다사자 작전'이 시작됐다.

독일 해군은 독일 국내를 비롯해 최근 침략한 국가들에서 동원 가능한 모든 자원을 끌어모아 거대한 함대를 구축했다. 그들은 상륙용 주정 안팎에서 전차, 총, 말, 병사를 훈련시켰다. 루프트바페는 최근 확보한 프랑스의 이착륙장에 거의 3,000대의 비행기를 결집시키기 시작했다. 이곳은 목표지점까지 비행시간을 단축할 수 있는데다 폭격기를 보호하도록 만든 메서슈미트(Messerschmitt)에 중요한 의미가 있었다. 메서슈미트라는 소형 전투기들은 독일에서 출발할 때보다 연료를 덜 채워도 됐기 때문이다. 끝으로 게슈타포(Gestapo, 나치스 독일의

●
영국은 해군력이 강했기 때문에 침략을 물리칠 수도 있었다. 하지만 RAF가 가진 제공권이 아니었다면 영국해협에서 루프트바페에 휘둘렸을 것이다. 실제로 해군은 독일 공군의 영향력이 미치지 않는 대영제국의 서쪽 항구로 이동해야 했다.

비밀 국가경찰—옮긴이)는 영국 군대와 정부를 점령하는 준비를 하면서 작전을 성공적으로 마무리시키기 위해 신속하게 체포할 2,820명의 영국인 명단을 작성했다.

독일 인들 특유의 정밀함으로 침략 준비는 착착 진행됐다. 마침내 괴링은 RAF를 파괴할 것을 승인했다.

레이더, 스핏파이어와 허리케인

정치권에서 십 년에 가까운 타협과 군비축소 논의가 진행됐지만 영국은 히틀러의 '선한' 의도 앞에 완전히 속수무책으로 있지 않았다. 섬나라 고향을 독자적으로 방어하려는 준비작업이 실행됐고 다우딩이 전투기 사령부에 임명된 것은 가장 다행스러운 결정이었다.

앞서 4년 동안 다우딩은 대영제국의 방어능력을 기적적으로 탈바꿈시키는 노력을 했다.

- 두 가지 신형 전투기의 투입
- '레이더'라는 신기술의 채용
- 중앙 항공기 관제 수단 구축
- 독일 루프트바페를 괴멸시킬 전체 전략 고안

각각의 시도를 할 때마다 가혹한 비판과 반대에 부딪혔다. 하지만 완고하고 유머를 모르며 조급하고 완전히 자기 임무에 몰두한 이 남자는 거대한 반대에 직면할 때마다 정적들을 지긋이 내려다봤다.

1936년, 그가 지휘를 맡았을 때 전투기 사령부에는 열린 조종석에 두 대의 총, 고정 강착바퀴를 갖춘 소형 복엽기 몇 대밖에 없었다. 1차 세계 대전에 쓰던 사양과 크게 다르지 않았다.

'폭격기는 항상 뚫고 만다.' 는 시각이 (전 세계의 주요 군사대국 사이에서도) 지배적이었음에도 다우딩은 '그렇지 않을 가능성도 있다.' 라고 말했다. 그는 스핏파이어, 허리케인이라는 두 종류의 신형 단발전투기 제작을 요구했는데 후에 이 전투기들은 불멸의 이름이 됐다. 그는 이 전투기에 고주파 무선을 탑재해 조종사들과 관제사들 간의 의사소통이 가능하게 만들어야 한다고 고집했다. 전투기에는 8문의 총과 투명한 슬라이딩 조종실 덮개를 장착했다. 그는 또 조종실 덮개를 방탄으로 만들어 조종사를 보호해야 한다고 요구했다. '시카고 갱단의 차량에도 방탄유리를 끼우는데 우리 스핏파이어에는 왜 안 되는지 이해하지 못하겠소.' 라고 그는 거듭 주장했다.

다우딩은 일전에 연구개발 보직을 받아 실험을 수행한 적이 있었기에 레이더라는 새로운 기술을 초창기부터 옹호하고 나섰다. 그는 전투기 사령부의 우두머리로서 영국 남부 해안선을 따라 레이더 기지의 건설을 지시했다. 레이더 지주는 높이가 60~90미터였다. 기지는 몰려오는 비행기의 고도를 측정하거나 피아를 식별하지는 못했지만 향후 벌어질 전투에서 절대적으로 중요한 역할을 해냈다. 1,400곳이 이상의 '관측 초소'가 이런 현대적인 장치들을 갖췄다. 이전의 관측 초소에서는 해안을 따라 흩어진 남성과 여성들이 육안을 활용하는 구식 방법을 써서 다가오는 적을 구분했다.

다우딩은 항공기 숫자와 조종사들의 경험이 턱없이 부족하다는 것을 알았다. 또 조종사들이 어마어마한 폭격기와 전투기 엄호를 맞닥뜨리게 될 것도 예상했다. 이에 순찰이나 의미 없는 선제공격을 하면서 시간을 허비할 수 없다는 결론에 도달했다. 모든 것을 통제하고 조화롭게 만들어야 했다. 정확해야 했다. 그는 자원의 활용을 극대화하기 위해 모든 전투기를 중앙에서 통제하라고 요청했고, 이번에도 극심한 반발이 있었다.

그는 본부에 대형 계단식 강당을 만들었다. 중앙에는 영국 남부, 영국 해협, 유럽 북부해안의 지도를 배치했다. 지도 주변에는 십여 명의 항공병과 여자 비행사들을 위치시켰다. '여과하는 사람(filterers)'에서 '미녀 합창단(beauty chorus)'이라는 이름으로 명명된 된 젊은이들이 레이더와 관측 초소에서 보고를 전달받으면 조종사들에게 적기의 대형과 이동 방향을 설명했다.

다우딩의 '미녀 합창단'은 독일의 대형을 관찰할 뿐 아니라 쫓아버릴 수 있도록 전투기 비행중대를 조직하는 임무도 맡았다. 다가오는 폭격기들은 시간당 320~480킬로미터의 속도로 날아왔다. 유럽 본토에서 영국까지 20분 남짓밖에 걸리지 않는 속도였다. 성공적인 방해작전을 위해 미녀 합창단은 영국 전투기들이 정확한 시간에, 정확한 장소로 도착하도록 지시했다. 소형 전투기는 귀중한 연료를 낭비할 수 없었기 때문이었다.

다우딩의 계획에 따라 극히 소규모의 RAF 전투기가 다가오는 폭격기들을 맞았다. 그렇지만 이들은 끈질겼다! 일군의 조종사들에게 연료와 탄약이 바닥나면 곧바로 대기하던 다음 조가 공격을 했고, 이 상황이 반복됐다. 루프트바페에게는 어떤 자비와 유예도 베풀지 않을 작정이었다.

다우딩의 전체 작전은 소모전이라는 말로 가장 잘 요약된다. 그는 공중전에서 이길 필요가 없었다. 그저 패배를 모면하면 됐다.

영국은 늘 숫자에서 밀렸지만 히틀러가 공격에 나선 독일의 주요 침략군을 쫓아버리기 위해 비행할 조종사들은 충분했다. 다우딩에게 운이 따라서 가을 날씨가 되고 낮이 짧아져 공격을 감행하기가 위험해지기 전까지만 침략을 막을 수 있다면 더 좋았다.

이 때문에 다우딩은 자신이 보유한 항공기 숫자를 루프트바페가 절대 파악하지 못하게 했다. 그는 절대 대규모로 공격에 나서지 않고 오로지 소규모의 '성가신 존재들'만 계속해서 내보냈다. 독일군은 RAF가 숫자에서 크게 열세라고 생각하면서 늘 항공기 수가 바닥에 왔다고 생각할 터였다. 그렇다면 끊이지 않고 항공기를 보내, 느리지만 꾸준한 속도로 (훨씬 비싼 폭격기와 4인승의) 항공기를 잃을 것이고 독일군은 서서히 피를 흘리게 될 것이 분명했다.

다우딩은 전투 비행중대를 빡빡하게 관리해 활용도를 극대화했다. 그의 전략은 '폭격기는 항상 뚫고 만다.'라는 과거의 이론을 오히려 강화시키는 듯 보였다. 다우딩의 전략으로 영국인들은 폭격에 더 취약해졌고 이 때문에 그는 혹독하게 비난을 당했다. 하지만 결론적으로 그가 전쟁을 지연시키면서 펼친 소모전은 그 상황에서 유일하게 쓸 수 있는 방편이었던 것으로 드러났다.

히긴스 블루 플라이트, 런던 남동부 상공

다시 날이 밝았다. 또다시 두세 차례의 전투기 출격이 있었다. 그리고 광란의 치명적인 공중전이 한 번 더 벌어졌다. 수십 명의 전우가 추가로 격추당했다.

브리튼 전투에서 거의 6주를 살아남아 최고 선임자가 된 이 남자의 별명은 스냅에서 중위로, 그리고 올드맨(old man)으로 옮겨갔다.

18세이지만 사람들은 그를 노장이라고 부른다. 우스운 것은 그 자신도 그렇게 느낀다는 사실이다.

맨슨은 대장기체가 공중으로 날아오르면서 그 바퀴가 날개 아래로

1940년 런던 상공위를 비행 중인 독일의 하인켈 HE 111기. 제2차 세계 대전 초기 독일 군이 전 유럽을 휩쓸 때 독일 공군 폭격전력의 핵심 역할을 하였다.

들어가는 모습을 봤다. 두 번째 전투기가 바로 그 옆으로 붙었다. 맨슨은 재빨리 브레이크를 풀고 추력조절장치를 앞으로 밀었다. 전투기는 0.5초가량 뜸을 들였다가 엔진이 스핀업을 시작하자 휘청거려 조종석에 몸이 파묻혔다. 10분 후 그는 6,000미터 상공을 날고 있었다.

또 다른 독일 폭격기와 전투기들이 그들을 향해 날아왔다. 무선 관제사들이 적의 편대에 80대가 있다고 알려 왔지만 누가 정확한 수치를 알겠는가?

RAF는 엄격하게 V자 대형을 지키고 있다가는 죽기 십상이라는 사실을 깨닫고 다소 유연한 모양새를 취해 윙맨(대장 호위기─옮긴이)이 주 대형의 뒤와 위를 날면서 양옆과 아래를 계속 살피게 했다. 맨슨이 그 일을 맡았다. 마스크 속의 공기는 차고 건조했다. 위와 장이 풍선처럼 부푼 것 같았다. 스핏파이어는 기밀(氣密)구조가 아니어서 오랜 시간 조종석에 있으면 고통스러웠다. 진 빠지는 출격을 세 번이나 하고 나면 해 질 무렵에는 온몸이 아프고 나른해 머리를 들고 있는 것조차 어려웠다. 하지만 지금 이 순간은 느낌이 좋았다. 사실 그의 심장은 달음박질하고 있었다. 투지가 타올랐다. 독일군이 노리고 있는 수많은 표적에는 그의 고향도 포함돼 있었다. 자기 앞마당을 지킨다는 생각에 전의가 불타올랐다.

한 여성의 목소리가 다가오는 독일군 폭격기에 맞서 도열하라며 진로를 알려주자 대형은 런던 상공에서 선회했다. 6킬로미터 아래에 있는 배터시 공원(Battersea Park)이 날개 아래로 지나갔다. 도시의 연립주택, 낮은 빌딩들 사이에 평화롭게 자리 잡은 호수 주위로 나무가 늘어서 있었다. 그는 호수 위에서 두세 척의 요트를 발견했다. 배에 탄 사람들도 머리 위의 하늘에서 사람들이 죽고 있음을 알고 있겠지만 어쨌든 런던 시내에서는 일상생활이 펼쳐지고 있었다. 그는 눈으로 대장기체를 쫓다가 다시 뒤에 있는 호수를 봤다. 그도 어릴 적에 아버지와 함께 낚시하러 그 공원에 가곤 했다. 또 한 번 보호본능이 솟구쳤다.

대장기체는 오른편으로 약간 비슴듬히 날면서 전투기들의 경로를 돌렸다. 그때 맨슨이 그들을 발견했다. 유리 구름 같은 형태가 앞유리에서 몹시 반짝거렸고 알루미늄 날개의 윗면과 회전하는 프로펠러가 태양을 반사했다. 저들은 분명히……. 메서슈미트 전투기의 호위를 받는 하인켈(Heinkel)He 111 서른 대였다. 전부 한데 붙어 그를 향해 곧장 날아왔다.

그의 심장이 쿵쾅대기 시작했고 두 손으로는 조종간을 꽉 붙들었다. 생각할 겨를도 없이 조종석에 몸을 묻어 몸을 보호하는 한편 사격 조준기에 눈을 맞췄다. 편대장 블루 원은 측면에서 폭격기들을 공격하고 햇빛이 들지 않는 곳으로 독일군을 떨어뜨려 놓기 위해 대형을 바꾸었다. 적들이 가까워지자 맨슨의 엄지가 조종간의 안전에서 발사 버튼으로 움직였다.

그는 공격을 위해 이탈했고 스핏파이어의 엔진이 굉음을 냈다.

독일군의 폭격기 하인켈이 눈에 들어왔고 그는 코를 오른편에 두고 검은색과 황색의 폭격기를 조준하기 위해 방향타를 찼다. 기류에 맞서 기울어진 기체에서 몸을 지지하느라 다리가 후들거렸다. 독일 폭격기는 꿈쩍도 않고 목표물을 향해 계속 전진했다. 맨슨은 폭격기가 폭격 항정의 마지막 단계에 있음을 간파하고, 몇 초 안에 격추해야 함을 깨달았다. 이미 폭탄을 투하했다면 급강하해 도망쳤을 것이었다. 최악의 상황이라면 폭탄이 이미 표적에 떨어지고 있을 것이다.

그의 주변은 이미 연기와 전투기들의 굉음, 강하하는 폭격기와 떨어지는 폭탄들, 비행운과 흩어진 금속파편들, 한 쌍의 낙하산과 기름

투성이의 불덩이로 어지러웠다. 무선은 긴박한 외침으로 가득했다.

웡맨은 "정신 차려!", 대장은 "블루 포, 나를 따르라", 무선 관제소의 여성은 "그룹 식스, 표적이 템즈를 향하고 있다"라고 외쳤다. 또 다른 무선 전화 관제소는 "그룹 일레븐, 연료 상태가 어떤가?"라고 물었다. 누군가는 침착했지만, 또 다른 이는 패닉상태에 있어 다양한 목소리들이 어우러졌고 그 때문에 일일이 기억하거나 이해할 수 없었다. 표적에 가까워지자 그는 손가락을 발사 버튼 위에 놓고 방향타 페달을 다시 밟아 오른쪽으로 회전했다. 조종간을 미는 데 두 손을 다 써야 했지만 추력 조절장치는 더 이상 제어할 필요가 없었다. 지금부터 전투가 끝날 때까지는 엔진이 뿜어내는 모든 에너지를 취할 것이기 때문이다. 전투기가 회전을 하자 독일 폭격기가 그의 사격 조준기 안으로 들어왔다. 이미 폭탄 투하실의 문이 열려있었다. 1초, 잘해야 2초 여유가 있을 것이다. 작은 빨간색 점을 기체에 조준하고 그는 단거리 발사를 했다. 스핏파이어는 303구경의 기관총으로 독일 폭격기를 향해 거의 200발을 발사하면서 흔들렸다. 하인켈이 흔들리면서 아래를 향하더니 급히 한 방향으로 굴렀다. 왼쪽 날개에서 금속조각들이 벗겨져 공중으로 흩날렸다. 하인켈은 방향을 바로 잡다가 폭파 준비를 하기도 전에 폭탄을 몇 개를 뱉어냈다. 그러더니 날개 끝으로 잠시 날다가 날개가 부러져 버렸다.

그 순간 벌겋고 노란빛을 내는 예광탄이 맨슨의 조종석을 휙 지나갔다. 본능적으로 조종간을 홱 움직이자 스핏파이어가 공중으로 들렸고 백미러로 메서슈미트가 불과 320킬로미터 거리에서 따라오고 있는 것이 보였다. 하지만 그의 엔진은 전속력으로 달리고 있었고 이미 대기속도를 쌓아온데다 상승에 있어서는 스핏파이어의 기량이 메서슈미트보다는 나았다. 곧 '독일 전투기를 따돌리자. 속도가 생명이다!'라는 말이 머릿속을 스쳤다. 그의 교관 조종사는 교육 도중 얼마나 그 문구를 되풀이했던가? 오늘 그 교훈이 그의 목숨을 살렸다.

조종석에서 몸을 움직이며 전투기를 회전시켰고 격추할 독일 폭격기가 또 없는지 살폈다.

병아리들

의심할 여지 없이 다우딩은 전략의 천재임을 입증했다. 항공기, 레이더, 작전 본부를 구축하고 기발한 작전을 세우며 놀라운 선견지명을 가졌다는 사실은 차치하더라도 다우딩의 우월한 자원은 그가 '병아리들'이라고 부른 전투기 사령부의 조종사 약 1,000명에 있었다.* 늠름하고 용감하며 굴하지 않는 이 청년들은 사람들은 할리우드의 영웅을

---

* 브리튼 전투에 참전한 대부분의 조종사가 영국인이었지만 일부는 뉴질랜드, 남아프리카, 루디지아(아프리카 남부의 옛 영국 식민지로 현재는 잠비아, 짐바브웨로 각각 독립국이 됨), 자메이카, 팔레스타인과 미국 등 다른 나라에서 왔다는 점이 흥미롭다.

생각할 때 떠올리는 모든 요소를 갖췄다.

하지만 그들은 절망적으로 수적 열세에 있었다. 또한 나이가 너무 어렸다. 늦여름에는 교체 조종사들의 평균 연령이 17세에 불과한 것으로 집계됐다.

전투 이후 이 청년들의 3분의 1이 사망, 실종하거나 심각한 상처를 입었다.

단순하게 보면 그들은 대단히 위험한 전투에 자발적으로 나섰다. 상대는 세계에서 가장 규모가 크고 선진적인 공군이었다. 더 혹독한 사실은 독일 조종사들은 훨씬 더 경험이 많았다는 것이다. 대부분은 수년 동안 비행을 해왔던 조종사들이었다. 많은 사람이 최근 수개월 동안 전투에 참여하면서 전투 비행기술을 연마했다. 그래서 실제 전투에서 눈 깜짝할 시간에 생사를 오가는 의사결정을 내려야 할 때는 엄청난 이점을 누렸다. 반면 RAF의 어떤 조종사들은 전혀 전투 경험이 없었다. 대부분은 나이 차이가 얼마 나지 않으면서 전투 경력도 별로 없는 교관 조종사에게 훈련을 받은 것이 다였다. 새 비행중대에 편입된 후 운이 좋다면 전투에 투입되기 몇 시간 전에 '숙달되도록' 비행해볼 시간을 얻었다.

그러니 이 나이 어린 RAF 조종사 중 상당수가 소규모 접전을 몇 번 하다가 전사했다는 사실은 당연한 결과일지 모른다.

1940년 8월에서 9월 전투가 절정에 이르렀을 때는 비행중대에 들어온 한 나이 어린 RAF 조종사가 배치를 받자마자 짐을 풀기도 전에 전투에 곧장 투입됐다. 누가 이름을 기억할 겨를도 없이 전사한 사람도 있었다. 전사한 조종사의 신분을 알려면 부관이나 소위가 문가에 놓여있는 너저분한 짐을 열어보는 수밖에 없었다.

—마이클 코다 《With Wings Like Eagles》 중에서

영국에서 어린 RAF 조종사들의 출격과 같이 전장의 상황이 어느 한 편에게 철저히 불리하게 진행된 경우는 흔치 않다.

영국과 세계를 구한 '소수정예'의 용기는 그 흔치 않은 예에 속했다.

◀○

브리튼 전투의 초기에 다우딩은 약 700기의 허리케인과 스핏파이어를 보유했다. 영국 해협 건너에 있는 독일에는 3,000대 이상의 폭격기가 있었다.

다우딩은 심각한 손실에도 여름 내내 적정 수준의 전투기 숫자를 유지했다. 이것이 가능했던 주원인은 윈스턴 처칠의 가까운 친구로서 항공기생산부 장관에 임명된 비버브룩(William Maxwell Aitken) 경과 함께 작업했기 때문이었다. 비버브룩 경은 백만장자 언론인으로,

항공기 생산에 대해서는 지식이 일천했다. 그러나 거침없는 열정으로 똘똘 뭉쳐있어 항공기 생산과 적정 수준의 수리를 용케 해냈다. 사실 그 체계는 정교한 수준으로까지 정비돼 나중에는 다우딩이 매일 밤 비버브룩에게 전화를 해서 이튿날 필요한 교체 항공기의 대수를 물을 정도였다. 다음 날 아침에는 종종 젊은 여성 조종사들이 항공기를 몰고 왔다. *

　영국의 민간인들은 어느 순간에 침략이 일어날지 몰랐기 때문에 항상 두려움에 떨었다. 영국은 대기하는 동안 지역의 수비를 그 유명한 국방 시민군(Home Guard)으로 조직화했다. (결국 '폭격기는 항상 뚫고 마는' 법이니) 주요 도시에 거대한 폭격을 예상하고 수많은 어린이를 변두리로 이동시켰다.

　처칠은 미국에 도움을 요청했지만 대부분 거절을 당했다. 런던에 주재하고 있던 조셉 케네디(Joseph Patrick Kennedy) 미 대사는 종종 회의론으로 가득 찬 보고를 본국에 올리곤 했다. 간단히 말하자면 그는 영국이 끝난 것이나 다름없다고 생각했다.

---

* 비버브룩 경은 캐나다에서 태어났으며 본명은 윌리엄 맥스웰 에이트컨(William Maxwell Aitken)이다.

전쟁이 시작되다

루프트바페가 전투기와 인력을 전진 비행장으로 재배치했으니, 애초 바다사자 작전으로 정해진 8월 15일에 침략을 단행하지 못할 것이 분명해졌다. 히틀러는 날짜를 9월 15일로 조정했다. 하지만 날짜의 연기가 큰 위험을 부담한다는 사실을 알고 있었던 히틀러와 고위층은 상당히 마지못해서 조정했다. 해가 짧아질 것이다. 기상도 더 나빠질 것이다. 이 두 가지 요인은 늘 고려해야 했다.

날짜를 9월로 정하니 루프트바페가 위협이 되는 RAF를 제거할 수 있는 시간적 여유도 몇 개월밖에 안 남았다. 괴링 장군에 대한 압박이 점점 심해졌다.

주된 공중전에 앞서 예비전이 7월에 시작됐다.

먼저 독일 인들은 영국의 수비를 시험해봐야 했다. 이를 위해 그들은 해안 도시들과 해운 시설들을 폭격하는 소규모 편대를 보냈다.

영국 본토에 대한 최초의 공격들이 시작되자 다우딩은 대규모의 전투기를 모아 독일로 출격시키라는 엄청난 압박에 시달렸다. 하지만 그는 굳건하게 원칙을 지키면서 기만책을 고수했다. 설사 폭격기에 뚫릴 가능성이 높아지더라도 적은 규모의 전투기들이 계속해서 공격에 나가도록 했다.

7월에 그는 145기의 전투기를 잃는 동안 270기의 독일 항공기를 격추했다. 더 중요한 것은, 독일 인들이 RAF가 보유한 스핏파이어와 허리케인의 숫자를 과소평가하게 하는 데 성공했다는 것이다. 전투기들이 더 많다면 실제로 내보냈을 것이다! 독일 인들은 그렇게 믿었다. 7월 말 독일 정보요원들은 괴링에게 영국 공군이 기껏해야 300기, 아니면 400기의 전투기를 보유했다고 보고했다. 이를 믿은 괴링은 일단 전면적인 폭격이 시작되면 루프트바페가 숫자에서 밀리는 RAF를 순식간에 해치울 수 있다고 확신했다.

괴링은 8월 13일에 최초의 총공격을 지시했다. 작전명은 전형적인 나치의 스타일로 '독수리의 날' 이라는 현란한 이름이었다.

주공격에 앞서 RAF를 약화시키기 위해 하루 전 중요한 이착륙장과 레이더 기지를 공격했다. 독일 조종사들은 상륙하면서 RAF 이착륙장 세 곳을 파괴했다고 보고했다. (이착륙장이 일부 훼손된 것은 사실이나 대부분 풀이 난 활주로여서 삽과 불도저로도 단기간에 복구할 수 있었다. 이튿날에는 모두 정상화됐다.)

특히 독일 조종사들은 영국 전투기 70대를 격추했다고 전했다. 실제로는 22대를 격추했을 뿐이었다.●

하지만 괴링은 이를 알지 못했다. 이번에도 정보 판단에 근거해

● 브리튼 전투 내내 양측의 조종사들은 상대편의 손실을 실제보다 과도하게 보고했다. 임무가 짧은 시간에 불과하고 상대를 향해 최고속도(시간당 480킬로미터)로 돌진하며, 구름 때문에 상대의 항공기를 관찰할 시간이 얼마 없는 공중전의 특성을 감안하면 이런 과대평가는 조종사들의 오판으로 보기 쉽다.

RAF가 300~400대의 전투기만을 보유했을 것으로 생각한데다 70대의 손실로 '타격을 입혔다'는 보고를 듣자 독일 인들은 한껏 고무됐다. 물론 독수리의 날에는 영국 공군에 어마어마한 손실을 입히리라.

실제 그날에는 작전명이 풍기는 분위기보다 극적인 요소가 훨씬 떨어졌다. 기상악화 때문에 계획했던 대로 대대적 공격을 할 수 없었던 것이다. 대공습은커녕 루프트바페는 조악하게 조직된 마구잡이식 공격을 연달아 하면서 상대에 미미한 손실을 입히는 수준에 그쳤다. 이날 하루 독일 측은 38대의 전투기를, RAF는 13대를 잃었다. 이번에도 귀환한 독일 공군은 RAF 전투기를 200~300대까지 줄였다는 기쁜 소식을 전했다.

실제로 다우딩은 647대의 전투기를 가지고 있었다.

8월 15일은 결정적인 순간이었다. 독일 인들이 대대적으로 항공기를 띠우자 시시각각 '미녀 합창단'의 목소리가 쇄도했다. 남부에서는 늦은 아침에 백 대가 공격을 해왔다. 정오에는 70대 이상, 이른 오후에는 200대 이상, 오후 늦게는 300대, 그리고 400대가, 초저녁에는 70대가 날아왔다. 영국 동북부에는 150대가 추가로 공격했고 이 공격은 영국에 타격을 입혔다. 비행장이 연이어 폭격을 당했다. 독일군은 다우딩의 전략에서 레이더가 얼마나 중요한지를 마침내 알아차리고 레이더 기지에 집중했다. 또한 RAF 방어대에 심각한 손실을 입히기 위해 엄호하기에 충분한 전투기를 보냈다. RAF는 조종사의 숫자가 3분의 1에 불과해 연달아 출격할 수밖에 없었다. 하루에 세 번, 네 번, 경우에 따라서는 다섯 번 나가기도 했다. 연료나 탄약이 떨어졌을 때 이 착륙장이 공격을 받고 있는 상황이라면 조종사들은 피곤함에 지쳤더라도 대신 착륙할 만한 땅을 찾아야 했다. 마찬가지로 심신이 지쳐있던 지상근무단도 조종사들을 다시 공급해 전투에 내보내기 위해 모여들었다.

독일군의 공격은 파괴적이었을까? 셀 수 없는 수의 레이더 기지가 무용지물이 됐다. 많은 RAF 비행장이 상당한 피해를 보았으며 폭격기 공장은 불에 탔고 34대의 영국 항공기가 파괴됐다. 그 밖에 매우 많은 목표물이 훼손됐다.

하지만 독일군도 값비싼 대가를 치렀다. 75대가 격추된 것이다.

독일군 조종사들은 착륙하면서 101대의 RAF 전투기를 격추했다고 보고했다. 이 대목에서 괴링은 점점 걱정이 들었다. 조종사들이 그토록 많은 영국 전투기를 파괴했는데도 어떻게 RAF가 계속 출몰해 독일군의 비행기를 격추할 수 있을까? 그는 라이히의 원수와 약속했던 9월 15일의 데드라인 이전에 완수할 임무가 생각보다 훨씬 크다는 사실을 깨달았다.

벙커 47, 임시 본부, 바다사자 작전
프랑스의 북서 해안을 따라

독일 루프트바페의 악명 높은 최고사령관이 이른 아침 베를린에서 날아왔다. 괴링은 전용기가 착륙할 때부터 만나는 모든 사람에게 고함을 지르고 고래고래 악을 썼다. 자동차 운전기사, 짐을 들어주던 소령, 그에게 커피를 가져온 젊은 여성 등 모두가 그의 분노를 맛봤다.

하지만 그가 일으킨 격분은 대부분 전투기 지휘부에 집중됐다. 한 불쌍한 군인이 영국에서 진행 중인 전투를 괴링에게 보고하는 불운을 맡았다. 괴링이 보기에는 브리핑을 하는 전투기 공군 사령부의 지휘관 역시 총통의 지시를 완수하지 못해 독일 국민을 저버린 여러 장교 가운데 하나였다. 하지만 전투기와 폭격기 지휘관뿐만이 아니었다. 정보 장교들은 명백하게 실수를 저질렀다. 무능한 멍청이들이거나 노골적으로 거짓말하는 자들이었다. 어떤 자든 간에, 그를 목매달아 죽이리라! 괴링은 총통에게서 엄청난 압박을 받았다. 범인이라면 죽고 싶을 정도의 압박이었고, 그는 혼자서 그 모든 비난을 뒤집어쓸 생각이 없었다.

그는 총통에게 약속했다!

이제 상황을 바로잡을 시간이었다.

그는 전날의 소모전 결과를 눈으로 훑었다. 그를 프랑스의 해안으로 날아오게 한 숫자들이었다. 그는 종잇장을 쏘아보며 넘겼다. 지금까지 벌어진 군사행동 중에서 하루 중 출혈이 가장 컸다. 수십 대의 중폭격기와 더불어 셀 수 없이 많은 전투기가 격추 혹은 실종됐다. 정확한 수치를 누구도 알지 못했지만 이후로도 피해 숫자는 속속 도착하고 있었다.

그는 뒤로 앉아 고개를 저었다. 폭격기와 전투기가 너무 많이 격추됐다. 숙련된 조종사들이 너무 많이 사망했다. 그는 그 항공기들이 필요했다. 조종사들도 절실했다. 총통은 이미 다음 침략 장소로 현재 동맹으로 부르는 나라, 곧 소비에트 연방이라고 언급한 바 있었다. 소비에트 연방은 유럽보다 세 배나 크고 스탈린이 전투에 투입하려 준비한 사람만 해도 수천만 명이 되기 때문에 거대한 임무가 될 것이다.

그런데 그는 아직도 프랑스에 갇혀 루프트바페로 피 말리는 작전을 수행하고 있었다.

그는 전투기 지휘부에서 폭격기를 보호할 책임이 있는 야크트게슈바더(Jagdgeschwader)를 이끄는 장군을 노려봤다. 현재까지는 RAF 전투기들에 맞선 싸움에서 패했다고 볼 수 있었다. "처칠은 어디에서 이 전투기를 전부 공수했는가?" 괴링은 물었다.

장교는 멈칫했다. 감히 진실을 말해야 할까? "사령관님, 저희 판단에는" 그는 마침내 설명을 시작했다. "차이가 벌어지고 있습니다. 몇 대만 더……"

"몇 대만 더 뭐라고?" 괴링은 의자에서 튀어 오르면서 고함을 쳤다.

그는 장신으로 가슴과 어깨가 단단했다. 구불구불한 머리칼, 잘생긴 얼굴에 매우 결의에 찬 눈동자를 가졌다. 하지만 지금 그의 모습은 경직되고 엄했으며 처진 입술에서는 으르렁대는 소리가 났다. "우데트(Ernst Udet) 장군, 무슨 판단을 한다는 것인가. 아군의 전투기 수백 대, 폭격기 수백 대가 더 있으면 처칠이 항복한다는 겐가? 그는 지금 우리를 비웃고 있네!" 괴링은 화가 나 손가락을 해협을 향해 찔러댔다. "그는 전 세계 최고의 공군을 파괴하면서 비웃고 있어. 총통이 괴로워하는 모습을 비웃고 있는 것이네. 자네는 수긍할 수 있는가?"

장군은 루프트바페 최고 사령관에게 눈을 고정하고 등을 똑바로, 어깨는 곧게 유지했다. 전 세계 최정예 전투부대에서도 가장 뛰어난 장교였다. 그는 선별되어 훈련을 받은, 깊은 곳에서부터 자긍심이 있는 사람이었다.

"우데트 장군, 수긍할 수 있는가?" 괴링은 쉿소리를 내며 반복적으로 물었다. "아닙니다, 사령관님. 그렇지 않습니다."

"그렇다면 우데트 장군은 무슨 일을 할 텐가?" 우데트는 마침내 눈길을 회피하고 말았다.

괴링은 그가 자괴감을 느끼도록 잠시 내버려뒀다. 그리고 일어나 브리핑실 앞을 향해 힘차게 걸어갔다. "내가 도와주지, 장군. 우리가 무슨 일을 할지 말해 주겠네."

야크트게슈바더는 브리핑 테이블에서 멀어졌다.

괴링은 다른 공군 장교들을 바라봤다. "우리는 무선 폭격의 가능성에
대한 테스트를 끝냈네." 그가 발표했다.

전투가 계속되다

독일 측은 폭격을 이어가는 것 외에 대안이 없었기 때문에 폭격기를
계속 보냈다.

8월 16일 아침에는 250대를 보냈다. 오후에는 350대의 폭격기가
추가로 공격에 나섰다. 어느 시점에는 남동부를 담당하던 RAF 전투
기 비행중대에서 출격 가능한 모든 인원이 끔찍한 전투에 투입됐다.

독일은 18일 오전에 250대를 공격에 더 투입했다. 오후에도 보냈
다. 이후에도 공격이 두 차례 더 진행됐다. 이날 독일은 71대를 잃었
다. 영국은 27대의 전투기가 격추됐다.

만약 RAF가 독일군과 일대일 비교를 할 수 있는 사치를 누렸다면
이런 손실률에 열광했겠지만 현실은 그렇지 못했다. 다우딩은 조종사
가 부족했다. 너무 많은 조종사가 전사했다.

급한 대로 필요를 채우기 위해 그는 조종사의 교육 시간을 더 단축
했다. 스핏파이어와 허리케인을 몰고 나타난 나이 어린 조종사들이
준비가 더욱더 안 돼 있다는 의미였다. 신참들이 최초의 접전에서 사
망하는 사례가 증가했다. 사망률이 급격히 치솟았고 다우딩에게는 더

많은 조종사가 필요했다.

어린 조종사들이 견뎌야 했던 전투 환경은 절대적으로 열악했다.

전투는 최강의 전투 조종사라도 육체적으로 기진맥진할 정도였다. 추위에 딱딱하게 굳은 팔다리를 움직이기 위해 사력을 다해야 했고, 위협이 닥치면 매우 짧은 순간에 거의 초인적인 민첩성을 발휘해야 하는 일이 끝없이 이어졌다. 빠른 속도로 관성력을 쌓은 뒤 방향이 변화해 위장이 뒤집히는 환경이더라도 육체적으로 완전히 무감각해져야 했다 …… 입은 산소를 들이마시느라 바짝 마른다. 눈은 휘발유, 석유, 배기가스가 조종석으로 흘러들어 오는 가운데 태양을 응시하기 때문에 따끔거린다. 귓속으로는 무전이 쉴 새 없이 들어오는데 잡음과 명령, 경고, 고통과 절망의 끔찍한 울부짖음으로 시끄럽다. 조종하면서 늘 염두에 둬야 할 것은 …… 수갤런의 고옥탄가 연료와 수백 발의 탄약이 자신을 몇 초 안에 불타는 횃불로 만들 수도 있다는 사실이었다. 전투기 위나 뒤편 태양이 닿지 않는 어디에선가 또 다른 19~20세 정도인 조종사가 달려들면 …… 조종사의 운명은 1초도 지속하지 않는 화염 속에 불타 없어져 버리는 것이다.

—마이클 코다 《With Wings Like Eagles》 중에서

하지만 이런 경우처럼 찰나의 죽음을 맞는 자비를 누리지 못하는

상황도 더러 있었다. 더 잔혹한 방법으로 숨을 거두는 조종사들도 있었던 것이다. '지상 통제본부에서 일하던 많은 여자공군 보조 부대원들은 청년들이 두 팔에 심한 화상을 입어 조종석을 밀고 나오지도 못하고 불길에 휩싸인 채 갇혀서 울부짖는 소리를 이어폰으로 들어야 했던 상황을 아직도 기억한다.'

영국 남부의 하늘이 완전히 비행운으로 뒤덮인 날들도 있었다. 그 아래에 있는 시민은 거의 정상적인 일상생활을 하고 있었으니, 기묘한 광경임에 틀림없었다.

때때로 그들은 파란 하늘에 비행운의 미로가 나타나는 것을 보고 무슨 일이 벌어지고 있을까 하고 위를 올려다봤다. 간혹 공격을 받은 비행기가 오렌지빛 섬광이나 검은 연기를 내뿜었다. 이따금 낙하산이 천천히 하강하면 아군일까 적군일까 궁금해했다 …… 폭탄, 조종사, 승무원, 빈 탄피, 손상된 비행기의 불타는 파편 외에도 비행기 전체가 연기, 화염과 글리콜의 흰 구름에 휩싸여 하늘에서 떨어질 때도 있었다. 사람들은 자신의 일상에 전쟁이 급작스럽고 예기치 않게, 말 그대로 난데없이 끼어드는 데 익숙해졌다.

—마이클 코다 《With Wings Like Eagles》 중에서

격추된 독일 폭격기 대부분은 4인승으로, 규모가 매우 큰 폭격기에

속했다. 이는 독일이 RAF보다 더 크게 항공기의 타격을 입었고 탑승자 면에서도 4배의 손실을 당했음을 뜻했다. 게다가 독일 측의 손실은 대부분 영국 상공에서 일어났기 때문에 탈출이란 곧 포로로 잡힌다는 것을 의미했다. (영국 해협의 찬 바다에서 탈출하는 것은 양편 모두에게 고통이었다. 저체온증으로 사망할 확률이 매우 높았기 때문이다.)

영국에 대한 끊임없는 공격과 이 과정에서 독일이 입은 막대한 손실, 세계 최강의 공군인 루프트바페의 최대 노력, 그리고 괴링의 위협, 불평과 간청에도 전투에는 진전이 거의 없었다.

8월 18일이 되자 히틀러는 마지못해 바다사자 작전을 9월 17일로 미뤘다.

전쟁이 더 치열해지다

8월 중순, 독일군은 괴링이 지휘관들에게 브리핑한 대로 새로운 전략을 채택했다.

무선 전파와 관련해 새로 개발된 기술을 바탕으로 독일의 루프트바페는 표적인 군수 산업체를 야간에도 상당히 정확하게 폭격할 수 있었다. 야간 공격에 대한 RAF의 방어 능력은 극히 제한적이었다. 독일은 새로운 역량에 힘입어 낮에는 비행장을, 밤에는 표적인 산업체를 폭격하는 두 갈래의 공격을 시작했다.

다우딩은 위협이 점점 더 커졌음에도 침략을 9월 말까지 지연시키기 위해 그의 병아리들을 충분히 살려둔다는 오로지 한 가지 목적만을 고수했다. 이제 그는 인내하면서 몇 주만 더 견디면 됐다.

하지만 그의 조종사들이 계속 버텨낼 수 있을지에 대해서는 확신이 점점 줄어들었다.

∙

공방전은 8월의 남은 날들과 9월의 첫 주까지 강도를 높여가며 계속됐다. 낮에는 모든 전진 비행정이 공격 가능한 표적이었다. 밤에는 포츠머스, 리버풀, 버밍엄과 같은 대도시들이 폭격당했다.

8월 31일 다우딩의 전투기 사령부는 하루 기준으로 최고치의 손실을 기록했다. 39대의 전투기가 격추되고 14명의 조종사가 사망한 것이다. 이날 독일은 41대의 항공기를 잃었다. 9월 1일 독일은 450대의 항공기를 가지고 비행장을 다시 공격하기 시작했다. 전쟁이 시작된 이래 처음으로 영국군이 독일과 동일한 숫자의 비행기를 잃는 사태가 벌어졌다.

RAF는 독일의 압도적인 비행기 숫자와 끝없이 밀려오는 공격, 숙련된 조종사의 사망, 조종사들의 탈진을 지루할 정도로 견뎌내야 하는 상황 때문에 차츰 약해졌다.

조종사들은 매우 지쳐있었다. 한 조종사는 착륙하자마자 앞으로 고꾸라져 제어장치 위로 푹 쓰러져 버렸다. 지상 부대는 그가 죽었다고 생각했지만 항공기로 달려가 보니 조종사는 엔진을 켜놓은 상태로 잠들어 있었다 …… 지상의 인력들도 끝없는 폭격에 정신이 나가 있었다. 지상근무단은 포화를 받으면서 항공기를 재급유하고 재무장시켰으며 근처에 포탄이 떨어지는 와중에서도 작업을 계속했다. 젊은 여성들은 폭발하지 않았거나 지연 작동하는 폭탄을 트랙터를 사용해 활주로에서 제거했다. 분명 위험을 의식하지 못한 행동이었다.

—마이클 코다 《With Wings Like Eagles》 중에서

어떤 비행중대는 조종사의 숫자가 애초 배정된 수준의 절반에도 못미쳤다. 이착륙장들은 파괴됐지만 삽과 불도저로 계속 복구할 수도 없는 일이었다. 항공기 수리를 위한 격납고는 사라졌다. 탈진한 조종사들이 먹고 잠을 자는 막사는 박살이 났다. 9월 6일전투기 사령부는 한계점에 도달했다. 마침내 독일 인들은 전투기 사령부가 영국 해협, 템즈와 도버 강의 영국 남단의 제공권을 체계적으로 파괴한다는 침략의 전제조건 달성을 눈앞에 두고 있었다.

독일군은 RAF를 옴짝달싹 못하게 만든 이점을 십분 활용할 수 있었고, 또 그렇게 해야 했다. 그들은 RAF를 끝장내야만 했고 이것만

이뤄낸다면 영국 본토 침략이 가능했다.

하지만 그들은 대의를 밀어붙이지 못했으니, 그 이유가 주목할 만하다.

블리츠 37, 독일 하인켈 He 111 중형 폭격기
영국 남동부 상공

"상승!" 등 사수(dorsal gunner)가 산소마스크를 통해 외쳤다. 그는 RAF 허리케인 한 쌍이 마치 굼뜬 먹잇감을 쫓는 사자처럼 꼬리날개로 접근해 늘어서 있는 장면을 목격했다. 총은 발포되었지만 이미 배 사수(ventral gunner)는 사망했기에 허리케인의 공격에 무방비 상태였다.

"상승! 상승! 오른쪽으로!" 사수는 다시 소리를 질렀다.

너무 늦었다. 허리케인이 사격을 시작했던 것이다. 그는 백열 상태의 예광탄이 혀를 날름거리며 자신을 향해 다가오는 것을 목격했다. 죽음의 선이다. 내장이 단단해진 나머지 위에서 역류한 음식물을 가까스로 삼켜야 할 지경이었다. 죽음의 선이 그를 죽이러 접근하고 있었다.

"상승!" 그는 마지막으로 외쳤다.

하인켈은 상승은커녕 하강하다 구름을 향해 돌진했다. 사수는 의자에서 들려 무중력 상태의 느낌이 들었다. 안전띠가 아니었다면 조종실 덮개에 머리를 찧었을 것이다. 바람 때문에 하강속도가 더 강해져서 마치 철의 파편처럼 150~180미터 아래에 있는 구름층을 향해 강하했다. 두 대의 허리케인이 뒤를 쫓았다. 휘영청 밝은 달과 별빛을 받은 부드러운 구름층이 폭격기에 돌진하는 것처럼 보였다. 조종사는 기수를 더 세차게 밀었고 사수는 다시 한 번 무중력의 느낌을 받았다. 항공기는 한계속도를 훨씬 넘긴 상태라는 것을 알 수 있었다. 금속 용접부 사이로 바람이 새된 소리를 내고 있었고 기체를 따라 박혀있던 못이 몇 개 튀어나왔다. 문득 사수는 8문의 기관총을 장착한 허리케인과 자신이 탄 항공기가 공중분해 하는 것 중 무엇이 더 무서운 일인지 궁금해졌다. 그리고 뒤를 돌아봤다가 눈이 커졌다. 허리케인이 멀어지고 있었다. 그러다 갑자기 획! 사라져 버렸다. 연회색의 구름층이 깜깜한 어둠을 삼켜버렸다. 조종사가 수평비행을 시도하자 그는 강한 관성력으로 의자 뒤로 파묻혔다. 머리가 앞으로 쏠렸다. 시야가 좁아졌다. 각각 27킬로그램씩 나가는 양팔은 무기 위로 떨어졌다. 폭격기의 기수가 들려서 흔들리다가 수평을 찾았다. 사수는 침을 삼키고 꼬리날개 부분을 살폈다. 허리케인은 없었다. 스핏파이어도 없었다. 그들은 구름 속에 숨어있었던 것이다.

물론 허리케인들만 있는 것이 아니었다. 이 주변에서 날고 있는 다른 독일 폭격기들이 얼마나 있을까?

조종사가 구름이 없는 곳을 찾으면서 기체가 흔들렸고 상승하기 시작했다. 달이나 별빛을 희미하게만 받더라도 구름 속의 완전한 어둠보다는 훨씬 밝을 것이다.

사수는 금속 바닥 위로 피가 흐르는 것을 발견했다. 다른 사수가 머리를 정통으로 맞아 죽어있었다. 기체에는 가스와 석유, 피비린내가 진동했다. 그는 얼굴에 쓴 마스크를 조이고 신선한 산소를 마시면서 눈을 감았다.

조종석의 앞에 있는 조종사는 거의 40초 동안 숨도 쉬지 못했다. 비행은 가장 기본적인 임무였지만 구름 속을 날아가는 동안 기체의 수평을 유지하느라 고투하면서 계기판에 몰입했기 때문이었다. 오른쪽에 앉은 항법사는 조종 계기를 훑고 있었다. "괜찮아 보이는군." 사실이 아니었지만 그는 그렇게 말했다. 방향감각을 상실해서 아래에서 위로 올라가고 있다는 것을 몰랐던 것이다. 설령 기체가 지면을 향해 돌진했더라도 그는 알아차리지 못했을 것이다. 조종사는 깜깜한 구름이 점점 엷어지는 것을 발견했고 그때야 비로소 숨을 들이마셨다. 몇 초 후 그들은 구름을 벗어났다. 그는 다시 하강하면서 폭격기가 층운 바로 위를 비행하도록 유지했다. 층운은 완전히 부드러웠고 조종사는 기수가 구름에 거의 닿을 정도까지 붙였다. 항법사는 머릿속이 빙빙 도는 것을 가라앉히고 방위를 찾기 위해 고군분투하면서 주위를 둘러 봤다.

한동안 다들 말이 없었다. 모두 숨도 쉬지 않는 것 같았다. 그들은 다시 한 번 죽음을 피한 것이다. 하지만 죽음이란 시기가 많은 추격자다. 포기하지 않고 따라올 것을 그들은 알고 있었다.

"우리 비행에서 나는 얻은 것이 없네." 사수가 침묵을 깨기 위해 입을 열었다. 모두 그가 적의 폭격기들을 더 이상 관찰하지 않고 있다는 것을 알고 있었다. 봤다면 마스크에 대고 계속 소리를 쳤을 것이다.

곧바로 조종사가 물었다. "표적은 어디에 있나?"

아무도 답을 하지 않았다.

모두 몰랐던 것이다.

군사작전이 선회하는 데는 여러 이유가 있다. 뛰어난 장군이 천재성을 드러낼 수 있고, 신무기를 사용해 적군이 아직 대응할 수 없는 새로운 전술을 펼 가능성도 있다. 어떤 전투에서는 용기 있는 위대한 행동으로 전쟁의 운명이 갈리기도 하고 사람이 어찌할 수 없는 이유로 작전이 변경되는 일도 있다.

브리튼 전투는 독일의 한 공군이 작지만 의미심장한 실수를 저지르면서 방향이 바뀌었다.

히틀러는 민간인을, 특히 런던 시를 폭격하는 결정을 항상 미뤄왔다. 이 점에 관해 그의 의지는 매우 분명했다. 자신의 지시가 떨어지기 전까지는 아무도 런던을 폭격할 수 없다고 강력히 주장했다. 이 같은 관용은 그가 인간적인 감정에 얽매여서라기보다는 영국이 항복할 기회가 있다고 여전히 믿었기 때문이었다. 그는 자신이 자제력을 발휘하면 영국의 타협자들이 처칠을 물러나게 할 것으로 믿었다. 하지만 반전주의자들일지라도 루프트바페가 순수한 민간인을 공격한다면 태도가 뻣뻣해질 것을 알았다. 괴링은 이를 잘 알고 있었다. 그리고 그의 조종사들도 모두 숙지하고 있었다.

다시 블리츠 37, 독일 하인켈 He 111 중형 폭격기
영국 남동부 상공

야간 폭격의 이론은 꽤 간단하다.

그러나 현실에서의 적용은 또 다른 이야기다.

이론상으로는 승무원이 파악된 무선전파 센터를 활용해 위치를 확인한다. 두꺼운 구름층을 지날 때나 야간에도 무선 송신기에서 나오는 360 방사상을 활용해 그들의 위치를 확인할 수 있다. 분명 시스템은 개발 초기 단계에 있었고 영국은 독일의 시스템이 어떻게 작동하는지 이해하지도 못했다. 하지만 가장 기초적 수준인데다 백 퍼센트 정확하지 않더라도 독일은 폭격에서 이전에는 불가능했던 새로운 영역에 접어들었다. 밤에 폭격할 수 있다는 것으로 어둠의 보호 장막을 벗겼다. 물론, RAF에 운이 따르고 달이 밝아서 조종사들이 독일 폭격기의 위치를 판별할 수 있다면 격추당할 가능성도 있을 것이다. 하지만 대체적으로는 독일의 야간폭격 때 저격률은 상당히 높았다.

그렇더라도 새 무기 체계를 사용할 때는 일을 그르칠 가능성도 높았다. 폭격 조종사가 실수를 범할 수도 있었다. 흔히 있는 일이었다. 공중에서 생사를 가르는 전투가 벌어질 때 어두운데다 아직 제대로 그 기능이 확인되지 않은 무선전파를 전적으로 따를 조종사들이 얼마나 되겠는가? 지상의 무선 송신기가 넘어질 가능성도 있었다. 이 역시 흔히 벌어지는 일이었다. 그리고 항공기의 계기판이 오작동하거나, 블리츠 37처럼 정통으로 사격을 받을 수도 있었다.

◀●

전투원들은 4~5분간 허공에서 휘청댔다. 전열은 완전히 흐트러져서 각 조종사는 영국 영공에서 무방비 상태에 있었다. 오른편에서는 이따금 폭발과 예광탄을 볼 수 있었다. 전투가 계속되고 있더라도 구름 깊숙이 들어가면 갈등의 핵심부에서 잠시 비켜날 수 있었다.

홀로 남겨지고, 무방비 상태에, 호위 전투기 하나 없이, 연료도 얼마 없는 상태에서, 전투 대원 하나는 이미 사망한데다, 기체는 손상됐으며, 연료는 계속 줄어드는 마당에 죽음을 무릅쓰고 영국 해협을 건너

폭격으로 무너진 집, 런던 시의 민간인들이 폭격으로 피해를 입자 영국은 전면전을 준비한다.

긴 비행을 해온 조종사는 폭탄 투하실에 가득한 폭탄이 떠올랐다.

그렇다면 결정은 간단했다.

폭격기 아래에 있는 구름은 때때로 엷어져 영국의 환한 조명을 통해 단서를 포착할 수 있었다. 그는 런던 시 남쪽 어딘가를 날고 있다고 추정했다.

그들의 표적은 런던의 남쪽 아닌가!

이것만으로도 충분했다.

그들은 폭탄 투하실을 열고 680킬로그램의 폭탄을 방출했다.

이내 그 아래에 살고 있던 수십 가구가 치명적인 화염에 휩싸였다.

독일의 폭격기에서 동쪽으로 8킬로미터, 900미터 상공에 있던 한 젊은 영국 조종사는 달빛을 가로지르는 섬광을 포착했다. 즉각 하인켈 특유의 형체임을 알아차렸지만 따라잡기에는 거리가 너무 멀었다. 게다가 연료도 부족했다. 사실은 완전히 바닥난 상태여서 엔진에서는 털털거리는 소리가 나기 시작했다.

그래도 맨슨은 그다지 큰 걱정을 하지 않았다. RAF의 비긴 힐 비행장이 왼쪽으로 20킬로미터 거리에 있었고 최악의 상황에서는 비행장으로 미끄러져 내려갈 수 있을 정도의 고도였다. 다행스럽게도 그의 본거지는 폭격을 당하지 않았다. 독일군은 야간에 폭격할 때 활주로와 같은 작은 표적은 공격하지 못했던 것이다. 이 때문에 맨슨은 착륙 장소에 대해 큰 염려를 하지 않았다.

그래도 독일군 폭격기 한 대가 도망가는 모습을 보자 추격을 할까 하는 마음이 들었다. 약간의 연료만 있었더라도 그는 분명 따라갔을 것이다.

치명적인 실수

8월 24~25일의 운명적인 그 밤, 한 독일군 조종사가 저지른 실수로 런던의 한 지역이 우발적인 폭격을 당했다.

처칠은 런던을 비롯한 인구밀집 지역들이 언젠가는 폭격을 당할 것으로 예상해왔다. 이에 폭격 사령부에 가능한 신속하게 보복할 수 있도록 준비하라고 지시했다. 물론 그는 독일 인들이 단순 실수를 저질렀는지 알지 못했다. 독일이 런던의 민간인들을 공격하면서 전선을 확대했다는 보고를 들은 그는 즉각 베를린에 보복 공격을 지시했다.

히틀러는 런던에 대한 우발적인 폭격 소식을 간발의 차로 놓쳤고, 처칠이 독일의 인구밀집 지대를 공격했다는 소식에 분개했다. 결국, 선의를 베푼 데에 대한 그의 보답이 베를린의 폭격이라니! 광분한 그는 괴링에게 런던에 보복공격을 명령하면서 선언했다. "그들이 우리의 도시를 공격한다면 우리는 저들의 도시를 완전히 쑥대밭으로 만들겠다! 우리는 적들의 공중 해적들이 저지르는 살인적인 행위를 저지할 것이다. 신이여 우리를 도우소서!"

그리하여 히틀러는 매우 중요한 정보를 듣지 못한 채, 그리고 영국의 비행장과 군수시설을 밤낮으로 가차 없이 폭격한 결실을 보기도 전에 전략을 수정하고 말았다. 루프트바페는 그들을 승리로 이끌 수 있는 유일한 전략을 버리고 민간 표적을 폭격하라는 지시받았다. 폭격 지시는 특정한 전술이나 전략적 고려보다는 순전히 히틀러의 복수 야욕에서 결정됐다.

이 같은 전술의 변화로 전쟁의 결과도 뒤집어졌다.

영국 도시의 공격은 9월 7일에 폭격기 300대와 전투기 600대로 시작됐다. 독일군은 그 이튿날에도 왔다. 다음 날 밤에도. 또 그 다음 날 낮과 밤에도 공격이 이어졌다. 다우딩의 전투기들은 온 힘을 다해 막아내면서 독일군에 중대한 손실을 입혔지만 매일 수백 명의 런던 시민이 사망하고 말았다.

전투 사령부가 의미 있는 저항을 지속한다는 사실에 괴링은 상당히 스트레스를 받기 시작했다. 몇 주 동안 그의 정보 장교들은 영국 전투 사령부의 전투기가 200대 수준으로 줄었다고 보고했던 것이다. 하지만 시간이 흘러도 스핏파이어와 허리케인이 하늘에서 출몰했고 그가 버틸 수 없는 수준으로 항공기를 박살 내고 전투 대원들은 전사했다.

괴링은 완전히 당황했다.

그들은 영국의 제공권을 확보하지 못했다. 침략군은 얄밉도록 완강한 RAF에게서 자유롭지 못했다.

침략 날짜를 재차 미룰 수밖에 없었다.

전환점

9월 11일에 런던과 다른 주요 도시에 대한 일련의 공습이 감행됐다. 독일군은 주간에 500대의 폭격기를, 야간에 200대의 폭격기를 내보냈다. 이날 다우딩은 독일군보다 더 많은 항공기를 잃었다. 아주 불길

한 조짐이었다. 이 추세가 계속된다면 티핑 포인트가 순식간에 독일 측으로 넘어갈 수 있었다. 더욱 우려스러운 점은 사상 처음으로 독일인들이 다우딩의 귀중한 레이더를 일부 교란시키는 데 성공했다는 사실이었다.

9월 15일은 가장 중요한 날이었다. 실상 이날 전쟁의 결과가 최종적으로 판가름났다.

괴링은 RAF 전투 사령부가 심각하게 약해졌음을 감지하고 또 한 번의 대대적인 공격을 지시했다. 프랑스에서 250대의 항공기를 정렬했다. 영국의 레이더는 다가올 공격을 감지했다.

다우딩은 본능적으로 전략을 수정할 시간임을 알아차렸다.

그는 전투 사령부에 지금까지 해온 것처럼 극히 적은 숫자로 거침없는 전투 공격에 나서는 대신 전면적인 대응에 나설 것을 명했다. 이제 숨길 것이 없었다. 독일의 폭격기와 호위 전투기를 맞으러 비행중대를 연달아 내보냈다.

독일군은 영국 공해에서 그들을 기다리고 있던 영국 공군의 숫자에 대경실색했다. 몇 주 동안 그들은 영국 전역에 오로지 한 줌의 전투기만 존재한다고 들어왔지만 이제 와보니 목표에 닿기까지 넘어야 할 스핏파이어와 허리케인의 파도는 높았다!

500대 이상의 항공기가 거대한 공중전을 벌이면서 역사상 위대한 항공 전투의 한 장면이 영국 남단의 상공에서 전개됐다. 같은 날 오후에 독일 폭격기들이 추가로 몰려왔고 다우딩의 병아리들은 온몸으로 막아냈다. 이날 독일은 60대의 항공기를, RAF는 26대의 전투기를 잃었다.

독일 지도부는 결국 쓰디쓴 진실을 직시할 수밖에 없었다. 수백 대의 값비싼 폭격기와 수천 명의 숙련된 조종사들을 잃고도, 독일은 졌다. RAF는 무너지지 않았다. 제공권은 얻어내지 못했다. 조만간 닥쳐올 겨울에 영국 해협을 건너라는 명령이 떨어진다면 여전히 독일 공군은 안전할 수 없었다.

이튿날 히틀러는 바다사자 작전을 무기한 연기하라고 명령했다.

브리튼 전투에서 패하고 만 것이다.

승리는 무엇을 의미했나

다우딩의 신중한 전략은 맞아떨어졌다. RAF는 막대한 손실을 보았지만 살아남았다.

하지만 다우딩을 포함한 대영제국의 그 누구도, 히틀러나 괴링, 또는 독일의 최고 사령부도, 실은 처칠조차도 이 승리가 미친 어마어마한 파문을 알아차리지 못했다.

전쟁의 전체 흐름이 뒤바뀌고 말았는데도 말이다.

1940년 9월 중순 히틀러는 전투에서 졌다. 그는 아마 몰랐겠지만 천 명 정도밖에 안 되는 사람에게 진 것이다. 영국 침략과 정복에 성공하지 못한 히틀러는 소련으로 눈을 돌려 독일군의 희생을 키웠다. 전쟁은 미국이 일본의 진주만 공격을 받고 개입할 때까지 연장됐고, 이에 독일은 세계의 최강대국인 세 나라와 겨루게 됐다.

—마이클 코다 《With Wings Like Eagles》 중에서

◗

2차 세계 대전은 5년 동안 처참하게 이어졌다. 역사상 그 어떤 전쟁보다 훨씬 더 큰 비용이 든 전쟁이었다. 무려 5,000만 명의 사람이 사망했다. 소련과 중국의 허술한 기록으로 실제 수치는 검증할 수 없지만, 사망자의 숫자가 이보다 훨씬 더 많다는 주장도 있다. 어떤 기준으로 보더라도 전쟁은 대격변을 일으킨 사건이었다.

그리고 영국 국민의 고통은 이제 시작이었다. 이후 몇 개월 동안 그들은 블리츠(독일의 영국 대공습—옮긴이)의 공포를 견뎌야 했고 독일군이 주요 도시와 소도시들을 주로 밤에 끊임없이 공격하는 동안 5만 명 이상이 사망했다. RAF는 어둠 속의 독일 폭격기를 탐지하고 격추할 수 있는 효과적인 방안을 찾지 못했고 영국은 무자비한 공격을 계속 견뎌낼 재간이 없었다.

하지만 히틀러는 영국을 침략하지 못했다는 사실 때문에 자신의 광기를 다른 누군가에게로 돌리고자 했다. 군대 역사상 최악의 계산착오로 히틀러는 군사력을 소비에트 연방으로 돌렸고 이 과정에서 그자신의 군대를 희생시켰다. 셀 수 없이 많은 독일 군사들이 동부전선에서 벌어진 전투에서 사망했다. 반면 스탈린은 제3제국(히틀러 치하의 독일―옮긴이)과의 전쟁에서 수천만 명의 자국민을 기꺼이 희생시킬 의지가 있었으니 스탈린이 누린 이점은 실로 어마어마했다.●

이렇게 연장된 히틀러의 전쟁은 미국이 일본의 진주만 공격으로 갈등에 휘말려 들 때까지 계속됐다. 이 전쟁으로 미국은 군사와 산업적인 힘을 조직하고 키울 수 있었다. 일단 미국이 전쟁에 끼어들자 전략적 환경이 극적으로 변화했다. 미국이 전면 개입하자 결과는 거의 굳어진 바나 다름없었다. 독일이 핵무기 개발에 공을 들이고는 있었지만 미국보다 먼저 성공하지 않는 한 독일이 패배를 모면할 가능성은 희박했다.

●
러시아 군대와 전쟁에서 사망한 민간인에 대한 정확한 수치는 검증이 어렵다. 러시아의 손실 추정치는 1,700만 명(http://www.worldwar2database.com/html/frame5.html)에서 2,800만 명(http://www.civilianmilitaryintelligencegroup.com/?p=3337)에 달한다. 1993년에 러시아 과학 아카데미의 발표로는 소련의 전체 사망자 수를 2,660만 명으로 추정한다. (안드레예프의 《Naselenie Sovetskogo Soiuza, 1922―1991》과 마이클 엘만, 막스토프의 "Soviet Deaths in the Great Patriotic War: A Note," 671―80쪽을 참고하였다.)

만약에?

다우딩이 전투 사령부를 이끌지 않았다면 어땠을까? 만약 그가 반대자들에게 굴복해서 영국 본토 수비에 혁혁한 공을 세웠던 스핏파이어와 허리케인을 개발하지 못했다면? 그가 레이더를 신뢰하지 않았다면? 그가 신중하게 계산해 대응에 나선다는 큰 그림을 마지못해 포기하고 매번 폭격이 일어날 때마다 전투기를 잃고 말았다면?

RAF는 무너졌을 것이다. 그렇다면 히틀러는 영국 침략에 성공했을 것이다.

아니면 대영제국이 히틀러의 강화협정을 받아들였다면 어떤 일이 벌어졌을까? 영국이 히틀러에게 나머지 전 유럽을 피와 공포로 지배할 무제한의 자유를 부여했다면? 그러고도 히틀러는 자신의 관심을 다시 영국으로 돌렸을 것이라는 데 의심의 여지가 있을까? 지리적으로 세계에서 단절된 영국이 방어에 성공할 가능성은 제로에 가깝다.

브리튼 전투에서 영국이 패하여 본토가 침략을 당했다면 어땠을까? 영국 해외파견군은 됭케르크에서 필사적으로 철수하던 시기에 탱크, 대포와 기관총 전부를 버려야 했기에 장비들이 극히 부족했다. 반(半)유인의 소수 사단과 부족한 장비를 가지고 이미 서유럽 전체를 쑥대밭으로 만들면서 자신의 능력을 입증한 세계 최강의 군사에 맞서 스스로 보호할 수 있었을까?

대영제국이 패했다면 미국은 기꺼이 유럽의 전쟁에 개입했을까? 설사 개입의지가 있었더라도 영국이 중요한 대기기지를 제공하지 않았다면 무슨 일이 있었겠는가? 대기기지는 미국이 전 유럽을 침략에서 재탈환하는 기념비적 임무에서 결정적 역할을 해낸 군사자원을 사전에 전개배치 할 수 있도록 기여했다.

영국이 정복을 당했다면 독일과 일본에 맞선 미국의 전쟁은 매우 다른 환경에서 진행됐을 공산이 크다. 독일군은 영국의 최강 해군으로 대서양을 장악할 수 있었을 테고, 미국은 유럽의 전쟁을 지지하는 일이 불가능까지는 아니더라도 어려움을 겪었을 것이다.

이미 독일은 미국의 동부 해안을 폭격할 수 있는 수준으로 폭격기를 개발해왔다. 그들은 장거리 V-10 로켓을 개발하고 있었던 것이다. 게다가 그들은 핵분열에 공을 들이고 있었다. 연합국은 영국이라는 존재 없이는 이런 무시무시한 무기들의 개발을 저지할 방법이 없었다. 이후에는 독일이 영국을 시작으로 광범위한 폭격을 감행할 수 있었기 때문이다.

소련이 정복됐다면 어떨까? 미국, 영국과 연합국은 서부전선에서 독일군의 주요 병력에 맞서 싸우지 않았다면 소련은 정복됐을 가능성이 높다. 그리고 히틀러는 세계에서 가장 강력하고 부유하고 규모가 큰 유럽 대륙을 장악했을 것이다. 히틀러가 이 정도에서 만족했으리라 생각하는 사람이 몇이나 되는가? 근동과 중동은 히틀러 무리의 손에 떨어졌을까? 인도, 중국은 어떤가? 그는 어디에서 멈췄을까?

그렉 이스터브룩(Gregg Easterbrook)은 몇 가지 무시무시한 시나리오를 제시했다.

영국이 1940년 굴복했다면 독일에 대한 미국의 응전은 일어나지 않았을 것이고 유럽은 여전히 암흑의 지배를 받고 있을지 모른다. 혹은 미국과 소련이 궁극의 핵무기를 써서 나치에 승리를 거두려 시도하면서 유럽에서 핵전쟁이 벌어졌을 수도 있다. 이런 끔찍한 운명은 영국이 비용을 막론하고 계속 싸우려는 결의를 다졌기에 현실화되지 않았다. 민주주의 측에서 나타낸 호전성으로 전 세계가 이익을 본 사례다.

이상의 가정 중 어느 하나라도 실제 발생했다면 세계 역사는 매우 다른 방향으로 전개됐을 것이다.

하지만 어쨌든 영국은 브리튼 전투에서 승리를 거뒀다.

그리고 이 때문에 오늘날 수십억 명의 인구는 브리튼 전투가 패배했을 경우 꿈도 꾸지 못했을 자유의 축복을 누리고 있다.

1940년 11월 다우딩은 은퇴를 해야 했다. 아이러니하게도 RAF가 야간 전투에서는 무능한 역할을 했다는 게 주된 사유였다. 하지만 국민은 그를 잊지 않았다. 그의 옛 본부가 있던 벤틀리 프리오리(Bentley Priory)에는 이런 문구가 새겨진 청동판이 있다.

영국과 자유세계의 시민은 오늘날 누리고 있는 자유와 생활양식에 대해서 그에게 큰 빚을 졌다.

도버의 화이트 클리프, 영국의 남동 해안, 1941년 5월 16일

소년과 그의 여동생은 광활한 목초지에 서서 독일 폭격기가 프랑스의 기지로 되돌아가는 모습을 바라봤다. 오누이는 아직 어렸지만 두 눈에는 두려움이 아닌 증오가 깃들어 있었다. 독일 폭격기들은 아이들의 삶을 괴롭히는 존재였다. 저 항공기들이 얼마나 많은 숫자의 동포들을 죽음으로 몰았는지 아이들은 이해하지도 못했다. 하지만 아이들이 분명히 아는 사실이 하나 있었으니, 그들의 조부모는 이제 죽고 없다는 것이었다.

그들의 동포는 거대한 브리튼 전투에서 살아남았고 이어 독일이 수많은 영국 시민을 죽이거나 불구로 만들고자 했던 끔찍한 블리츠가 일어났다. 하지만 영국은 막아냈고 독일은 성공하지 못했다. 그리고 이제는 전투가 소련으로 옮겨붙었기 때문에 독일군은 이동해야 했다. 봄 내내 폭격은 빈도와 강도가 훨씬 덜해졌다. 독일의 마지막 공습이 벌어진 지 일주일이 다 돼 간다. 실제로도 상황이 많이 좋아져 오누이의 엄마는 곧 집에 갈 수 있다고 말했다.

아이들이 관찰하고 있는 사이 독일 폭격기는 절벽을 지나 광활한 바다를 향했다. 그들 뒤편으로 영국 전투기 한 대가 추격을 하고 있었다. 하지만 폭격기들은 가볍고 날쌔 곧 영국 해협의 찬 바다 상공에 떠있던 안개 속으로 사라졌다.

"그들이 간다." 동생이 중얼거렸다.

오빠는 고개를 끄덕였지만 대답을 하지 않았다.

둘 다 잠시 말이 없었다. 그러더니 발걸음을 돌려 사라졌다. 소년은 마지막으로 뒤를 돌아봤다. 제일 뒤편에 있던 폭격기가 이제 막 옅은 안개 속으로 사라지고 있었고 튼튼한 엔진의 소음이 드넓은 바다로 퍼져 나갔다. 아이는 알지 못했지만 그는 역사가 멀어지고 있는 모습을 목도하고 있었다.

영국에서 목격된 독일 대공습의 마지막 장면이었다.

자유는 어디에서 왔는가?

미국의 저명한 학자인 토머스 소웰(Thomas Sowell)은 언젠가 한 학생
이 역사 교수에게 물었던 질문에 관해 이야기했다. "노예제도는 어디
에서 유래됐습니까?"

교수는 답했다. "자네는 옳지 않은 질문을 하고 있네. 자유가 어디
에서 왔습니까? 라고 물어야 하네."

그리고 소웰 박사는 다음과 같이 설명했다. "노예제도는 인류의 전
체 조직에서 가장 오래되고 보편적인 것이네. 노예제도는 전 세계 사
람들 사이에서 존재해왔고 그 기원은 역사가 기록되기 시작한 때까지
거슬러 올라가지 …… 평범한 거대 군중에게 자유의 개념은 상대적
으로 완전히 새로운 것일세."

447

자유는 어떻게 탄생했는가? 그리고 어떻게 살아남았는가?

이 같은 가장 중요한 질문에 답하기 위해 이 책을 썼다.

우리는 이성, 개인의 책임, 개인의 자유, 평등, 법치, 자치권 등 매우 흔치 않은 가치들이 어우러져 존재할 수 있었던 환경을 만든 유럽과 기독교가 있었기에 자유도 존재한다고 주장한다. 유럽은 이런 개념들이 뿌리를 내리고 번성할 수 있도록 철학적인 유치원의 역할을 제공한 것이다.

이와 같은 사고는 서구에서 독특하게 발생했고 이를 수호하기 위해 피와 재물을 바쳤다. 인류의 사고에서 이런 진전이 있었기에 오늘날 수십억 명의 인구가 자유롭게 살아가는 축복을 누리게 된 것이다. 역사를 살펴보면 자유가 오늘날 서구세계라고 부르는 곳에서 두드러지게 발견되는 것은 아무런 대가 없이 갑자기 발생한 것이 아님을 알 수 있다. 도덕, 철학, 인간의 권리에 대한 존중, 정부 역할의 이해라는 이 놀랄 만한 그물망은 거저 나온 것이 아니다. 대가를 지불한 것이다. 그리고 오랜 시간이 걸렸다. 자유의 행진은 거의 꺼져 들어간 잉걸불에서 까맣게 타들어간 완전한 어둠과 같았다. 때때로 미풍이 불어와 불길을 살렸을지 모르나 다시 잉걸불로 되돌아갔다. 그리고 마침내 오늘날에 와서야 불은 활활 타올랐다.

하지만 중요하고 예측 불가능한 몇몇 사건이 아니었다면 자유는 오늘날 우리가 누리는 형태로 존재하지 않았을 것이다.

아시리아의 독재자가 마음을 바꾸지 않았다면 기독교가 태어난 유대인 공동체는 없었을 것이다.

테르모필레와 살라미스에서 일이 사뭇 다르게 진행됐다면 유럽은 동방의 철학과 문화의 또 다른 영역으로서 그리스의 민주주의 실험, 그리고 이 사상들을 전파시킨 로마 제국이 존재하지 못했을 것이다. 콘스탄티누스가 하늘에서 십자가를 봤다고 믿지 않았다면 기독교 유럽은 탄생하지 못했을 것이고 자유는 친구도 없이 유아기적 수준에 머물렀을 것이다.

카를 마르텔이 아니었다면, 몽골 칸의 죽음이 아니었다면, 그리고 신세계의 대담한 발견이 아니었다면 서구는 살아남지 못했다. 자유가 싹을 틔웠다 해도 결코 고향을 찾지 못했을 것이다.

끝으로 소수의 영국 조종사들의 담대함과 용기, 그들 지도부의 비전이 아니었다면 서구가 소중히 여겨왔던 이 모든 가치는 2차 세계 대전이라는 파멸적인 사건에 멸절됐을 것이다.

이 책에서는 그저 문제의 겉면만 다뤘다는 사실을 알고 있다. 역사를 바꾼 다른 사건들도 많고 우리가 추적해야 할 다른 주제들도 부지기수다. 이 책에서는 극히 일부만을 다뤘고 혹자가 보기에는 우리가 가장 중요한 사건을 놓쳤다고 생각할 수도 있다.

또한 우리는 '만약에?'라는 게임이 위험하다는 것을 알고 있다. 어떤 일이 벌어졌을까에 대한 우리의 결론이 빗나갔을 수도 있다.

하지만 결국 우리는 이와 같은 주장에 다다랐다. 세계의 역사는 이런 주요한 사건들에 의해 결정적인 방향이 잡혔다. 이 방향은 최근 몇 세기 동안 현대 서구가 이변을 만들어 냈기 때문에 전 인류가 오늘날 자유의 축복에 누릴 수 있게 된 것이다.

자유의 기적

또한 이 책은 자유의 존재가 기적이라는 대담한 주장을 제기했다.

독자가 동의할지 말지는 '인간의 자연적인 상태는 무엇인가?'라는 근본적인 질문에 대한 답이 좌우할지도 모른다.

아시리아, 몽골과 제3제국처럼 극도로 잔혹하고 개인의 자유를 완전히 무시하는 경우, 아니면 오늘날 세계의 많은 나라처럼 민주주의 정부 아래 살아간다는 특별하고도 드문 축복을 누리는 경우 중 어떤 것이 더 자연스러운가?

폭군들의 손에서 대중이 압제를 받는 것, 아니면 오늘날 많은 사람이 개인의 권한을 폭넓게 보장하는 헌법 아래 사는 것 가운데 어떤 편이 더 자연스러운가?

민주정부가 인간의 자연스러운 질서라면 왜 그런 정부 형태가 모든 시기나 장소에서 발전되지 않았겠는가? 예일 대학의 로버트 달 교수가 지적했듯 현대조차 민주주의의 역사가 50년 이상 되는 나라가 22

개국 밖에 되지 않는 이유는 무엇인가?

이 주제에 관련해 좀 더 구체적인 질문이 도움될지 모르겠다. 자유는 규칙인가, 아니면 예외인가?

역사는 어떤 편을 지지하는가?

국민이 자신이 원하는 형태의 정부를 구성할 권리가 있다는 개념이 보편적으로 지지받아왔는가? 국민이 법을 만들고 강제할 주체를 선택할 권리를 갖는다는 생각이 보편적으로 수용됐는가?

모든 사람이 생존, 개인의 자유와 노동의 결과물에 대한 권리를 포함해 특정한 기본권을 가지고 태어난다는 개념이 받아들여졌던가? 이런 권리들은 신이 부여한 것으로 내재적이며 양도할 수 없는 권리라는 것이 항상 이해됐는가?

모든 사람이 평등한 상황이 당연한가? 공평함을 확보하기 위해 헌신하는 정부를 발견하게 되는 일이 평범한 사건인가?

역사적으로 이런 상황은 거의 존재하지 않다시피 하는 정도로 드물었다.

대부분의 인류 역사에서 많은 사람이 자유의 희망을 전혀 품지 못했다. 대부분의 인류 역사에서 사람들은 더 큰 영향력, 더 많은 칼과 더 나은 총, 강한 무기, 거대한 부를 가진 자들에게 지배를 받았다. 대부분의 인류 역사에서 사회의 질서는 적자생존의 원칙을 따랐고 약한 자는 정부의 묵인하에 짓밟혔다.

앞서 살펴봤듯 19세기 전반의 프레더릭 바스티아는 그의 책《법》에서 '저절로 존재하는 것'은 불의라고 밝혔다.

역사를 간략히 살펴보더라도 이는 사실이다. 인간의 마음은 불의로 가득 차있다. 불의와 압제는 만물의 질서이다.

자유와 민주주의가 살아남으려면 반드시 불의를 몰아내야 한다. 물론 간단히 사라지지 않는다. 적극 물리쳐야 한다.

그리고 서구는 바로 이런 일을 성취해냈다. 수백 년 동안 서구는 종종 막대한 희생을 치렀고 불의를 몰아내면서 민주주의를 주장했다.

우리는 충분히 강한가?

자유의 존재 자체가 기적이라면, 오늘날 수십억 인구는 기적을 체험하고 있는 것이다. 우리는 지구 상에 살다 간 수많은 사람이 상상조차 하지 못했고, 누리고자 희망조차 못했던 그런 삶을 사는 것이다.

우리는 이 사실을 충분히 감사하고 있는가?

이 책 서두에서 우리는 자유를 누리는 자가 지구 상에 살다 간 사람들 가운데 '극히 일부'라는 월터 윌리엄스 교수의 말을 인용한 바 있다. 그리고 그는 미래의 역사학자가 우리가 사는 이 시기를 '역사적으로 흥미로운' 시기로 간주할지 모른다고 지적했다. 민주주의의 취약한 특징에 대한 월터 윌리엄스의 나머지 가정도 주목할 만하다. '이 역사학자는 또한 이 흥미로운 현상이 단지 순간에 그치고 인류는 전횡과 학대가 판치는 전통적인 생활상으로 회귀하고 말았다.'

윌리엄스는 무시무시한 주장을 했다. 미래 세대는 이 자유의 황금기를 그저 흥미로운 일탈로만 간주할 것인가?

인류의 자연 상태가 자유의 부재라면 언젠가 모든 인간이 억압을 받는 시대로 돌아갈 수도 있지 않을까?

◗━

몇 년 전 저자들 가운데 한 사람은 전략 무기감축 협정의 일부 조건들을 검토하기 위해 옛 소비에트 연방의 군대 장교들과 협력할 기회가 있었다. 베를린 장벽이 무너진 10년 후쯤으로 옛 소비에트 연방의 국가들에게는 혼돈과 불확실성의 시기였다. 이때 저자는 소련군 장교들을 좀 더 개인적인 차원에서 교류할 수 있는 특권을 얻었다.

언젠가 소련 장교 무리가 미국의 군사기지를 방문했다. 기지에서 항공기의 일부 능력을 확인한 후 소련 장교들은 지역사회를 둘러보고 도시 지도자들을 접견하며 현지의 쇼핑몰에서 물건을 샀다.

오후 늦게 이 소련 장교들 일부와 미국의 경호원들이 군사기지로 돌아왔다. 저자는 그들을 보다가 한 소련 장교가 다소 침통한 표정을 짓는 것을 알아차렸다. 여기에서 민주주의 정부의 상대적인 혜택과 위험과 관련된 짧고, 매우 신중한 대화를 이어가게 됐다.

대화의 결론에서 이 소련 인은 의사를 표시했다. "제 인생 내내 속았습니다." 그는 말했다.

저자는 텍사스의 전경이 스쳐 지나가는 동안 침묵을 지켰다.

"이것은……." 소련 인은 놀라움에 말했다.

그는 더 자세히 말하지 않았지만 미국인은 그가 의미한 바를 즉각 알아차렸다.

소련 인은 다시 한 번 놀라움의 몸짓을 했다. 행복한 집들, 끝없이 흘러나오는 신선한 물, 믿을 수 있는 에너지원, 자동차, 자유 언론, 자신이 원하는 것을 쓰고 말하고 모일 수 있는 시민의 권한, 결과에 동의하지 않더라도 선거가 자유롭고 공정하다고 신뢰할 수 있는 시민의 역량, 성공하기 위해 누군가가 되거나 누군가를 알 필요가 없다는 사실, 박해를 모면하기 위해 특정한 정당의 일원이 되거나 특정한 종교의 신도가 될 필요가 없다는 것, 밤중에 문을 두드리는 소리에 미국인들이 두려워하지 않는다는 사실, 대부분의 미국인이 아이들과 그들의 미래에 대해 큰 희망을 건다는 사실, 이 모두가 소련 인이 '이것은'에 담고 싶어 했던 의미였다.

"우리 국민이 이를 원할는지 모르겠습니다." 그는 결론을 내렸다. "우리가 값을 치를 용의가 있는지 모르겠습니다. 이런……." 이 대목에서 그는 알맞은 단어를 찾기 위해 고심했다. "이런 특권을 주장하기 위해서

요." 그는 마침내 말을 내뱉었다.

시간은 그 소련 장교가 선견지명이 있음을 증명했다. 그는 소련 국민과 그들 앞에 놓여있는 힘겨운 길들에 대해 깊이 이해하고 있었다. 하지만 오늘날 누구에게라도 같은 질문을 할 수 있다.

우리는 이것을 원하는가? 우리는 여전히 이 축복을 주장하기 위해 애쓰는가? 오늘날 우리가 누리고 있는 자유의 기적을 지키기 위해 싸울 것인가?

사실 전 세계의 미래는 이런 질문에 대한 대답에 달렸지 않을까?

참고문헌

여는 글

프레데릭 바스티아Bastiat, Frederic. 《The Law》 Irvington-on-Hudson: Foundation for Economic Education, 1998.

모린 L. 크로퍼Cropper, Maureen L., Yi Jiang, Anna Alberini, and Patrick Baur. "Getting Cars Off the Road: The Cost-Effectiveness of an Episodic Pollution Control Program", National Bureau of Economic Freedom Working Paper No. 15904, Cambridge, MA, April 2010.

로버트 A. 달Dahl, Robert A. 《How Democratic Is the American Constitution?》, New Haven: Yale University Press, 2001.

패트릭 버헤겐 외Patrick Bernhagen, Haerpfer, Christian W., Ronald F. Inglehart, and Christian Welzel. 《Democratization》, Oxford: Oxford University Press, 2009.

프레드 하이아트Hiatt, Fred, "Around the World, Freedom Is in Peril." Washington Post, July 5, 2010. http://www.washingtonpost.com/wpdyn/content /article/2010/07/04/AR2010070403849.html.

해밀턴 알버트 롱Long, Hamilton Albert. 《The American Ideal of 1776: The Twelve Basic American Principles》, Philadelphia: Your Heritage Books, 1976.

로드니 스타크Stark, Rodney. 《The Victory of Reason》, New York: Random House, 2005.

존 티어니Tierney, John. "Use Energy, Get Rich, and Save the Planet." The New York Times, April 21, 2009.

브루스 앤들Yandle, Bruce, Madhusudan Bhattarai, and Maya Vijayaraghavan. Environmental Kuznets Curves: A Review of Findings, Methods, and Policy Implications. Property and Environment Research Center, 2004.

1장/전쟁하는 두 신들

마이클 D. 쿠간Coogan, Michael D. 《The Oxford History of the Biblical World》. New York: Oxford University Press, 1998.

로버트 카울리Cowley, Robert. ed. The Collected 《What If?》, New York: G.P.

Putnam's Sons, 2001.

윌 듀런트Durant, Will. 《Our Oriental Heritage. Vol. 1 of The Story of Civilization》 New York: MJF Books, 1997.

플라비우스 요세푸스Josephus, Flavius. 《The Works of Flavius Josephus》, New York: Ward, Lock & Co.The Interpreter's Dictionary of the Bible. 5 vols. Edited by Keith R. Crim. Nashville, TN: Abingdon, 1976.

버나드 루이스Lewis, Bernard. 《The Middle East》, New York: Scribner, 1995.

알프레도 리자Rizza, Alfredo. 《The Assyrians and the Babylonians: History and Treasures of an Ancient Civilization》, Translated by Richard Pierce. Vercelli, Italy: White Star, 2007.

존 말콤 러셀Russell, John Malcolm. 《The Final Sack of Nineveh: The Discovery》, Documentation, and Destruction of King Sennacherib's Throne Room at Nineveh, Iraq. New Haven and London: Yale University Press, 1998.

에드윈 R. 틸레Thiele, Edwin R. 《The Mysterious Numbers of the Hebrew Kings》, Grand Rapids, MI: Zondervan Publishing House, 1983.

마르크 반 드 미에룹Van De Mieroop, Marc. 《A History of the Ancient Near East》, 2d ed. Massachusetts: Blackwell Publishing, 2007.

2장/사자(使者)가 기다리는 협곡

조지 버츠포드 외Botsford, George Willis, and Charles Alexander Robinson. 《Hellenic History》, New York: The Macmillan Company, 1969.

에르늘 브래드포드Bradford, Ernle. 《Thermopylae: The Battle for the West》, New York: Da Capo Press, 1980.

로버트 카울리Cowley, Robert. 《What If?》, New York: G.P. Putnam's Sons, 1999.

존 E. 커티스Curtis, John E., and Nigal Tallis, eds. 《Forgotten Empire: The World of Ancient Persia》, Berkeley and Los Angeles: University of California Press, 2005. Published in association with The British Museum.

피터 그린Green, Peter. 《The Greco-Persian Wars》, Berkeley: University of California Press, 1996.

헤로도토스Herodotus. 《The Histories》, Translation by Robin Waterfield. Oxford, England: Oxford University Press, 1998.

"Herodotus," in The Cambridge History of Classical Greek Literature. Edited by P. E. Easterling and B. M. W. Knox. Cambridge: Cambridge University Press, 1989.

버나드 루이스Lewis, Bernard. 《The Middle East》, New York: Scribner, 1995.

J. H. 플럼Plumb, J. H. "Introduction"

to The Greeks by Antony Andrewes.
New York: Alfred A. Knopf, Inc., 1967.
베리 스트라우스Strauss, Barry.
《The Battle of Salamis: The Naval
Encounter That Saved Greece and
Western Civilization》, New York: Simon
& Schuster, 2004.

3장/다리 위의 기적

Miracle at the Bridge
데이비드 브로그Brog, David. 《In
Defense of Faith: The Judeo-Christian
Idea and the Struggle for Humanity》,
New York and London: Encounter
Books, 2010.
폴 K. 데이비스Davis, Paul K. 《100
Decisive Battles》, New York: Oxford
University Press, 1999.
윌 듀런트Durant, Will. 《Caesar
and Christ. Vol. 3 of The Story of
Civilization》, New York: Simon and
Schuster, 1944.
윌 듀런트Durant, Will. 《The Reformation.
Vol. 6 of The Story of Civilization》,
New York: Simon and Schuster, 1957.
에드워드 기번Gibbon, Edward. 《The
Decline and Fall of the Roman
Empire》, New York: Modern Library,
2003.
필립 젠킨스Jenkins, Phillip. "Any Faith
Can Become Violent." USA Today,
March 19,
2010.
마틴 마티Marty, Martin. 《The Christian

World. New York: Modern Library,
2007.
제이콥 노이스너Neusner, Jacob, ed.
《Religious Foundations of Western
Civilization》, Nashville: Abingdon
Press, 2006.
로드니 스타크Stark, Rodney.
《Cities of God: Christianizing the
Urban Empire》, San Francisco, CA:
HarperSanFrancisco, 2006.
로드니 스타크Stark, Rodney. 《The Rise
of Christianity》, New York: HarperOne,
1997.
로드니 스타크Stark, Rodney. 《The
Victory of Reason》, New York:
Random House, 2005.
제레미 월드런Waldron, Jeremy. 《God,
Locke, and Equality》, New York:
Cambridge University Press, 2002.
토머스 E. 우즈Woods, Thomas E.
《How the Catholic Church Built
Western Civilization》, Washington,
D.C.: Regnery Publishing, Inc., 2005.

4장/문명의 충돌

The Battle That Preserved a Christian
Europe
에드워드 크리시Creasy, Sir Edward
Shepherd. 《The Fifteen Decisive
Battles of the World》, New York: Dover
Publications, Inc., 2008.
윌 듀런트Durant, Will. 《The Age
of Faith. Vol. 4 of The Story of
Civilization》, New York: Simon and

Schuster, 1950.

에드워드 기번Gibbon, Edward.
《The Decline and Fall of the Roman
Empire》, New York: Random House,
2003.

휴 케네디Kennedy, Hugh. 《The Great
Arab Conquests》, Philadelphia: Da
Capo Press,
2007.

버나드 루이스Lewis, Bernard. 《The
Middle East》, New York: Scribner,
1995.

버나드 루이스Lewis, Bernard. 《What
Went Wrong》, New York: Oxford
University Press: 2002.

데이비드 니콜Nicolle, David. 《Poitiers
A.d. 732》, Great Britain: Osprey
Publishing, 2008.

레오폴트 폰 랑케Von Ranke, Leopold.
《History of the Reformation》, South
Carolina: Nabu Press, 2010; reprinted
from original Leipzig: Berlag von
Dunder and Bumblot,
1881.

5장/잠든 유럽을 깨운 초원의 부대

The Mongol Horde Turns Back
로버트 카울리Cowley, Robert. 《What
If?》, New York: G.P. Putnam's Sons,
1999.

윌 듀런트Durant, Will. 《The Age
of Faith. Vol. 4 of The Story of
Civilization》, New York: Simon and
Schuster, 1950.

에드워드 기번Gibbon, Edward.
《The Decline and Fall of the Roman
Empire》, New York: The Modern
Library, 2003.

제프 헤이Hay, Jeff. 《The Early Middle
Ages》, San Diego: Greenhaven Press,
Inc., 2001.

폴 칸Kahn, Paul. 《The Secret History of
the Mongols》, Boston: Cheng & Tsui
Company, 1984.

티모시 뉴아크Newark, Timothy.
《Medieval Warfare》, London: Jupiter
Books Limited, 1979.

제럴드 시몬스Simons, Gerald.
《Barbarian Europe》, New York: Time-
Life Books, 1968.

로드니 스타크Stark, Rodney. 《The
Victory of Reason》, New York:
Random House, 2005.

피터 F. 슈가Sugar, Peter F., Péter
Hanák, and Frank Tibor, eds. 《A
History of Hungary》, Indiana: Indiana
University Press, 1994.

바바라 터치만Tuchman, Barbara.
《A Distant Mirror. New York: Alfred A.
Knopf》, 1978.

잭 웨더포드Weatherford, Jack.
《Genghis Khan and the Making of
the Modern World》, New York: Three
Rivers Press, 2004.

6장/신세계라는 이름의 구원자

How the New World Saved the Old

로버트 카울리Cowley, Robert. 《What
If? New York: G.P. Putnam's Sons》,
1999.

윌 듀런트Durant, Will. 《The Reformation.
Vol. 6 of The Story of Civilization》,
New York: Simon and Schuster, 1957.

에드워드 기번Gibbon, Edward.
《The Decline and Fall of the Roman
Empire》, New York: The Modern
Library, 2003.

요한 호이징가Huizinga, J. 《The Waning
of the Middle Ages》, New York: St.
Martin's Press, 1924.

버나드 루이스Lewis, Bernard. 《The
Middle East》, New York: Scribner,
1995.

버나드 루이스Lewis, Bernard. 《What
Went Wrong》, New York: Oxford
University Press, 2002.

찰스 C. 만Mann, Charles C. 《1491》,
New York: Alfred A. Knopf, 2006.

사무엘 엘리엇 모리슨Morison, Samuel
Eliot. 《Admiral of the Ocean Sea》,
New York: MJF Books, 1942.

찰스 오만Oman, Sir Charles. 《On the
Writing of History》, New York: Barnes
& Noble,
Inc., 1969.

커크패트릭 세일Sale, Kirkpatrick. 《The
Conquest of Paradise》, New York: The
Penguin Group, 1990.

7장/태양이 비추는 곳

The Battle of Britain

스티븐 E. 엠브로스Ambrose, Stephen
E., ed. 《The American Heritage New
History of World War II. By C. L.
Sulzberger》, New York: Viking, 1997.

E.M. 안드레예프Andreev, E. M.
《Naselenie Sovetskogo Soiuza,
1922~1991》, Moscow: Nauka, 1993.

스티븐 번게이Bungay, Stephen. 《The
Most Dangerous Enemy》, Great
Britain: Aurum Press, 2009.

I. C. B 디어Dear, I. C. B., ed. 《The
Oxford Companion to World War II》,
Oxford, England: Oxford University
Press, 1995.

그렉 이스터브룩Easterbrook, Gregg.
《The Progress Paradox》, New York:
Random House, 2003.

마이클 엘만 외Ellman, Michael, and S.
Maksudov. "Soviet Deaths in the Great
Patriotic War: A Note." Europe-Asia
Studies 46, no. 4 (1994).

리차드 J. 에반스Evans, Richard J.
《The Coming of the Third Reich》,
New York: Penguin Press, 2004.

리차드 J. 에반스Evans, Richard J.
《The Third Reich in Power》, New
York: Penguin Press, 2005.

데이비드 E. 피셔Fisher, David E.
《A Summer Bright and Terrible》,
Washington, DC: Shoemaker & Hoard,
2005.

마이클 코다Korda, Michael. 《With
Wings Like Eagles. New York:

HarperCollins, 2009.
윌리엄 맨체스터Manchester, 《William.
The Last Lion, Winston Spencer
Churchill, Alone. Boston: Little, Brown
and Company, 1988.

닫는 글

프레데릭 바스티아Bastiat, Frederic.
《The Law》, Irvington-on-Hudson:
Foundation for Economic Education,
1998.
로버트 A. 달Dahl, Robert A.
《How Democratic Is the American
Constitution?》, New Haven: Yale
University Press, 2001.
토머스 소웰Sowell, Thomas. 《Applied
Economics》, New York: Basic Books,
2004

역자소개 **박홍경**

서울대학교에서 언론정보학과 지리교육학을 전공한 후 KDI MBA 과정 finance&banking을 공부했으며 헤럴드경제신문사, 머니투데이, 머니투데이 더벨 등에서 정치 · 경제 기자로 활동하고 있다. 현재 번역에이전시 엔터스코리아에서 출판기획 및 전문번역가로 활동 중이다. 주요 역서로 는 《긍정적 이탈》 《미국 초등 교과서 핵심 지식》 등이 있다.

자유의 기적

초판 1쇄 인쇄일 2012년 2월 17일 • 초판1쇄 발행일 2012년 2월 23일
지은이 크리스 스튜어트 외 • 옮긴이 박홍경 • 펴낸곳 (주)도서출판 예문 • 펴낸이 이주현
기획 정도준 • 편집 김유진 · 송두나 • 디자인 김지은 • 마케팅 채영진 • 관리 윤영조 · 문혜경
등록번호 제307-2009-48호 • 등록일 1995년 3월 22일 • 전화 02-765-2306
팩스 02-765 9306 • 홈페이지 www.yemun.co.kr
주소 서울시 성북구 성북동 115-24 보문빌딩 2층
ISBN 978-89-5659-188-9 03900